मैं हिजड़ा...मैं लक्ष्मी!

मैं हिजड़ा...मैं लक्ष्मी!

लक्ष्मीनारायण त्रिपाठी

शब्दांकन

वैशाली रोडे

अनुवाद

डॉ. शशिकला राय

सुरेखा बनकर

वाणी प्रकाशन

प्रकाशन के उत्कृष्टतम 62 वर्ष

vaniprakashan.com

पेपरबैक पहला संस्करण : 2015
पेपरबैक दूसरा संस्करण : 2018
पेपरबैक तीसरा संस्करण : 2021
पेपरबैक चौथा संस्करण : 2025

वाणी प्रकाशन

4695, 21-ए, दरियागंज, नयी दिल्ली-110 002

फ़ोन : + 91 11 23273167, 23275710

शाखाएँ

अशोक राजपथ, पटना-800 004, बिहार

कॉफ़ी हाउस कैम्पस, महात्मा गांधी मार्ग, प्रयागराज-211 001, उत्तर प्रदेश

महात्मा गांधी अन्तरराष्ट्रीय हिन्दी विश्वविद्यालय, वर्धा-442 001, महाराष्ट्र

sales@vaniprakashan.in
vaniprakashan@gmail.com

Main Hijra...Main Laxmi!
by Laxminarayan Tripathi
Translated by Dr. Shashikala Rai, Surekha Bankar

ISBN : 978-93-5229-318-6

Autobiography

मूल्य : ₹ 225

जी.एस. ऑफ़सेट, दिल्ली-110 095 में मुद्रित

वाणी प्रकाशन का लोगो मक़बूल फ़िदा हुसैन की कूची से

मेरी माँ और (स्व.) पिता...

जिन्होंने मुझ पर भरोसा किया
सामने वाले की नज़रों से नज़र मिलाकर
बात करने का हौसला दिया।

'लक्ष्मी' साकार होते समय...

सन् 1999-2000 की बात है। मैं 'महानगर' में और मेरा पति प्रमोद, 'एमडॅक्स' मतलब 'मुम्बई डिस्ट्रिक्ट एड्स कंट्रोल सोसायटी' में थे। उस वक्त मोबाइल का इतना बोलबाला नहीं था। इस वजह से ऑफिस के कई फोन बहुत बार घर में ही आते थे। प्रमोद के लिए ऐसा ही एक फोन आता था, 'नानी' का। "मैं नानी बोल रही हूँ...प्रमोद जी हैं?" इस तरह की मर्दाना आवाज सुनकर मैं चौंक गयी और प्रमोद से पूछा, "ये नानी कौन है?" उसने बताया, "हिजड़ा है वो..." और नानी और उनकी 'दाई वेलफेअर सोसायटी' के बारे में, उनके कार्य के बारे में हमारी थोड़ी-बहुत बातें हुईं।

इसी बीच मैंने अखबार में हिजड़ों के सम्मेलन की खबर पढ़ी। कैसा होता होगा ये सम्मेलन? वह लोग क्या करते होंगे वहाँ जाकर...? यह अब जानने के लिए मैं उत्सुक थी। सम्मेलन में नानी और उनके साथ के हिजड़े गये होंगे तो उनसे पूछना पड़ेगा... मैंने प्रमोद से कह दिया था—"कभी नानी ऑफिस में आयें, तो मुझ बता देना।"

और एक दिन प्रमोद का फोन आया—"नानी और लक्ष्मी आये हैं... तुम्हें मिलना हो तो आ जाओ..."

मैं वडाळा के 'एमडॅक्स' में गयी। अधेड़ उम्र की नानी और लगभग बीस की लक्ष्मी, ऐसे गुरु-चेले की जोड़ी एमडॅक्स में कंडोम के बक्से ले जाने के लिए आयी थी। किस विषय में बात करनी है, यह मैंने उन्हें बताया और वह दोनों मुझे वहाँ से सीधे गोवंडी के टाटा नगर में 'दाई' के ऑफिस में ले गयीं। वहाँ पर ढेर सारी बातें करके मैं लौट आयी। तभी मुझे एहसास हो गया था कि लक्ष्मी सबसे अलग है।

सफेद साड़ी पहने, ऊँचा और लम्बा कद, अप-टु-डेट लक्ष्मी से वो मेरी पहली मुलाकात थी। उसके बाद जब भी घर में नानी या लक्ष्मी का फोन आता था, तो पहले हम एक-दूसरे की खैरियत पूछते थे और बाद में फोन प्रमोद के पास जाता था।

मेरे मन में भी लक्ष्मी के बारे में, पूरी हिजड़ा कम्युनिटी के बारे में औरों की तरह कई जिज्ञासाएँ थीं। प्रमोद से थोड़ी-बहुत जानकारी मिलती थी, पर अधिक

नहीं। एक साल दीवाली अंकों के विषय तय करने के बारे में बहस चल रही थी। 'महानगर' और 'अक्षर' के दीवाली अंकों के सम्पादक निखिल वागले जी ने मुझसे कहा, " 'अक्षर' के लिए लक्ष्मी पर लेख तैयार कर पाओगी?"

यकीन नहीं था। ज्यादा जानकारी भी नहीं थी। मैंने फोन करके लक्ष्मी से समय ले लिया। हम शिवाजी पार्क के 'बरिस्ता' में मिले। लेख के बारे में पूछने पर उसने लेख के लिए 'मना' तो नहीं किया पर बातें करते समय समझ में आया कि वो अधिक जानकारी नहीं दे रही है। इतनी-सी जानकारी से दीवाली अंक के लिए लेख तैयार नहीं हो सकता था। इसके बाद भी मैंने एक-दो बार मिलकर बात करने की कोशिश की, और अन्ततः लेख का ख़याल छोड़ दिया। उससे सिर्फ इतना ही पता चला कि लक्ष्मी ग्रेज्युएट है और घर में माता-पिता के साथ रहती है।

उस वक्त मैंने यह बात छोड़ तो दी थी, पर लक्ष्मी मेरे दिमाग से नहीं निकल पा रही थी और न ही उसका हिजड़ा समाज। प्रमोद ने वह नौकरी छोड़ दी और उनके बारे में जो थोड़ी-बहुत जानकारी मिल रही थी, अब वह भी बन्द हो गयी। पर रास्ते में कभी कोई हिजड़ा दिखाई देता, तो लगता था, इनमें से कुछ लोग मेरे पहचान के हैं...शायद इसलिए हिजड़ों के प्रति मुझे कभी परायापन महसूस नहीं हुआ।

एक बार भरी दोपहरी में मैं कहीं जा रही थी। अभी घर के नीचे ही थी कि सामने से पंजाबी ड्रेस पहने एक हिजड़ा आते हुए दिखाई दिया। रास्ते से वह और मैं क्रॉस हो ही रही थी कि उसने कहा, "दीदी, जरा ये चेन लगाओगी...प्लीज!" उसके कुर्ते की पीछे की चेन नीचे आ गयी थी। मैंने वह लगा दी। उसने मुस्कुराते हुए कहा, 'थैंक यू दीदी' और चला गया...मैं मुड़ने ही वाली थी कि तभी मुझे एहसास हुआ कि आसपास के सारे दुकानदार मेरी तरफ देख रहे थे...कैसी है ये औरत...एक हिजड़े की ड्रेस की चेन लगाती है!

उनका यह नजरिया देखकर मुझे एहसास हुआ कि मैंने कुछ गलत किया है। तब तक मेरे मन में यह ख़याल नहीं था...

बाद में किताब लिखने के लिए बातें करते समय लक्ष्मी हमेशा ही कहती थी, "इन हिजड़ों से मैं बार-बार कहती हूँ, समाज का हमें देखने का जो नजरिया है, उसके लिए हम भी जिम्मेदार हैं। समाज में घुल-मिल जाओ, उनसे बात करो। फिर देखो, ये नजरिया बदलता है या नहीं।" जब-जब लक्ष्मी ऐसा कहती थी, तब-तब मुझे वह प्रसंग याद आता था।

जाने दो। सन् 2009 में बारिश के मौसम में मैं पूना गयी थी और दिमागी कल्पनाएँ बताने के लिए 'मनो विकास' प्रकाशन के अरविन्द पाटकरजी से मिली। 'समलिंगी सम्बन्ध रखना कानूनन जुर्म है', धारा 377 के बारे में दिल्ली उच्च न्यायालय ने अभी कुछ दिन पहले एक फैसला सुनाया था। उच्च न्यायालय ने कहा था कि इसे जुर्म नहीं माना जा सकता। 'एलजीबीटी' मतलब लेस्बियन्स, गे, बायसेक्सुअल और

ट्रान्स जेंडर्स–इस तरह के सभी लोगों की यह जीत थी। अलग-अलग चॅनेल्स पर लक्ष्मी दिखाई दे रही थी, अपनी बात अच्छे से रख रही थी। ऐसी ही बातें करते समय सहज ही उसकी चर्चा छिड़ी और पाटकर जी बोले, ''क्या बात करती है ये औरत।''

मैंने ऐसे ही कह दिया, ''मेरी जान-पहचान की है वो। आत्मकथा लिखवानी है उससे...। मैं काफी सालों से सोच रही हूँ...'' लक्ष्मी के बारे में मुझे जितना पता था, उतना मैंने उन्हें बताया।

पाटकर जी ने कहा, ''लिखो, अच्छी बनेगी।''

पूना से आने के बाद तुरन्त मैंने लक्ष्मी का नम्बर ढूँढ़ा और फोन लगाया। दिमाग में आयी हुई कल्पना उसे बतायी। वह खुश हुई कहने लगी, ''जिन्दगी के इस मोड़ पर सच में अच्छा लगेगा अपना अनुभव शेअर करना।'' मैंने कहा, ''मैं फोन करती हूँ तुम्हें। फिर मिलेंगे हम।''

उसके बाद मैंने थोड़ी तैयारी की। इंटरनेट से उसकी थोड़ी जानकारी हासिल की।

अब वक्त आ गया था लक्ष्मी से मिलकर काम शुरू करने का। लक्ष्मी को फोन लगाया, पर वह बीमार थी। हफ्ते-भर बाद फिर फोन लगाया तो मैडम सीधे अस्पताल में थी...। उसे लंग इन्फेक्शन...न्यूमोनिया... हुआ था।

एक-डेढ़ महीना इसमें ही चला गया।

शुरुआत में ही ऐसा होना था? मेरा थोड़ा 'मूड ऑफ' हुआ...

अस्पताल से घर आकर उसे थोड़ा अच्छा लगने के बाद एक बार शाम को उसके घर गयी...टी-शर्ट और स्कर्ट में, बढ़ी हुई दाढ़ी के साथ, बिना मेकअप के उसे पहली बार ही देख रही थी। उसकी आत्मकथा क्यों आनी चाहिए, इस पर उससे बात करने के बाद कुछ मुद्दे और बनाये, उसे पढ़कर सुनाये। हमने उस पर चर्चा की और मैं लौट आयी। सो एक्साइटेड। काम चल पड़ा था।

उसके बाद जैसे-जैसे वक्त मिला वैसे-वैसे हम कभी शाम को देर से, कभी छुट्टी के दिन मिलकर बातें करने लगे। गाड़ी थोड़ी आगे बढ़ी। पर वह सब ऊपरी तौर पर हो रहा है, ऐसा मुझे लगा। फिर मैंने उसे खोद-खोदकर पूछना शुरू किया। खास करके उसके बचपन के बारे में... क्योंकि मुझे लगता था कि अब जो लक्ष्मी हमारे सामने है, उसके बीज बचपन में ही बोए गये हैं। पर बचपन की यादों से लक्ष्मी को तकलीफ होती थी। ''कल पूरे दिन बैठते हैं,'' ऐसा हम तय करते थे और घंटे-भर बाद ही वह थकने लगती थी... मानसिक थकान थी वह, अनचाही यादों की। मुझे बुरा लगता था। क्यों मैं उसे ऐसी तकलीफ देती हूँ...? पर उसे ये सब बातें अब इतनी थकाती हैं तो उस वक्त, बचपन में ये सब सहन करते समय वह कितना थकी होगी, इस तरह की बातें भी मन में आती थीं, और ये सब इतनी ही शिद्दत से लोगों के सामने आना चाहिए, ऐसा लगता था।

हर बार मिलने के बाद कुछ न कुछ होता था, कभी थक जाती थी, कभी मूड

नहीं है, कभी वक्त नहीं है, कभी तबीयत ठीक नहीं है...आदि। मुझे बुरा लग रहा था, क्योंकि दिन ऐसे ही बीतते जा रहे थे और मन-मुताबिक काम नहीं हो रहा था। इसी बीच लक्ष्मी के पापा को कैंसर है, इसका निदान हुआ। वह हिल गयी। इलाज, ऑपरेशन, किमोयो थेरिपी; पूरा समय उसे बहुत डिस्टर्ब करके गया। इसके अलावा लगातार चलनेवाले उसके विदेश दौरे...उस पर कभी-कभी मुझे ऑफिस में काफी काम होता था...कभी घर के कुछ प्रॉब्लम...मैं जैसा चाहती थी, वैसा काम आगे नहीं बढ़ रहा था।

अन्त में मैंने एक रास्ता निकाला। मैं रोज सुबह आठ बजे घर से बाहर निकलती थी। 'ठाणे' में लक्ष्मी के घर जाती थी, उसे नींद से जगाती थी, उसके फ्रेश हो जाने के बाद, दो-तीन घंटे उससे बात करती थी और फिर वहीं से ऑफिस जाती थी। कई महीनों तक यही रुटीन जारी था। इस समय में बहुत सारा काम हुआ। एक तो सुबह वह फ्रेश होती थी और बारह-एक बजे तक—उसे फोन आने शुरू होने तक—मेरा काम खत्म होता था। इसके अलावा मैं उसके घर में ही जाती थी, इस वजह से घर की लक्ष्मी को भी देख सकी। माता-पिता, उसका भाई शशि, भाभी सपना, भतीजा अंशुमन...उसके चेले शाहीन, कमल...दीपक-सारा...सबके साथ उसने कैसे रिश्ता जोड़ रखा है, यह जान सकी। एक-दो बार तो ऑफिस से आठ-आठ दिनों की छुट्टियाँ भी ली थीं। उसमें चार-पाँच दिन भी हम मिलकर बात कर सके तो भी काफी होगा, इस तरह का हिसाब लगाती थी। मैं जो बातें उसके साथ करती थी, उन्हें उसी वक्त घर जाकर लिखती थी। इस वजह से लिखते समय कुछ छूटता नहीं था...और एक बात लिख लेते समय किसी बात की और जानकारी चाहिए, यह एहसास होने पर, अगली मुलाकात में मैं पूछ लेती।

लक्ष्मी से बातें करते वक्त कभी मम्मी, शशि, दीपक, प्रवीण, सारा मिलते थे। कभी लक्ष्मी के बारे में, कभी बाकी बातों के बारे में बात करते थे। उनकी बातों से लक्ष्मी के बारे में और भी बातों का पता चलता था। जो वह खुद नहीं बता पायी, वह इन सब लोगों से पता चलता था।

और खुद लक्ष्मी...शुरुआत में कम बोलनेवाली...मैं ये किताब जरूर पूरी करूँगी, इसका भरोसा होने पर ही मेरा मोबाइल नम्बर खुद के मोबाइल में सेव करनेवाली ...लेकिन बाद में खुलकर बात करने वाली... मेरा लिखा हुआ सुनकर रोनेवाली... "मैंने आज तक अपनी जिन्दगी के बारे में इतना कुछ किसी को नहीं बताया था।" ऐसा कहनेवाली...लिखा हुआ पसन्द आने पर बार-बार वही पढ़वा लेनेवाली...औरों को भी सुनाने की जिद करनेवाली..."मुझे क्या लगता है कि मुझसे ज्यादा तुम ही समझती हो," ऐसा कहनेवाली...बहुत दिन न मिलने पर कभी-कभी ग्यारह बजे फोन करनेवाली..."क्यों, तुम्हें कुछ शरम-वरम है या नहीं? कितने दिनों से मिली नहीं हो," ऐसा कहकर हक से नाराज होनेवाली...घर के बड़े आयीने के सामने

घंटों मेकअप करनेवाली और 'मेरी जिन्दगी भी ऐसी ही है, आयीने जैसी ऐसा', कहनेवाली...

लक्ष्मी की जिन्दगी जैसे-जैसे खुलती गयी, वैसे-वैसे मैं अचम्भित हुई। पर उससे भी ज्यादा जब मैं उसके साथ रहने लगी, तब उसके बारे में और भी जानकारी मिलती गयी और मेरा ताज्जुब बढ़ता गया। कभी शाम को पाँच पाखड़ी में सी सीडी में बैठ गये तो उसके दोस्तों का ग्रुप मिलता था। कोई उसका दोस्त होता था तो कोई बेटा। हर एक से बातें करते समय उसकी आवाज अलग-अलग होती थी। किसके साथ कैसी बातें करनी हैं और क्या बात करनी है, ये सब उसके दिमाग में तैयार रहता था शायद। लेकिन उससे बात करते समय सब लोग आदर के साथ ही बात करते थे...एक बार हम खोपट में मिले और रास्ते से जा रहे थे। गणपति-उत्सव के दिन थे। "क्यों बहनजी, गणपति देखने नहीं आयीं...?" एक केले बेचनेवाले भैया ने पूछा था। एक बार वर्तक नगर जाकर आते समय उसकी पहचान का एक लड़का मिला था। कहने लगा, "लक्ष्मी, कल उस फलाने की शादी में नहीं आयीं...? सब लोग तुम्हारी राह देख रहे थे...।" लक्ष्मी के पिता के गुजरने के बाद एक बार रेमंड्स के शोरूम के पास के पोस्ट ऑफिस में कुछ काम के लिए गये थे। वहाँ के क्लर्क ने कहा, "मैडम, हम देखते हैं आपको हमेशा। कुछ चिन्ता मत कीजिए, आपका काम हो जाएगा। इसमें हस्ताक्षर करके जाइए सिर्फ।" बिल्कुल नॉर्मल, हमारे-आपके साथ जैसे जान-पहचान के लोग बात करते हैं, वैसे ही उसके साथ भी बात करते थे। शायद वही उसकी वजह थी। वह समाज में हिल-मिलकर रहती थी। हमेशा अपने हमउम्र लड़कों के साथ बातें करती थी...उनके साथ मजाक-मस्ती होती रहती थी...जैसे उसकी उम्र के बाकी लड़के करते होंगे, वैसी ही। बिल्कुल नॉर्मल। इस वजह से, ये कोई अलग है, वह हमसे बात नहीं करती, हमें भी उसके साथ बात नहीं करनी चाहिए, ऐसा कुछ उनके दिमाग में नहीं आता होगा। दूसरी ओर लक्ष्मी की बातों में भी कभी फालतू बातें नहीं होती थीं। वह तो कहती ही है, "हमने अपना मान रखा, तभी तो लोग भी रखते हैं।" उसके व्यवहार से और बाकी लोगों के बर्ताव से इसका एहसास लगातार होता रहता था।

उसके साथ जाते समय उसका 'सेलिब्रिटी स्टेटस' छिपाकर नहीं रहता था। एक बार उसके पासपोर्ट के लिए उसके साथ ठाणे स्थित पासपोर्ट ऑफिस में गयी थी। साहब का हस्ताक्षर होने में एक घंटा वक्त था, परन्तु उसी समय उस ऑफिस की औरतों ने लक्ष्मी को घेर लिया... और अपने सेक्शन में लेकर गयीं। फिर हर एक की तैयारी शुरू हुई अपने मोबाइल में उसके साथ अपना फोटो खिंचवाने की। "अरे, लक्ष्मी हमारे ऑफिस में आती है, ऐसा कहने पर बच्चे विश्वास ही नहीं करते। इसलिए ये फोटो खींचा।" इस तरह की सफाई वह औरतें देती थीं। लक्ष्मी के साथ वह खुलकर बातें करती थीं। पुरुष उनके साथ किस तरह का बुरा बर्ताव करते हैं,

और उन्हें सुधारने के लिए हम औरतों का एक संगठन बनायेंगी, तुम हमारी लीडर बनना—इस तरह का अनुरोध वे लक्ष्मी से करती थीं। सहेलियों के बीच जिस तरह का हँसी-मजाक चलता है, उसी सहजता से यह सब चलता था।

ठाणे में वह कहीं भी घूमती थी...एनीवेयर एण्ड एवरी वेयर। कोई कहता था कि उसे इनॉरबीट मॉल में शॉपिंग करते हुए देखा था, तो कोई कहता कि पाच-पाखड़ी के ओपन हाउस में...किसी ने गोविन्दा के स्टेज पर भाषण करते हुए सुना था, तो किसी ने क्रिकेट वर्ल्डकप में भारत के जीतने पर तिरंगा लहराते हुए गाड़ी से घूमती लक्ष्मी को देखा था... 'शास्त्री नगर का नाका' तो उसका 'हॉटस्पॉट' है ही।

लेकिन घर में लक्ष्मी का अलग ही रूप देखने को मिलता था। अपने चेलों की गुरु के तौर पर, मम्मी-पप्पा के बड़े लड़के के रूप में जिम्मेदारी निभाते हुए। एक तरफ शाहीन से "मेरी वो साड़ी निकाल तो शाहीन जरा..." ऐसा कहनेवाली और दूसरी तरफ गाँव जाते समय माँ ने अगर उससे हरे रंग का ब्लाउजपीस लाने के लिए कहा, तो "लाता हूँ मम्मी, तुम चिन्ता मत करो", ऐसा कहनेवाली। वह कहाँ स्त्री है और कहाँ पुरुष है, इसका एहसास उसे था। बड़े पापा के रूप में छोटे अंश को प्यार करने वाली, तो शशि से कुछ गलत होने पर बड़े भाई के रूप में उस पर गुस्सा होनेवाली। शशि की नौकरी छूटने से चिन्तित बहुत-से लोगों से उसकी नौकरी के लिए कहनेवाली तो सपना (भाभी) को परीक्षा से पहले पढ़ाई के लिए दो महीने मैके जाकर रहने की सिफारिश करनेवाली।

लक्ष्मी के अपने परिवार और चेलों के परिवार से हटकर भी उसके करीबी काफी लोग हैं। उनसे बातें करते हुए लक्ष्मी के बारे में और भी जानकारी मिली। ये सब लोग वक्त आने पर एक-दूसरे के लिए जान भी दे देंगे...उसका दोस्त प्रवीण लगन से कह रहा था, "राजू (लक्ष्मी का घर का नाम) जिससे प्यार करता है, उससे जी-जान से प्यार करता है। मेरे सगे भाई-बहन नहीं करेंगे इतना प्यार जितना उसने मुझसे किया है। पर वह बहुत मूडी है...इम्पल्सिव्ह है...हर चीज उसने मन लगाकर, अच्छी तरह से की होती, तो आज कहाँ से कहाँ पहुँच गया होता।"

छाया दीदी को तो अपने इस भाई लक्ष्मी पर बहुत गर्व है। वह कहती है, "वह मुझे कभी भी कहीं भी मिले, तो मेरे पाँव छूकर प्रणाम करता है।" जब उसे लक्ष्मी के हिजड़ा होने का पता चला तो काफी बुरा लगा था। 'अब इसका क्या होगा...?' इस बात की चिन्ता उसे अधिक थी। पर उसने उसे क्यों और कैसे अपनाया, इसका स्पष्टीकरण छाया दीदी बहुत अच्छे से देती है। वह कहती है, "लक्ष्मी ने हिजड़े की जिन्दगी अपने खुद के लिए चुनी, और हम लोगों ने अपनी जिन्दगी के लिए लक्ष्मी को चुना। एक-दूसरे की जरूरतों और उनसे जुड़ी अनिवार्यताओं को हम सभी ने दिल खोलकर स्वीकार किया।"

लक्ष्मी की पिछली जिन्दगी के बारे में बातें करते समय उसके बहुत-से बॉयफ्रेंड्स

की चर्चा हुई थी। उस वक्त उनके लक्ष्मी के साथ सम्बन्ध भी बने थे, लेकिन अब उनमें से बहुत से लोगों की शादी हो गयी है, उनके बच्चे भी हैं। सभी की गृहस्थी अच्छे से चल रही है। उनकी जिन्दगी में इस किताब की वजह से कोई तूफान न आये, इसलिए हमने उन सभी के नाम बदल दिये हैं। इनसान सही हैं, पर उनमें से लक्ष्मी के एक भी बॉयफ्रेंड का नाम सही नहीं है। उनके बारे में बातें करते समय लक्ष्मी बहुत भावुक हो जाती थी...

ऐसे ही वह भावुक होती थी अपनी कम्युनिटी के बारे में बातें करते समय...हिजड़ों की कुछ बातें गुप्त रखनी पड़ती हैं। लक्ष्मी कम्युनिटी के नियमों, प्रथाओं के बारे में बातें करती थी और जैसे अचानक ब्रेक लग जाये, ऐसे रुक जाती थी। कहती थी, "इससे ज्यादा मैं नहीं कह पाऊँगी। मुझ पर वैसी बन्दिशें हैं।" मैंने भी उन बन्दिशों का ख़याल करते हुए उसे ज्यादा कुरेदा नहीं। पर हिजड़ा कम्युनिटी के बारे में जो-जो पढ़ा, देखा, सुना; उसमें से काफी सारी बातों की लक्ष्मी से ही पड़ताल की। कुछ सवालों के जवाब उसने दिये, कुछ के नहीं। इन सब बातों को फिर परिशिष्ट में देने का निश्चय किया, और दिया भी। मराठी में हिजड़ा कम्युनिटी के बारे में समग्र रूप से कहीं भी लिखा हुआ नहीं है। रत्नप्रभा जोशी का 'शिखंडी' नामक उपन्यास, अभी कुछ दिनों पहले तमिलनाडु के तिरुनानगाई की 'मी विद्या' शीर्षक आत्मकथा, 'मी का नाही?' नामक पारू नाईक जी का उपन्यास, प्रमोद नवलकर जी के हिजड़ा जमात पर लिखे हुए कुछ लेख, मध्य प्रदेश की शबनम मौसी के विधायक होने पर बनी फिल्म प्रदर्शित होने पर आये उसके कुछ साक्षात्कार और उस वजह से हिजड़ों पर समाचार-पत्रों एवं पत्रिकाओं में आये हुए लेख; कुछ सामाजिक संस्थाओं द्वारा किया गया अध्ययन और उस पर आधारित कुछ लेख आदि...बस, मराठी में हिजड़ों पर आया हुआ इतना ही साहित्य है...उसके साथ उनके सन्दर्भ में बीच-बीच में आनेवाली खबरें तो और भी कशमकश में डाल देती हैं। कैसे लिखूँ? क्या लिखूँ? अंग्रेजी में बहुत-से सन्दर्भ देखे। भारत के हिजड़ों के बारे में शोध-स्वरूप कुछ जरूर था, बाकी ज्यादा कुछ हाथ नहीं लगा। उनकी जिन्दगी को करीब से देखनेवाले कुछ लोग हैं, पर उन्होंने हिजड़ों के बारे में ज्यादा कुछ डॉक्युमेंटेशन करके रखा नहीं है। बहुत-सी शॉर्ट फिल्म्स हिजड़ों की जिन्दगी पर बनी हैं। उनमें से उनकी जिन्दगी, काफी हद तक हमारे सामने आती है, पर पूरी नहीं। यह हो भी नहीं सकता। हिजड़े अपनी पूरी जिन्दगी को कभी किसी के सामने नहीं आने देते, और उनकी इस भावना का सम्मान करते हुए ही हमें तत्सम्बन्धी जानकारी हासिल करनी पड़ती है।

यह सब होते समय पूरी दुनिया में ट्रान्सजेंडर्स की स्थिति, उनका इतिहास, 'युनक' से 'ट्रान्सजेंडर' तक का सफर, हमारे यहाँ के हिजड़ों का उनके साथ जो सम्बन्ध है, उनका खुद का इतिहास—ये तमाम बातें एक में से एक निकलती गयीं

और मैं इन सबसे जुड़ती गयी। उसके बाद पिंकी प्रामाणिक नामक खिलाड़ी पर पुरुष होने के इल्जाम लगाये गये और अलग लैंगिकता के विषय में चर्चा होने लगी। इसी बीच लोकसत्ता के 'चतुरंग' पुरवणी में मंगल सामन्त जी का 'आदर लिंग भावनेचा' (लैंगिकता का सम्मान) नामक लेख प्रसिद्ध हुआ। उसमें वैद्यकीय दृष्टि से लैंगिकता के प्रकारों का ब्योरेवार विवेचन किया गया था। उसमें से भी कुछ जानकारी मिली।

दुनिया भर में हुए काम जैसे-जैसे सामने आते गये वैसे-वैसे दुनिया, लक्ष्मी के परिवार और लक्ष्मी की जिन्दगी का इससे मेल बैठाता गया। लक्ष्मी की जिन्दगी कैसे बनी होगी, इसका अन्दाजा होने लगा। इस पुस्तक के जरिए सामने आयी लक्ष्मी की जिन्दगी बहुतों को धक्का पहुँचायेगी। हिजड़ों की बजायी हुई तालियाँ, उनकी बातें, उनकी भाषा इस सबके बारे में हमारे कुछ निश्चित मानंदड होते हैं, कुछ पूर्वाग्रह भी होते हैं। लक्ष्मी के सम्भाषण में वह भाषा कहीं भी दिखाई नहीं देगी, क्योंकि उसकी भाषा वैसी है ही नहीं। वह बहुत सुसंस्कृत भाषा में बात करती है। जो बात करती है, वह सोच-समझकर करती है। खुद के बारे में, खुद की जिन्दगी के बारे में बताते वक्त बहुत भावुक होती है। अभी कुछ समय पहले वह 'कलर्स' चैनल के 'बिग बॉस' रिॲलिटी शो में गयी थी। शो में हिस्सा लेनेवालों को इस घर में तीन महीनों तक रहना होता है। उनमें से एकेक पार्टिसिपेण्ट दर्शकों की वोटिंग के अनुसार प्रति सप्ताह बाहर निकलता है और अन्त में जो बचता है, वह 'विनर' होता है। ऐसा इस कार्यक्रम का स्वरूप है। तीन महीनों के लिए घर से दूर...दुनिया से कोई सम्पर्क नहीं... मोबाइल नहीं...कैसे पता चलेगा, बाहर क्या हो रहा है? 'बिग बॉस' के घर में जाते समय लक्ष्मी को बहुत टेंशन था। वहाँ उस घर में क्या होगा उसका? नहीं, यहाँ पर घर को कौन देखेगा? हमारी और आपकी तरह की ऐसी ही जिन्दगी इस किताब से भी उभरकर आयी है...अपनी भाषा में कहूँ तो बिल्कुल 'नॉर्मल'। इसीलिए शायद हिजड़ों के बारे में पाठकों के जो प्रश्न हैं, उसके जवाब इसमें नहीं मिलेंगे, शायद हिजड़ों और उनकी जिन्दगी के बारे में जिज्ञासाएँ खत्म नहीं होंगी। उसे खत्म करना, उनकी जिन्दगी की सनसनीपूर्ण बातों को बाहर लाना इस किताब का उद्देश्य कभी नहीं था। अलग लैंगिकता होने के बावजूद एक व्यक्ति को घर से सहारा मिलने पर वह क्या क्या कर सकता है, इसका जीता-जागता उदाहरण पाठकों के सामने लाने की ये कोशिश है; और इसी नजरिये से इसे पढ़ा जाये, ऐसी अपेक्षा है।

हिजड़ों के बारे में जानकारी को अलग-अलग जगहों से, अलग-अलग माध्यमों से लेना पड़ा। इसमें से कुछ जानकारी ऐसी भी हो सकती है, जिसे सामने लाने को हिजड़ों पर रोक लगायी गयी है, लेकिन वह जानकारी किसी भी हिजड़े ने या लक्ष्मी ने मुझे नहीं दी है। इतना भरोसा सबको रखना चाहिए कि हिजड़ा समाज के नियमों का अगर कहीं पर भी उल्लंघन हुआ होगा तो वह पूरी तरह मेरी जिम्मेदारी है। कम्युनिटी के बारे में समाज में कोई भी गलतफहमी ना रहे, यही और सिर्फ

यही उदेश्य है किताब के प्रकाशन के पीछे। क्या लेना चाहिए और क्या नहीं, यह तय करते समय लक्ष्मी की एक ही बात हमेशा दिमाग में घूमती रहती थी "मुझे प्रोग्रेसिव हिजड़ा होना है...और सिर्फ मैं ही नहीं अपनी पूरी कम्युनिटी को मुझे प्रोग्रेसिव बनाना है..." लक्ष्मी से बातें करते समय इसका एहसास होता था कि 'प्रोग्रेसिव' बनाने की यह प्रक्रिया इकतरफा कैसे होगी? उसे हिजड़ों और समाज दोनों तरफ से होना चाहिए। उसके लिए समाज का 'नजरिया' बदलना होगा...इस सबसे परिशिष्ट का निर्माण हुआ।

आत्मकथा के शब्दांकन की प्रक्रिया से गुजरते समय काफी लोगों से मदद मिली। असल में औपचारिकता से धन्यवाद दूँ इतना पराया कोई भी नहीं है। फिर भी कुछ का जिक्र करना होगा। पहला नाम है 'मनोविकास' के अरविन्द पाटकर जी का। उस दिन उन्होंने लक्ष्मी नाम का 'कीड़ा' दिमाग में छोड़ा नहीं होता तो यह सब हुआ ही नहीं होता। विषय सुझाने से लेकर पीछे लगकर उसे पूरा करा लेने तक श्रेय उन्हीं को है।

प्रमोद लक्ष्मी से जान-पहचान उन्हीं की वजह से हुई और हिजड़ों की जानकारी भी उन्हीं की वजह से मिली। इन लोगों के साथ उसने काम किया था, उन्हें वह करीब से जानता था। इस वजह से उनके साथ बात करके, चर्चा करके बहुत-सी बातें तय कीं, कुछ बदलाव किये।

लक्ष्मी के माता-पिता, भाई शशि, भाभी सपना...उन्होंने मुझे 'घर की बेटी' ही माना। और लक्ष्मी के चेले...शाहीन, कमल, पायल (जो अब नहीं हैं), मुस्कान, अन्नु...सुबह के बाद प्यार से दिया गया चाय-नाश्ता उसके यहाँ से निकलते समय यदि देर हो गयी तो 'अब तो दाल-चावल खाकर ही जाना दीदी', ऐसा प्यार-भरा अनुरोध...कोई सन्दर्भ लक्ष्मी को याद नहीं आ रहा है तो सब एक साथ बैठकर स्मरण-शक्ति पर जोर डालते थे। फिर उससे बनता था वो प्रसंग...

लक्ष्मी के माने हुए भाई-बहन...दीपक, सारा, छाया दीदी...उनके साथ की गयी बातचीत से लक्ष्मी को और जानने का सुयोग मिला।

इस किताब के बहुत से ड्राफ्ट शान्ति से सुननेवाले, उस पर चर्चा करनेवाले, निर्देश देनेवाले मेरे दोस्त लोग...सुशील सुर्वे, शलाका और यशवंत देशमुख...हर वक्त बहुमूल्य सूचना देनेवाले, लगातार फोन करके 'कहाँ तक पहुँचा काम' ऐसा पूछनेवाले सुनील कर्णिक...

कम्प्यूटर पर कम्पोज करते समय पीछे आकर खड़ा होनेवाला और तैयार होते-होते ही किताब पढ़नेवाला, उसमें कुछ सुधार सुझानेवाला मेरा लड़का गन्धार...

इस काम में लगनेवाले समय में घर के काम सँभालनेवाले मेरे सास-ससुर, वासन्ती और वसन्त निगुडकर, माता-पिता सुप्रिया और सदानन्द रोडे 'किताब कहाँ तक आयी' हमेशा ऐसा पूछनेवाले मेरे 'सकाळ' के सभी सहयोगी...

...और प्रमुख़ व्यक्ति...अर्थात् लक्ष्मी...पर उसको धन्यवाद किसलिए? यह उसी की तो किताब है। उसने वक्त दिया, इसलिए यह बनी। उसने मन लगाया, इसलिए यह साकार हुई। कभी-कभी मैं उस पर खीझ भी जाती थी कि वह वक्त नहीं देती, मिले तो ठीक से बात नहीं करती, सीरियसली नहीं लेती...बहुत-सी वजहें हैं...पर हर बार मेरे नाराज होने को उसने सीरियसली लिया और 'लक्ष्मी' पूरी हुई।

एक बार पूरी होने के बाद अरविन्द पाटकर और उनके लड़के आशीष पाटकर ने झट से किताब पर काम करना शुरू किया। 'मनोविकास' के मेरा शब्दांकन करनेवाले गणेश दीक्षित और किताब का मुखपृष्ठ बनानेवाले गिरीश सहस्रबुद्धे, इन सबने मन लगाकर काम किया।

लक्ष्मी ने बहुत ईमानदारी के साथ अपनी जिन्दगी को समाज के सामने रखा है। उसे कैसी और कौन-सी प्रतिक्रिया देनी है, यह पाठकों को सोचना है।

वैशाली रोडे

मो. : 09870108450

'मैं लक्ष्मी' के बहाने

'मैं हिजड़ा...मैं लक्ष्मी', इस पुस्तक के दूसरे संस्करण के प्रकाशन के बहाने लक्ष्मी त्रिपाठी जी से और उनके साथ के गौरी, और कई अन्य चेलों से जान-पहचान हुई। एक पर्याप्त प्रसिद्ध, और बाकी अभी तक उपेक्षा के अँधेरे में रास्ता खोजनेवाले। इंटर्नशिप (1977) और उसके बाद 1978 से 1980 तक के समय में मनोविज्ञानशास्त्र की पढ़ाई करते हुए लिंगभाव और प्रत्यक्ष लिंग के फर्क के कारण व्यथित हुए लड़के और युवा मैंने देखे थे। यहाँ पहले से ही स्त्री और पुरुष दोनों को ज्यादा स्वतन्त्रता नहीं है, ऐसा आस-पास दिखाई देता था। एक-दूसरे में क्या अन्तर है, यह समझ लेना तो दूर की बात है, उस विषय में उस वक्त भी समाज में गोपनीयता रखी जाती थी और मन में घुटना पड़ता था। इससे उन दिनों कुछ अलग तरह से जीना पड़ रहा था। इसी से भ्रमित और बेचैन मन की तृतीयपंथियों, और उसमें भी हिजड़ों से मुलाकात हुई तो मन का असमंजस सामने आया। वैद्यकीय ज्ञान के कारण उनके सन्दर्भ में जो भय, दबाव था, वह दूर हुआ और मन में जिज्ञासा ने भी जन्म लिया। मनोविज्ञान भी इनसान के मन और मस्तिष्क को जानने में तेजी से विकास कर रहा है। इससे हिजड़ों को जानने के लिए मन में शास्त्रीय जिज्ञासा, डॉक्टरी आत्मविश्वास और उनकी दुःस्थिति के सन्दर्भ में संवेदना जागती है। जो अब तक अपनी लैंगिकता के सन्दर्भ में भी भ्रमित थे, उनसे बात करके उन्हें यह एहसास दिलाना कि वह असामान्य नहीं हैं, सिर्फ लिंग-भावना का अलगाव है, मनोविज्ञान ने 1973 में ही समलिंगी सम्बन्धों के विषय में सकारात्मक भूमिका अदा की थी। लेकिन 1973 से 2013 तक, 40 साल का समय यह मान लेने में लगा कि समलैंगिकता जैसी बात कोई बीमारी नहीं है। मई 2013 में आये हुए Diagnostics & Statistics Manual DSM-V में मानसिक विकारों के वर्गीकरण में GID जेंडर आयडेंटिटी डिसऑर्डर। डिसऑर्डर न होकर उसके अलगाव की वजह से और उसके प्रति समाज की प्रतिकूल प्रतिक्रिया और अवहेलना की वजह से आनेवाली 'कटुता' Gender dysphori है, इसको दर्ज किया गया। अब आज तक का डिसऑर्डर का यह दाग पोंछा जायेगा, ऐसी आशा है। इन लोगों से संवेदनशीलता के साथ बात करते समय, मानसशास्त्रीय जाँच करते

समय मुझे तब भी यह बीमारी नहीं लगती थी। इसीलिए ऐसे लोगों के मन का भ्रम दूर करने के लिए उनकी मदद करते समय उनकी बेचैनी, निराशा, यहाँ तक कि आत्महत्या की कोशिश करने तक पहुँची हुई उनकी विषाद-व्यथा, से निपटना पड़ता था। साथ ही 'इसे बिल्कुल ठीक कर दीजिए' जैसी जिद करनेवाले माता-पिता को भी इलाज में शामिल करना पड़ता था। कई बार कुछ अभिभावक अलग लैंगिकता को न समझ पाने की वजह से 'हमें क्या समझाते हो, उसे ठीक करो' गुस्से से ऐसा कहते थे। दूसरी तरफ कुछ उभयलिंगी लोगों ने 'मुझे लिंग बदलने की सर्जरी करानी है, जल्दी सर्टीफिकेट दीजिए' ऐसी जिद करते हुए मानसशास्त्रीय जाँच में लगनेवाले समय के लिए मुझे फटकारा था। उसमें भी मनोशास्त्र-विशेषज्ञों में भ्रम का माहौल होने के कारण उनसे बहस करते समय सामने आयी उल्टी-सीधी विचारधाराएँ मुझे बेचैन करती थीं। समाज के कई लोग ऐसी टिप्पणियाँ भी करते थे कि "इन जैसे पेशेंट्स को पेशेंट की तरह ट्रीट करना छोड़कर उन्हें जानने की तकलीफ क्यों उठा रहे हैं? ऐसे लोगों से प्यार-भरा बर्ताव क्यों करते हैं? किसी भी (गधे) को समझ आ जायेगा कि ये हिजड़े हैं, ॲबनॉर्मल हैं।" कहने का आशय यह है कि उस वक्त लक्ष्मी, उनके रिश्तेदार, बाकी समाज इन सबकी नाराजी हमारे माथे मढ़ी जाती थी। इस सबको टालना आसान था, लेकिन वैसा करना कोई समझदारी भरा काम नहीं था। इनसानियत का तो नहीं ही था।

लिंग शरीर रचना का एक हिस्सा है, इसलिए लिंगभाव एक मानसिक प्रक्रिया है इसे ध्यान में रखते हुए लिंग के एहसास और उसके सन्दर्भ का सम्भ्रम जान लेना उचित होगा। लक्ष्मी जैसे हिजड़ों में पुरुषों की लैंगिकता है, तो लिंग-भावना स्त्री की है। यह सच सामने आता है। गर्भधारण के बाद के छह हफ्ते स्त्री के गुणसूत्र xx और पुरुषों के xY होते हैं। उसके बाद Y के Sry जीन कार्यरत होकर टेस्टोस्टेरॉन सम्प्रेरक पुरुष लिंग तैयार करने का काम करता है। इनकी कार्य-पद्धति के दोषपूर्ण होने और कभी-कभी गुणसूत्रों की गड़बड़ी से लिंग-निश्चिति का भ्रम सामने आता है। टर्नर सिंड्रोम, ॲन्ड्रोजन, इनसेन्सिविटी सिंड्रोम आदि दोष और सम्प्रेरकों के कम-ज्यादा प्रभाव के कारण होनेवाली गड़बड़ी आपको इसी किताब के आखिरी हिस्से में पढ़ने को मिलेगी। इसलिए मैं यहाँ पर उस जानकारी को टाल रहा हूँ। टेस्टोस्टेरॉन के प्रभाव की न्यूनता के कारण लिंग पुरुषों का और लिंगभाव स्त्री का होने पर भ्रूण 'हिजड़े' के रूप में जन्म लेता है। वहाँ पुरुष को स्त्री की तरह रहना, बर्ताव करना पसन्द आता है। हाव-भाव, बर्ताव, पहनावा, साथी का चुनाव, खुद का एहसास, यह सब कुछ स्त्री जैसा होता है। इनमें से किसी-किसी को पुरुषलिंगी भी नहीं चाहिए होता, पर स्त्री-जैसा शरीर, कम से कम छाती और लिंग होना चाहिए, ऐसा लगता है। फिर वे इलाज में स्त्री-सम्प्रेरकों की माँग करते हैं या लिंगबदल-शल्यक्रिया का अनुरोध करते हैं।

लिंगभाव पर समाज की अपेक्षाओं का काफी प्रभाव पड़ता है। समाज सिर्फ पुरुष लिंग से ही उसके अनुसार लिंगभाव निश्चित करता है, और वैसे ही लिंगभाव की अपेक्षा उस स्त्री पुरुष से करता है। प्रकृति-प्रदत्त विभेद समाज की समझ में नहीं आता।

लिंग-भावना की पहचान कैसे और कब होती है? दो वर्ष से चार वर्ष तक बच्चों का बर्ताव, उनके खेल आदि उनकी लिंग-भावना निश्चित नहीं करते। इस समय में लड़का या लड़की को लेकर आसपास के लोगों की दी हुई पहचान को ही बच्चे अपनाते हैं। इसी पहचान को बाद में झुठलाना बच्चों के लिए कठिन हो जाता है। लड़के-लड़कियों को लड़के और लड़की की तरह अलग से पहचानना उम्र के तीसरे-चौथे साल में आता है। 90 प्रतिशत बच्चों को बड़ा होने पर 'लड़का पिता बनेगा और लड़की माँ बनेगी' यह समझ में आता है और वे अपना लिंगभाव बदल नहीं सकते, इसकी धुँधली जानकारी भी उन्हें हो जाती है।

उम्र के तीसरे-चौथे साल में लड़के दोस्त और लड़कियाँ सहेलियाँ बनाने में रुचि दिखाती हैं। इसी उम्र में खेल भी अपने-अपने लिंगानुसार चुने जाते हैं। लड़के साहसी खेल चुनते हैं तो लड़कियों को गुड़ियाँ पसन्द आती हैं। अर्थात् आसपास की दुनिया उन्हें यह सब जानने में लगातार मदद करती है।

दो-एक साल बाद लिंगभाव का अन्तर लड़के-लड़कियों के बर्ताव में, बोलने में, पसन्द-नापसन्द में, दोस्तों के चुनाव में, पहनावे की रुचि में भी दिखाई देने लगता है। लड़कों का लड़कियों की तरह बर्ताव करना उम्र के छठे साल तक स्पष्ट हो जाता है। मैं अन्य लड़कों से अलग हूँ, इसका एहसास होने पर मन में बेचैनी होने लगती है, चिन्तित होने लगते हैं, खुद पर गुस्सा आने लगता है। वह लड़का इस एहसास को दबाकर पुरुषों जैसा बर्ताव करने की कोशिश करता रहता है। लेकिन किशोरावस्था में अपने इस अन्तर का एहसास उसे प्रखरता से होता है। उसे लड़कियों-जैसा जीने में खुशी मिलती है और लड़कों-जैसा मुश्किल लगने लगता है। सहेलियों में घुलना-मिलना उसे अच्छा लगने लगता है, और किसी-किसी को पुरुषों के प्रति आकर्षण महसूस होता है।

ऐसे किशोर पहले से ही लैंगिक भावना जैसे जबरदस्त एहसास से हड़बड़ाये होते हैं। उस पर शरीर अलग, सामाजिक अपेक्षाएँ अलग और लैंगिक भावना अलग, ऐसा दोहरा जीवन जीना इन लड़कों को मुश्किल लगता है। खुद में आये हुए इस परिवर्तन को भी वे पहले अपना नहीं पाते। फिर कुछ समय बाद ही ये उसे अपनाते हैं। मन से वह स्त्री ही है, उसे दिल से मान लेता है। पहले वह इस मानसिक संघर्ष को दबाकर रखता था, लेकिन असह्य होने पर उसे समाज में व्यक्त करने की कोशिश करता है। यहीं उसे समाज के प्रचंड दमन का अनुभव होता है। 'बायल्या' कहकर उसे चिढ़ाया तो पहले भी गया था। माँ-बाप, रिश्तेदार, दोस्त—ये

सभी लोग उस पर जबरदस्ती करते हैं, न सुनने पर धमकी देते हैं, वक्त आने पर घर से बाहर, दोस्तों से बाहर, समाज से बाहर फेंक दिये जाते हैं। ऐसा होने पर उसे खुद ही हिजड़ों के पन्थ में जाना पड़ता है। वहाँ का अपनापन उसे शान्त करता है। उसका अपना लिंगभाव सही है, जैसे उसे इसकी रसीद मिल जाती है। लेकिन अब उसे समाज से बहिष्कृत जीवन जीना पड़ता है। पन्थ और गुरु लोग जैसा कहेंगे, वैसा जीवनयापन करना पड़ेगा।

कुछ घरों में पिता के उपलब्ध न होने के कारण या माँ की चाह के चलते लड़के को लड़कियों-जैसे कपड़े पहनाना, बाल बनाना, यह सब भी होता है। आसपास या परिवार में अधिक लड़कियाँ हों तो लड़का उनके जैसे हावभाव, पहनावा अपना लेता है। कभी माँ ही अपनी इच्छानुसार या पति से नाराजी के कारण या खुद मनोरोगी हो तो अनजाने में ही लड़के में लड़की के लिंगभाव का बीज डालने लगती है। आज के परिवारों में माँ-बाप दोनों ही उपलब्ध न हों तो लड़कों के लिंगभाव का ठीक से विकास होने में कठिनाइयाँ आती हैं। किन्तु ये सभी कठिनाइयाँ मानसोपचार से दूर की जा सकती हैं। गुणसूत्र और सम्प्रेरक की वजह से हुए लिंगभाव को बदलना मुश्किल होता है। ऐसे में वही लिंगभाव अपनाना ठीक रहेगा। लड़कियों की अपेक्षा लड़कों को अपना स्त्री-लिंगभाव अपनाने और समाज में उसे व्यक्त करने में तकलीफ होती है। टॉमबॉय लड़की को पुरुष का हावभाव, पहनावा, बर्ताव समाज में ज्यादा कष्टकर नहीं होता। उल्टे पुरुष सत्ता के दमन से व्यथित औरतों को यह खुशी ही दे जाता है। लिंगभाव के बदलाव से मानसोपचार-विशेषज्ञ के पास आनेवाले लड़के-लड़कियों की संख्या में लगभग 9.1 प्रतिशत ऐसे हैं। इससे उपरोक्त वस्तुस्थिति को समझा जा सकता है।

आज तक इस लिंग के अनुसार लिंगभाव का अस्वीकार मानसिक बीमारी समझा जाता है। उसे मनोविज्ञान के वर्गीकरण में Diagnostics & Statistical Manual (DSM IV) में Gender Identity Disorder (जी.आई.डी.) के रूप में पहचाना जाता है। उसमें प्रमुख चार लक्षण महत्त्वपूर्ण हैं। वे इस तरह हैं–

(क) 1. भिन्न लिंगभाव का लगातार तीव्र एहसास होना। बार-बार अलग लिंग को (पुरुष होगा तो स्त्री) जताने की इच्छा करना और वैसे ही रहने की जिद करना।

2. अलग लिंग वाले पहनावे को प्रमुखता देना।

3. अलग लैंगिकता जैसा बर्ताव करने को तीव्रता से, और लगातार प्रमुखता देना।

4. अलग लैंगिकता के खेलों, दोस्त या सहेली के साथ मनोरंजन की इच्छा या दिवास्वप्न में विशेष रुचि दिखाना।

(ख) स्वयं के लिंग को लेकर बेचैनी और उसके जैसा बर्ताव करने में

आनाकानी। पौंगडावस्था में होनेवाले शारीरिक बदलाव को नापसन्द करना और उसे बदलने की तीव्र इच्छा (सम्प्रेरकों या सर्जरी के जरिये)।

(ग) ऐसी मनोदशा किसी भी लिंग विषयक शारीरिक दोषों की वजह से नहीं होना।

(घ) इन दोषों के कारण मानसिक कष्ट होना और इस कारण सामाजिक, व्यावसायिक कार्य-पद्धतियों में रुकावट आना।

मई 2013 में आनेवाले नये DSM में उपर्युक्त दोषों को 'डिसऑर्डर' न कहते हुए सिर्फ Gender Dysphoria कह सकते हैं। ये किसी बीमारी के लक्षण नहीं हैं, इसलिए लिंगभाव व लिंगद्वैत को न समझते हुए उसकी मानसिक तकलीफों, बेचैनी को लेकर मानसशास्त्र और मनोविकारशास्त्र की मदद लेनी चाहिए। ऐसे लोगों को मानसिक रोगी अथवा सामान्य और स्वस्थ व्यक्ति से अलग नहीं समझना चाहिए, और लिंग-परिवर्तन के लिए जो भी जरूरी हो वैसी वैद्यकीय मदद उन्हें मिलनी चाहिए। यही इस DSM परिवर्तन से अपेक्षित है। यदि ऐसा न किया जाय तो उन्हें लज्जा होती है और वे अपनी बेचैनी को छिपाते हैं। वे स्वस्थ हैं, इस एहसास में भी उन्हें मुश्किलें पैदा होती हैं। ऐसा ना हो, इसलिए मनोविकारशास्त्र ने ये परिवर्तन किये हैं। इस शास्त्र के अनुसार उनका मानसिक इलाज सायकोथेरपी और दवाइयों से अच्छी तरह हो सकता है। लड़कों के मामले में सबसे पहले उनके मानसिक उद्वेलन शान्त करने होते हैं। उन्हें होनेवाली चिन्ता, मानसिक अशान्ति, संज्ञाहीनता, नैराश्य, स्वयं के अस्वीकार, इन सभी लक्षणों को समझना पड़ता है। 'तुम स्वस्थ हो। अन्य स्त्री-पुरुषों की तरह तुम्हारी लैंगिकता ही अलग है, और इसमें तुम्हारा कोई दोष नहीं है।' यह सब उन्हें संवेदनशीलता से, सीधे-सीधे शब्दों और अपनेपन से समझाना पड़ता है। उन्हें जानना, उनकी अलग लैंगिकता के साथ उनको स्वीकार करना और हौसला देनेवाले शब्दों और बर्ताव के द्वारा घर में, परिवार में, समाज में उनका खुद का अस्तित्व निर्माण करना, शेष लड़कों की तरह खुद को बनाने में, उसे जो मदद चाहिए, वह देना—ये सभी काम डॉक्टर, परिवार और समाज तीनों घटकों को अवश्य करने चाहिए। यौन-शोषण, अत्याचारों से उनकी रक्षा करनी चाहिए। उन्हें खुलने के लिए वक्त और मौका मिलना चाहिए। उनके व्यक्तित्व के गुण खोजकर उनको बढ़ाने के लिए प्रोत्साहन, मार्गदर्शन और मदद करनी चाहिए। खेल, कला, संगणक, थिएटर्स आदि क्षेत्रों में उनकी क्षमता के अनुसार मौका मिले यह देखना चाहिए। उन पर इल्जाम लगाना, दबाव डालना, उनको चिढ़ाना, अवहेलना, अपमान और निन्दा करना बन्द होना चाहिए।

मन की चोट से, नैराश्य से उबरने के लिए आज मनोविकारशास्त्र में प्रभावी दवाइयाँ उपलब्ध हैं। निश्चित समय, उचित मात्रा में इलाज करने से व्यक्ति को सँभलने में मदद मिलती है। ये दवाइयाँ हानि पहुँचानेवाली, अम्लीय, आदत बन जानेवाली, लीवर, हार्ट या किडनी को क्षति पहुँचानेवाली नहीं होतीं। सही, अनुभवी

मनोविकार-विशेषज्ञ के मार्गदर्शन में ही दवाइयाँ लेना फायदेमन्द होता है।

जिन्हें लिंग में बदलाव चाहिए, उनके लिए मनोविकार-विशेषज्ञ के जरिये उचित मनोचिकित्सा और वैद्यकीय देखरेख में जाँच, सम्प्रेरकों और बाकी दवाइयों का इस्तेमाल करना फायदेमन्द होता है।

लिंग-बदलाव-शल्यक्रिया से पूर्व कम से कम एक से दो साल तक ऐसे व्यक्ति को औरत के रूप में बर्ताव करने का 'सच्चा जीवनानुभव' लेने के लिए कहा जाता है। उसके बाद विशेषज्ञों को ठीक लगे तो लिंग-बदलाव-शल्यक्रिया के लिए उसे उस विषय से सम्बन्धित अनुभवी सर्जन के पास भेजा जाता है। ठीक-ठीक जाँच और फिर लिंग-परिवर्तन की शल्यक्रिया करने से ऐसे हिजड़ों की भावी जिन्दगी सुख से गुजर सकती है। अर्थात्, इसके बाद का सामाजिक पुनर्वसन इसमें महत्त्वपूर्ण है। सख्ती से, या जबरदस्ती हिजड़े को स्त्री का जीवन जीने के लिए बाध्य करने से उसका मानसिक सन्तुलन बिगड़ सकता है। ऐसे में वह जिन्दगी-भर कुढ़ता रहता है, विफल होता है, समाज से बहिष्कृत जैसी जिन्दगी जीने लगता है या आत्म विनाश की ओर बढ़ता है। किन्तु इस चित्र को हम सब मिलकर जरूर बदल सकते है।

मनोविकारशास्त्र ने अपने तरीके से गम्भीरता से शोध करके बहुत से वैद्यकीय प्रमाण जुटाये हैं। दुनिया-भर के विशेषज्ञों और समाज के विभिन्न घटकों से दीर्घकालीन चर्चाएँ करके तृतीयपंथी लोगों पर मानसिक बीमारी का ठप्पा हटाया जा चुका है और न्याय दिलाने की कोशिश की गयी है। इसकी मुझे खुशी और गर्व है। उसमें भी लम्बी, खूबसूरत, आत्मविश्वासी और मिलनसार लक्ष्मी के तैयार होकर सामने आने के बाद मन में ऐसी आस भी जागी है कि भारतीय हिजड़ों के दुख भरे अँधेरे क्षितिजों में कहीं दूर ही सही, सवेरा जरूर दिखाई देगा। लक्ष्मी ऐसा कर सकी, इसके पीछे काफी सारी बातें थीं। उसके अन्दर की कला को स्कूल में ही स्टेज मिला और उसके नृत्य को लोगों ने सराहा। मन को घायल करने, लेकिन निडर बनानेवाले यौन-हमले भी बचपन से ही उसे अनुभव करने पड़े। अंग्रेजी सीखने की वजह से स्नेही अध्यापकों ने लक्ष्मी को सभाओं में निडरता से खड़े रहने तथा उसको आत्मविश्वास और आत्मसम्मान दिलाने में मदद की। परिवार ने भी लक्ष्मी की लैंगिकता की कदर की और उसे सस्नेह अपने पास रखा। दोस्ती करने का लक्ष्मी का अपना हुनर भी काम आया। लक्ष्मी की इन्हीं तमाम खूबियों ने हिजड़ों के प्रश्न को वैश्विक स्तर पर लाकर खड़ा कर दिया।

लक्ष्मी की मेहनत को सराहा गया, यह सच है; पर बाकी हिजड़ों का यथार्थ वैसा नहीं है। स्टेज तो छोड़ ही दीजिए, भीड़ में भी उनके लिएं जगह नहीं है। उन्हें तो जोर-जोर से तालियाँ बजाते हुए कार की खुली खिड़कियों पर जाकर भीख माँगने या शरीर बेचकर हर दिन रोजी-रोटी कमानी पड़ती है। रात में जहाँ जगह मिले वहीं किसी कोने में सो जाना, अपने-अपने ग्रुप और गुरु के आदेश को बिना ना-नुकुर

किये मानना और हर तरह से अपमान झेलना, अपनी तिरस्कृत जिन्दगी को मरते दम तक ढोते रहना और मन ही मन घुटते हुए समाज के सामने जिन्दगी को रहस्य बनाकर रखना। गृहस्थी, बाल-बच्चे, सम्मान सहित समाज में घूमने जैसी बातों के बारे में तो वे सपने में भी नहीं सोच सकते। समाज के नजरिये से उपजे सन्देह के चलते अपने डर और तिरस्कार को तथा जन्म के साथ ही पैदा हुई जीवन जीने की ख्वाहिश को कोई कब तक सँभालकर रख सकता है? लक्ष्मी के घरवालों ने उसे अपनाया और समाज ने आश्चर्य से उसकी सराहना की। यह बात सभी हिजड़ों को सपनों की आस दे जाती है। आत्मनिरीक्षण करने को विवश करती है। अँधेरे कमरे के ताले खोलने की आवाज सुनाई देती है। पर जिनके पास लक्ष्मी जैसा रूप, आत्मविश्वास, परिवार, अंग्रेजी भाषा, शिक्षा, समाज के बड़े बुजुर्गों से प्राप्त सम्मान, दोस्ती, प्यार कुछ भी नहीं होता, उनकी काल-कोठरी कब खुलेगी? लैंगिक भिन्नता के भ्रम की उनकी उमरकैद कब खत्म होगी?

ऐसे अनेक सवाल दिमाग में आ खड़े होते हैं, मन को थकाते हैं, आँखों के आँसू सोख लेते हैं। जुबान पर रखा हुआ एक कड़वा स्वाद। हम पशु, पक्षी, पेड़, फल, फूल, पहाड़ इन सबके अलग-अलग रंग-रूप या विविधता देखकर अचम्भित होते हैं। स्त्री-पुरुषों के लिए अलग-अलग, डिजाइन और फैशन्स सामने आये तो उसे सराहते हैं। फिर स्त्री-पुरुष के बीच के 'उन' तीसरे लोगों को हम क्यों नहीं अपनाते? सेक्स, लैंगिक भावना, लिंगभाव, लिंगसंभ्रम हमें ये सारी बातें डराती हैं, हम उनके अलग रंग-रूप से हिल जाते हैं। कुल मिलाकर हम 'सेक्स' को ही सन्देह, डर, सावधानी से क्यों देखते हैं?

हिजड़ों को अगर ठीक से जान लिया जाय तो उनकी इनसानियत, उनकी विशेषताएँ, बुद्धिमत्ता, कला-कुशलता सब कुछ हमारे जैसा ही है, यह सीधा-सा सच समझने के लिए हमें और कितने साल लगेंगे? हिजड़ों के पास कोई चारा ही नहीं है कि वे शरीर बेचने, भीख माँगने के अलावा भी कुछ कर सकें तो फिर उन्हें धमकी देकर डराना या यह कहना कि वे अपराध आदि करना छोड़ दें तो हम उन्हें अपना सकते हैं, कहाँ तक उचित है? परन्तु सच यही है कि हमने उन्हें अभी तक समाज में अपनाया नहीं है। असल में दोनों को एक-दूसरे को अपनाते समय हमें बहुत से बदलाव अपनी मानसिकता में करने होंगे। लक्ष्मी जैसी ना सही, पर आम इनसान जैसी जिन्दगी तो हिजड़ों को मिलनी ही चाहिए। यही मनुष्यता के लिए इनसान का आवाहन है।

डॉ. प्रदीप प. पाटकर
p3patkars@sify.com
patkar.pradeep@gmail.com
मो. 09757389565

ठाणे में मेरा घर है, येऊर की तलहटी के पास। घर की खिड़की से येऊर पर्वत को बिल्कुल बाँहों में भर सकते हैं, इतना नजदीक दिखाई देता है। मेरे घर की खिड़की और पर्वत, इनके बीच में एक छोटा-सा टीला है। हरी घास ओढ़े हुए। गाय-बखेरू हमेशा चरते हैं उस पर, हमेशा चहल-पहल रहती है। इस टीले पर... और इसीलिए वो जिन्दा लगता है... इस जिन्दा टीले पर एक पेड़ है। कौन-सा है, क्या पता। मैंने कभी जान-बूझकर जाकर देखा नहीं। अच्छा है। बारहों महीने हरा-भरा रहता है। सदाबहार। हवा के साथ लहलहाता है...। आसपास हरी घास है। छोटे-छोटे पेड़ भी हैं। जानवर चरते हैं। पर दूसरा कोई पेड़ नहीं है उसके साथ। इस ऊँचे पेड़ का अकेलापन इसीलिए आँखों में खलता है, बहुत बार कलेजे में टीस उठती है। इस पेड़ की तरफ देखते रहने पर मुझे लगता है, मेरी जिन्दगी भी तो ऐसी ही है...

सभी के साथ हूँ, पर फिर भी अकेली...

अपने बचपन के बारे में बहुत से बड़े-बड़े लोगों ने ढेर सारी अच्छी-अच्छी बातें लिखकर रखी हैं। बहुत सारी कविताएँ बचपन पर लिखी हुई हैं... बचपन की मीठी यादों में हर कोई खो जाता है... लेकिन मैं नहीं, क्योंकि मेरा बचपन इतना अच्छा बीता ही नहीं। छोटे बच्चों से हर कोई प्यार करता है, उनका दुलार करता है। इस बात की मेरी जिन्दगी में कभी कमी नहीं थी, आज भी नहीं है। पर छोटे बच्चों को 'बच्चा' समझने वाली मासूमियत मुझमें थी, ऐसा मुझे याद नहीं आता... बहुत सोचने के बाद, याददाश्त पर काफी जोर देने के बाद भी याद नहीं आता। बचपन के बारे में सोचूँ तो मुझे याद आती है सिर्फ मेरी बीमारी और...

वैसे मैं बहुत छोटी थी, तब की मेरी कुछ मजेदार यादें हैं।

ठाणे शहर के सिद्धेश्वर तालाब के किनारे एक कच्चे घर में हम रहते थे। माँ, पापा, मेरी बहन मिंटू (उसका असली नाम रुक्मिणी था) और मैं।

घर छोटा ही था। मैं भी छोटा था। लक्ष्मी नारायण ऊर्फ राजू। माँ-पापा का मैं पहला ही लड़का था; इसलिए उनका लाडला था। माँ तो मुझे पास लेकर ही सोती थी।

इसी घर में मेरे छोटे भाई, यानी शशि नारायण का जन्म हुआ। अब शशि माँ

के पास और मैं पापा के... ये मुझे जरा भी पसन्द नहीं था। तडपड़ाया, तनतनाया। आखिर एक रात गुस्से में पापा के पास से उठकर माँ की चारपाई पर चला गया; उसके पास सोने के लिए। पर चारपाई पर जगह ही नहीं थी। लेटते ही मैं गिर पड़ा। चारपाई के नीचे ही पानी की कलसी थी। उसकी वजह से मेरे पाँव में चोट लगी... उस रात सभी की भागदौड़ हुई... आज भी उसकी निशानी मेरे पाँव पर टैटू के नीचे छिपी हुई है।

स्कूल के दिनों की भी एक ऐसी ही याद है। तब मैं जूनियर केजी में पढ़ता था। स्कूल का 'गॅदरिंग' था। 'टोपी बेचनेवाला और बन्दर' ये कहानी हमें स्टेज पर प्रस्तुत करनी थी और उसमें मैं टोपियाँ बेचनेवाले का रोल कर रहा था। लगभग आधी कहानी हो गयी थी, पर क्या हुआ कि मेरी लुंगी खुल गयी। दर्शकों का अपनी हँसी पर काबू नहीं था और मुझे क्या करना चाहिए, ये मेरी समझ में नहीं आ रहा था। वैसे ही लुंगी को सँभालते हुए मैं अन्दर भाग गया।

ऐसी ही एक-दो मजेदार यादें छोड़ दी जाएँ तो मेरा पूरा बचपन बीमारी में ही बीता। बचपन से ही मुझे अस्थमा की बीमारी थी। आज भी उसने मेरा साथ नहीं छोड़ा है। इस वजह से बचपन में मेरा बहुत ख़याल रखा जाता था। मैं लगातार बीमार रहता था... इस वजह से ठीक होने पर काफी सारी बन्दिशें मुझ पर लगायी जाती थीं। यहाँ मत खेलो, वहाँ मत जाओ, ये मत खाओ, ये मत पियो... बोर होता था मैं। जब मैं सात साल का था तब मुझे टायफाइड, मलेरिया और निमोनिया एक साथ हो गया। डॉक्टर, अस्पताल, ढेर सारी दवाइयाँ, इंजेक्शन्स, सलाइन्स... एक तरफ डॉक्टर थे, जिन्होंने मेरे जिन्दा रहने की उम्मीद छोड़ दी थी और दूसरी तरफ मेरे माता-पिता थे, जिन्होंने भारी प्रयत्नों की शिकसा करके मुझे बचाया। मेरी माँ के सात बच्चों में से हम तीन ही जिन्दा बचे थे, और हमें वो जी-जान से सँभाल रही थी...

ठीक होने के बाद मैं और भी कमजोर हो गया था। ज्यादा ख़याल रखना, ज्यादा बन्दिशें लगाना... मेरी बड़ी दीदी मुझसे बहुत प्यार करती थी। मुझ पर कड़ी नजर रखकर वो मेरा ख़याल रखती थी... मैं मिट्टी में तो नहीं खेल रहा ना? कुछ अनाप-शनाप तो नहीं खा रहा ना? मैं ज्यादा भागदौड़ तो नही कर रहा ना?

इन सारी बातों की वजह से मैं अपने हमउम्र लड़कों के साथ ज्यादा खेल नहीं सका। दोस्तों के साथ ज्यादा घूम-फिर रहा हूँ, बहुत मस्ती की है, मिट्टी में लोट-पोट होकर घर आया हूँ... ऐसा मेरे साथ हुआ हो ये मुझे याद नहीं आता। और फिर घर में आसपास सब लोगों के होते हुए भी मैं अकेला हो रहा था... खुद में मशगूल रहने लगा था...

अकेला था, बीमार था, फिर भी मुझे नृत्य करना बहुत पसन्द था; और अपनी बीमारी का मैंने नृत्य पर कभी असर नहीं होने दिया। बचपन से ही कोई भी गीत सुनते ही मेरे पैर थिरकने लगते थे... स्कूल जाने लगा तब ये बात अध्यापकों

के ध्यान में आयी और उन्होंने स्कूल के हर एक प्रोग्राम में मुझे स्टेज पर खड़ा किया... बिल्कुल जूनियर केजी से। मैं भी स्टेज पर खड़ा होने के बाद खुद को भूलकर, मदहोश हो जाता था... मैं थक रहा हूँ, मुझे खाँसी आ रही है, अस्वस्थ महसूस कर रहा हूँ, इस तरफ मेरा ध्यान नहीं जाता था। शायद मेरी बीमारी में यही मेरे दिल बहलाने का जरिया था...

पर मेरी ये चाहत कुछ लोगों को ज्यादा ही खलने लगी थी। नाचना यानी लड़की, औरत... ऐसा समीकरण हमारे समाज ने बनाया है। लोग मुझे बायक्या छक्का, मामू ऐसा कहकर चिढ़ाने लगे थे। मैं नृत्य में अपनी बीमारी भूलने की कोशिश करता था, पर वो आसान नहीं था। मैं एक लड़का था और मुझमें जो कला थी, वो 'औरत' की थी... और इसी वजह से समाज की नजर में मैं कलाकार न होकर 'बायक्या' था... नाचनेवाला था।

लेकिन हैरत तो यह थी कि मैं भी तो सचमुच एक औरत जैसा था। मेरा स्वभाव, मेरा बोलना, मेरा चलना औरतों के जैसा ही था। पर वो वैसा क्यों है, ये समझने के लिए मेरी उम्र काफी नहीं थी। लोगों के इस तरह चिढ़ाने से पहले से ही खुद में खोनेवाला मैं और अकेला हो गया।

अकेला था, तो भी अपने पास रहनेवाले कुछ गिने-चुने लोगों में मैं खुलता था। उनमें थे मेरे स्कूल के कुछ दोस्त, सहेलियाँ और 'दाढ़ी भैया' मौसेरा भाई विजय प्रताप। हमारे ही घर में रहता था। हमसे उम्र में काफी बड़ा था। हम तीनों भाई-बहनों से वो सगे भाई की तरह प्यार करता था। जैसे हमारा सगा बड़ा भाई ही था। उसकी दाढ़ी काफी बड़ी थी, इसलिए हम उसे दाढ़ी भैया कहते थे। जब हम छोटे थे, तब हमें स्कूल छोड़ना, घर लाना, हमारे डिब्बे पहुँचाना... उसके इन कामों से माँ को काफी मदद मिलती थी, और काफी सहारा रहता था। मैं भी उससे बातें करता था। जब भी मैं बीमार पड़ता था, तब वो मेरा बहुत ख़याल रखता था। मुझे वक्त पर दवाइयाँ देना उसका ही काम था... 'दाढ़ी भैया' की शादी के बाद उसकी पत्नी छाया भी हमारे ही घर में रहती थी। बाद में उसके एक लड़की भी हुई—सोनू। बहुत प्यारी बच्ची थी, गुलगूले-जैसी... हमारा खिलौना ही था वो। हम लोग बहुत मस्ती करते थे। उससे बहुत प्यार करते थे। शशि तो इतना बदमाश था... सोनू को उठाकर धीरे-से नीचे छोड़ देता था। वो झट से गिरती थी और हम बहुत हँसते थे।

बाद में दाढ़ी भैया को पीलिया हो गया और उसकी मृत्यु हो गयी। मुझे बहुत दुख हुआ।

दाढ़ी भैया मुझे काफी हद तक समझता था... पर सभी के साथ मेरा ऐसा अनुभव नहीं था।

जब मैं सात साल का था, तब पहली बार मेरा यौन-शोषण हुआ।

मैं अभी-अभी बीमारी से ठीक हुआ था। चचेरे भाई की शादी थी, इसीलिए

गाँव गया था, जल्दी-जल्दी दवाइयाँ लेकर। घर के सभी लोग गये थे। शादी का घर था... भाग-दौड़ मची हुई थी। आसपास के गाँवों से, शहर से, बम्बई से ढेर सारे रिश्तेदार आये हुए थे। भरा-पूरा घर था। बड़े लोग काम में मशगूल थे और हम बच्चे खेल-कूद में मशगूल। ऐसे ही एक दिन खेलते-खेलते एक रिश्तेदार का लड़का मुझे अँधेरे कमरे में लेकर गया, और...

वो क्या कर रहा है, ये समझने के लिए मैं बहुत छोटा था। पहले से ही कमजोर, उसमें अभी-अभी बीमारी से उठा हुआ। दवाइयाँ जारी ही थीं, इस वजह से थोड़ी दवाइयों की मदहोशी भी थी। मैंने उसका प्रतिकार किया या नहीं, पता नहीं। मुझे कुछ याद नहीं; पर उसने जब मेरे अन्दर घुसेड़ा तो मुझे बहुत तकलीफ हुई और चक्कर आ गया। बस इतना-सा कुछ-कुछ याद है। उसने बहुत प्रयासों के बाद मुझे जगाया और धमकाया कि अगर किसी को कुछ बताया तो देख लेना!

मैं पहले से ही शान्त स्वभाव का था। बीमारी की वजह से सबकुछ सहन करने की मुझे आदत हो गयी थी। उस पर ये धमकी। मैं किसी को कुछ बताऊँ, इसका सवाल ही पैदा नहीं होता था... माँ को भी नहीं। उसके बाद उस शादी के घर में इस तरह की घटनाएँ बार-बार घटीं। और सिर्फ वही लड़का नहीं, और भी कई लड़के मेरा फायदा उठाते रहे। बहुत तकलीफ हो रही थी... शारीरिक, और मानसिक भी। फिर भी मैंने किसी को कुछ नहीं बताया। तब भी नहीं और उसके बाद भी नहीं। सब कुछ सहन करता रहा, मन ही मन कुढ़ता और घुटता रहा।

शादी हो गयी। हम लोग अपने ठाणे के घर में वापस आ गये, पर ये सिलसिला खत्म नहीं हुआ। दो-तीन साल तक ये जारी रहा। हम कभी-कभी गाँव जाते थे। परिवार का कोई कार्यक्रम हो तो इकट्ठा होते थे। उस वक्त मौका पाकर ये चंद लड़के मेरा फायदा उठाते थे। जैसे मेरे शरीर पर इनका हक था। उन्हें उसी में खुशी मिलती थी, पर मुझे सिर्फ तकलीफ, तकलीफ और सिर्फ तकलीफ। पर ये बताऊँ किसे? कौन भरोसा करेगा मुझ पर?

इस सबकी वजह से मेरी जिन्दगी बिल्कुल बदल गयी थी। अपनी जिन्दगी में घटनेवाली बहुत-सी बातें मैं घरवालों से, दोस्तों से छिपाने लगा। सब के साथ होते हुए भी अकेला तो था ही, अब अपनी उम्र से बहुत बड़ा होने का एहसास होने लगा...

एक तरफ शशि भी बड़ा होने लगा था। वो मेरे से बिल्कुल अलग था। बहुत शैतान, बहुत बदमाश। उन सभी बड़े लड़कों से वो घुलमिल जाता था, उनके साथ खेलता था। अच्छा था वो, इस वजह से सभी लोग उससे प्यार करते थे... पर मुझे 'उसी' का डर लगने लगा था। ये प्यार, ये दुलार। इस सबसे कुछ अलग ही हो गया तो....? जो मेरे साथ हुआ वो उसके साथ भी हो गया तो...? फिर मैं उस पर नजर रखने लगा। वो किसके साथ जाता है, किसके साथ खेलता है, क्या करता है... इस तरह से मैं उसके पीछे-पीछे घूमने लगा। मेरे साथ जो बीत रहा है, वो

वैसे ही जारी रहे, तो ही शशि सुरक्षित रहेगा, ऐसा मुझे लगने लगा। फिर मुझे चाहे कितनी भी तकलीफ होती तो भी वो सब वैसे ही जारी रहा। कभी-कभी मैं खुद ही आगे बढ़कर....

पर कितने दिन, कितने सालों तक सहन करूँगा ये सब? मेरे मन के खिलाफ हो रहा था ये सब... दुख, तकलीफ, दम घुटने लगा... उस उम्र में मैंने इन सारी भावनाओं का अनुभव किया। उस वक्त मेरे साथ क्या हो रहा है, ऐसा क्यों लगता है, ये समझ में नहीं आ रहा था, अब पता चलता है... लेकिन उस वक्त मेरे पास कोई चारा नहीं था, इसलिए सब होने देता था। वो भी छुप-छुपकर घर के लोगों को कुछ पता नहीं चलेगा, इस हिसाब से... पर धीरे-धीरे इन सबसे मैं ऊब गया। थोड़ा बड़ा हो गया था। खुद के विचार बनने लगे थे। इन सब बातों को मैं फिर खुद ही टालने लगा। पहले तो थोड़ा-सा डरता था, लेकिन बाद में मना करने लगा।

पहली बार जब मैंने इन सब बातों को मना किया, तो ये लड़के गुस्सा हो गये... उन्होंने मुझे थोड़ा समझाने की कोशिश की... कुछ ब्लेक मेल भी किया... मैं डर गया और फिर वो होने दिया। इसके बाद एक बार फिर मैंने उनकी बात नहीं सुनी, उनकी धमकी से भी नहीं डरा। फिर उन्होंने जबरदस्ती की। पर मेरी समझ में आ गया था, कि अगर मैंने भी उनके जैसी दादागिरी की तो शायद ये लड़के मेरा पीछा छोड़ देंगे।

मैं अब उनकी बात नहीं सुनूँगा, इसका एहसास उन लोगों को हो गया था... मुझे भी लगा कि थोड़ा और ॲग्रेसिव हो गया तो वो मुझसे पंगा नहीं लेंगे। फिर मैंने वैसा ही किया। "ए मुझे हाथ नहीं लगाना कोई..." ऐसा धमकाने पर वो लड़के दूर हो गये।

मुझे पता लग गया था... खामोश रहने पर मुझे सब लोग शायद 'सीधा लड़का' 'अच्छा लड़का' कहेंगे, पर इस खामोशी की मुझे और अधिक कीमत चुकानी पड़ेगी। अब आगे से जो बात अच्छी नहीं लगेगी, उसके खिलाफ आवाज उठाऊँगा। जितना हो सके, उतना पसन्द न आनेवाली बातें के सामने घुटने नहीं टेकूँगा...

जिस उम्र में बच्चे कुछ न सोचते हुए सिर्फ खेलते-कूदते हैं, उस उम्र में मुझे ये समझ आयी थी। मैं अपनी उम्र से काफी बड़ा हो गया था। जो मेरे साथ बीत रहा था; उसकी वजह से मुझे बड़ा होना ही पड़ा। इसी वजह से शायद मैं अपनी उम्र के लड़कों के साथ हिल-मिल नहीं सका। मेरी जो अच्छी दोस्ती हुई, वो अपने से बड़ी उम्र के लोगों से...

ऐसे ही हमारे पड़ोस में रहनेवाली लड़की थी संगीता सेठी। मेरी संगीता आंटी। अप-टू-डेट रहनेवाली। बहुत प्यार करनेवाली। उसके साथ मेरी खूब जमती थी। संगीता आंटी मॉडर्न थी। उसकी अंग्रेजी अच्छी थी। मैं स्कूल में वक्तृत्व-स्पर्धा में हिस्सा लेता था। उसमें पुरस्कार मिलते थे। संगीता आंटी मेरी तैयारी करा देती थी।

वो मेरे लिखे हुए भाषणों की अंग्रेजी सुधार देती थी। इतना ही नहीं, बहुत अच्छे 'हाई लेवल' के अंग्रेजी शब्द सुझाती थी। मेरी अंग्रेजी इसी वजह से अच्छी हुई। अलग-अलग विषयों पर हम एक-दूसरे के साथ बातें करते थे... अध्ययन, इतिहास, संस्कृति, नृत्य से लेकर सेक्सुॲलिटी तक... मैंने अनचाहे लड़कों को अपनी जिन्दगी से दूर तो किया था, लेकिन अब मैं ही लड़कों की तरफ आकर्षित होने लगा था। कुछ लड़के अच्छे नहीं लगते थे... और कुछ अच्छे लगते थे... मुझे हो क्या रहा है? मैं औरतों जैसा हूँ क्या? कुछ समझ में नहीं आ रहा था। पर सच में ऐसा हो रहा था। मैं लगभग चौथी कक्षा में था तब संगीता आंटी के साथ मैं ये सारी बातें शेयर करता था। वो मुझे समझने की कोशिश करती थी। ऐसा क्यों हो रहा है, ये न समझने की वजह से मुझ डरे हुए को धीरज बँधाती थी। जब एक दिन मैं संगीता आंटी के पास गया था। तब उसने मुझसे कहा, "तुम्हारे जैसे लड़कों के लिए एक व्यक्ति काम करता है, अशोक राव कवि। 'गे' कहते हैं उन्हें... उसने मुझे अशोक राव कवि और उनके काम के बारे में थोड़ी जानकारी दी और टाइम्स में उन पर छपा हुआ एक आर्टिकल पढ़ने के लिए दिया। मैंने वो पढ़ा और चौथी कक्षा की परीक्षा खत्म होते ही महेश्वरी उद्यान खोजते-खोजते अशोक राव कवि जी से मिलने गया। उस जमाने में महेश्वरी उद्यान मुम्बई के 'गे' लोगों के मिलने का ठिकाना था। उनके काम की शुरुआत ही वहाँ से होती थी। बातें होती थीं, चर्चाएँ होती थीं।

महेश्वरी उद्यान में मैं पहुँचा तो 'वो' ग्रुप मुझे दिखाई दिया और मुझे बहुत अच्छा लगा। मेरे जैसे ही थे वे सब... किसी को भी बाइक्या, मामू बुलाना चाहिए, ऐसे ही। मैं वहाँ गया और पूछा—अशोक राव कवि कौन है? अशोक आया और मेरी पीठ पर हाथ रखते हुए पूछा—क्या चाहिए? मैंने उसे अपनी जानकारी दी। अभी-अभी मैंने चौथी की परीक्षा दी है, ये समझते ही अशोक हँसने लगा। पर उसने मुझे सहज किया। मैंने अपने अनुभव बताये और शंकाओं को सामने रखा, " 'बाइक्या' हूँ। लोग मुझे इसी नाम से चिढ़ाते हैं। अभी कुछ दिनों से मैं पुरुषों की तरफ आकर्षित होने लगा हूँ... मैं ही ऐसा अलग क्यों हूँ? मैं एबनॉर्मल तो नहीं हूँ ना?" अशोक धीरे-से मुस्कुराया। मुझसे बोला, "तुम एबनॉर्मल नहीं हो बच्चे, नॉर्मल ही हो। एबनॉर्मल है ये हमारे आस-पास की दुनिया... ये हमें समझ नहीं सकती। पर तुम उसके बारे में मत सोचो। यहाँ आये हो ना... अब हम मिलकर इसमें से रास्ता निकालेंगे। अब तुम जो कर रहे हो, वही करो। अभी तुम बच्चे हो। पढ़ाई करो। डांस सीख रहे हो, वो सीखते रहो... कुछ भी बदलाव लाने की जरूरत नहीं है। एस.एस.सी. होने के बाद आना मेरे पास। फिर मैं तुम्हें सब समझा दूँगा..."

मेरी जान में जान आ गयी। 'ऐसा मैं अकेला ही नहीं हूँ, और भी बहुत सारे लोग हैं', ये ख़याल ही बहुत अच्छा था। वहाँ अशोक के ग्रुप में गोदा उर्फ विजय नायक था। उसने मेरा 'हल्दी कुंकू' किया। महेश्वरी उद्यान की मिट्टी मेरे माथे पर लगाते

हुए उसने कहा, ''अब तुम हममें से एक हो गये हो, वेलकम टू द 'गे' कम्युनिटी।''

उस दिन मैं घर आया तो हवा से बातें करते ही। अब मैं अकेला नहीं था। मेरे समानधर्मा लोग मुझे मिल गये थे। एक अलग आत्मविश्वास मुझमें आ गया था। 'गे', ये नया शब्द मुझे पता चला था, उसका अर्थ समझ में आया था और उसका मेरी जिन्दगी से क्या सम्बन्ध है, ये भी समझ में आया था... मैं 'गे' था, एबनॉर्मल नहीं था।

मैं पाँचवीं कक्षा में गया और सिद्धेश्वर तालाब के किनारे का घर छोड़कर हम लोग खोपट में रहने के लिए आ गये। ये बैठी चाल थी। आसपास सब गुजराती परिवार थे। एक तरफ बाई-बाप्पा रहते थे और दूसरी तरफ प्रेमजी बोरिचा और उनका परिवार। प्रेमजी और उनकी पत्नी। प्रेमजी की पत्नी और मेरी बहुत लड़ाई होती रहती थी।

लड़कों की तरफ आकर्षित होता हूँ, मैं औरतों के जैसा लगता हूँ, इससे कुछ लेना-देना है क्या? जब छोटा था तब एक पार्टी में किया हुआ डांस।

उनकी बड़ी लड़की लूना और हमारा शशि एक ही उम्र के थे। वे दोनों एक साथ खेलते थे, उतना ही झगड़ा भी करते थे। पर ये सब बच्चों की लड़ाइयाँ होती थीं। बड़ों ने कभी उसमें हस्तक्षेप नहीं किया। प्रेमजी और उनकी पत्नी कभी बाहर

जा रहे हों तो वे अपने छोटे लड़के मिथुन को हमारे पास छोड़कर जाते थे... हम सब वहाँ एक परिवार की तरह रहते थे।

रहने की जगह के साथ ही मेरी और एक बात में बदलाव आया... मैं सिंघानिया हाईस्कूल में था, लेकिन बीमारी की वजह से मैं पूरे दिन स्कूल में बैठ नहीं पाता था, इसलिए मेरा एडमिशन 'बिम्स पॅराडाइज' स्कूल में किया गया। सिंघानिया का परिवेश बहुत अलग था—स्नेहिल और अनुशासित। बच्चे और अध्यापक एक-दूसरे से अंग्रेजी में बात करते थे। हस्तकला की अध्यापिका मेनन मिस डांस सिखाती थीं। मेरी बहुत पसन्दीदा अध्यापिका थीं वो। स्कूल के एक कार्यक्रम में उसने मुझे गौतम बुद्ध बनाया था। मजे की बात छोड़ दें तो 'बुद्धं शरणं गच्छामि... धम्मं शरणं गच्छामि...' इस प्रार्थना से मुझे बहुत शान्ति मिली थी। वो खामोशी हमेशा बनी रहे, ऐसा लगता था... आज भी बुद्ध और बुद्धिज्म मुझे बहुत आकर्षित करते हैं।

इसी स्कूल की एक याद है... हमारी एक दोस्त थी प्रियंका मारवा। मुलुंड में रहती थी। उसका जन्मदिन था और उसके घर में पार्टी थी। हम सब स्कूल के बाद ही उसके घर गये थे। अपने आप, घर में बिना बताये। घर में पहले इन्तजार करना.. फिर चिन्ता करना... फिर छानबीन... इतना होने तक हम घर पर हाजिर हो गये, फिर माँ-पापा बहुत गुस्सा हुए... कहीं भी जाने के लिए वे मना नहीं करते थे, लेकिन घर में बिना बताये...? घर के सभी लोगों को एक-दूसरे पर भरोसा रखना चाहिए और भरोसे के साथ ही एक-दूसरे को सारी बातें बतानी चाहिए, ऐसा उनका मानना था।

'सिंघानिया' के मिस रे, कुलकर्णी सर, संगीत सिखानेवाले दीक्षित सर... सभी अध्यापक बहुत अच्छे थे। राव सर प्रधानाचार्य थे। मिसेस मथायस और जानी सर उप-प्रधानाचार्य थे। राव सर बहुत अच्छे थे। सीधे और अध्ययनशील, टू डेट रहनेवाले। नर से नारायण कहते हैं ना, वैसे ही। सभी बातों में मेरे आदर्श थे। जिस दिन वे रिटायर हुए, उस दिन स्कूल के हर एक लड़के से वे मिले। सभी बच्चे बहुत रोए। जानी सर उनसे काफी अलग थे। बहुत सख्त। उन्हें देखते ही बच्चे रास्ता बदल देते थे...

ऐसे माहौल से मै 'बिम्स पॅराडाइज' में गया। मुझे आज भी याद है, स्कूल के पहले दिन यूनिफॉर्म न होने की वजह से मैं सफेद कलर की पैंट और टोमॅटो कलर का शर्ट पहनकर स्कूल गया था। वहाँ का माहौल सिंघानिया से काफी अलग था। बच्चे अलग माहौल से आये हुए थे। मैं हमेशा अंग्रेजी बोलनेवाला, स्मार्ट... यहाँ के बच्चे मेरी तरफ अलग नजर से देखते थे। मुझे भी अजीब लगता था। पर धीरे-धीरे कक्षा में हमारा अच्छा ग्रुप बन गया। गुरुप्रसाद शिंदे, भागीरथी, फाल्गुनी... बातें करना, पढ़ाई करना, मस्ती करना... एक-दूसरे के साथ हमारा सब शुरू था। स्कूल की तरफ की, परायेपन की, अलग होने की भावना कम हो

गयी थी। छठी कक्षा में हमारे क्लास में गोरा, ऊँचा, हैंडसम नसीर आया। अब हमारा ग्रुप 'ऑक्टिव्ह' हो गया। भरपूर मस्ती करने लगे थे हम और मेरे सींग निकलने लगे थे...

खोपट के नये घर में रहने के लिए आने के बाद मेरा पहला प्यार शुरू हो गया था।

तब मैं छठी कक्षा में था। हमारी सामनेवाली बिल्डिंग में एक परिवार रहने आया था। उनका लड़का था। गोरा, हैंडसम। कॉलेज में जानेवाला। मेरे से सात-आठ साल बड़ा रोहन। उसके साथ मेरा अफेयर शुरू हुआ। अब मैं बिन्दास हो गया था... अर्थात् अपने तक। मन में चुभन नहीं थी... मैं ये क्या कर रहा हूँ? ये नॉर्मल है क्या? नैसर्गिक है क्या? ऐसे सवाल मन में आते थे। उल्टा अब मैं ओपन हो गया था... येस, आय ॲम गे... सो व्हॉट? रोहन और मैं पास ही में रहते थे। जाहिर है कि हम मिलते थे, बोलते थे, बातें करते थे... सभी को लगता था, कितनी गहरी दोस्ती है लक्ष्मी और रोहन के बीच में... पर हम तो प्यार करते थे एक-दूसरे से... रोहन का स्पर्श, उसका बाँहों में लेना बहुत अच्छा लगता था मुझे। धीरे से वो मुझे चूमता था और मैं उसी का हो जाता था। हमारा रिश्ता इस तरह से खुल रहा था। सेक्स उसमें बहुत बाद में आया। पर उसके साथ किये हुए सेक्स में भी मुझे सन्तोष मिलता था। इससे पहले का सेक्स मुझ पर थोपा हुआ था, शरीर और मन दोनों को तकलीफ पहुँचाने वाला। पर अब के सेक्स में मेरा 'चॉइस' था। मेरी मर्जी से होनेवाला। इसने मुझे तकलीफ नहीं दी। बल्कि खुशी ही दी है।

हमारे इस रिश्ते के बारे में आस-पास के किसी को भी शक नहीं हुआ। हमारी बहुत अच्छी और गहरी दोस्ती है, ऐसा ही लोग समझ रहे थे... और वो वैसी ही थी। पर इस दोस्ती को भी नजर लग गयी।

रोहन मेरे काफी नजदीकी था। पर उसका छोटा भाई, उसका फुफेरा भाई, उन्होंने भी मुझे समझकर मेरे शरीर से खेलना शुरू किया। रोहन को ये बात पसन्द नहीं थी। 'लक्ष्मी को तंग मत किया करो... उसके साथ ऐसा मत करो...' इस तरह से वो अपने भाइयों को समझाता था। कभी-कभी वो उसकी बात सुनते भी थे, पर बहुत बार नहीं। धीरे-धीरे मैं सबके हाथ का खिलौना बन रहा हूँ, ऐसा मुझे लगने लगा। मैं सिर्फ रोहन से प्यार करता था। वो भी मुझसे प्यार करता है, ऐसा मैं समझ रहा था... पर फिर रोहन ऐसा बर्ताव क्यों करता है? उसके भाई मुझे खिलौना बना रहे हैं, ये देखकर उसे कुछ नहीं लगता क्या? या रोहन भी मेरी तरफ एक खिलौने की तरह ही देखता है...? सोच-सोचकर मैं परेशान हो गया था... सच तो यह है कि थक गया था। मुझे इन सबसे और खुद से भी नफरत होने लगी थी...

मेरे दिमाग में ये सब खिचड़ी पक रही थी, तभी रोहन एक लड़की से प्यार

करने लगा। हमारे घर के पास रहनेवाली एक लड़की के साथ उसका अफेयर शुरू हुआ। मैं सिर्फ उन दोनों के सन्देश, खत एक-दूसरे के पास पहुँचाने का पोस्टमैन का काम कर रहा हूँ, ऐसा लोग कहने लगे... मेरी समझ में कुछ नहीं आ रहा था। सच में ऐसा हो रहा है? रोहन भी मेरा इस्तेमाल कर रहा है? उसके हिसाब से मेरी इतनी ही कीमत है...? जरूरत हुई तो इस्तेमाल किया, बाद में फेंक दिया...? अब मैं भी गुस्सा हो गया। इस बात पर रोहन और मेरा काफी झगड़ा हुआ। हमारा रिश्ता तो खत्म हो ही गया था, और दोस्ती भी टूट गयी।

इसी बीच स्कूल के बाहर भी मेरे कुछ दोस्त बन गये थे। उस वक्त मैं बास्केट बॉल खेलने के लिए जाता था। मुझे बहुत अच्छा लगता था। सेंट जॉन स्कूल का समर क्लब मैंने जॉइन किया था। मुझे याद है, 'प्रोलाइन' की बास्केटबॉल टीम में था मैं तब। हम बहुत मस्ती करते थे। मैं चाहे जैसा हूँ, पर यहाँ मुझे कोई अलग नहीं समझता था। सब में उतनी दोस्ती थी... इस ग्रुप में मुझे बहुत अच्छा लगता था। क्लब में ज्यादातर क्रिश्चियन लड़के थे... अलॉइज, मायकेल, ग्लोरिया... यहाँ की मेरी एक दोस्त भी थी, ऑड्री। उसका बॉयफ्रेंड तो मुझे छोटा भाई ही समझता था। बड़े भाई की तरह मेरा ख़याल रखता था। कम से कम कुछ लोग तो हैं ऐसे, जो मुझे अपना समझ रहे हैं... ये बात मुझे अच्छी लगती थी। बाद में अस्थमा की तकलीफ बढ़ने लगी, कमजोरी महसूस होने लगी, इसलिए मैंने बास्केटबॉल खेलना बन्द कर दिया। लेकिन इस ग्रुप में मिला अपनापन, भरोसा हमेशा मेरे साथ बना रहा।

ऐसा ही भरोसा एक और इनसान ने मुझे दिया... राहुल काले। ठाणे के कोलीवाडा के हॉल में एक पार्टी थी। उसकी और मेरी जान-पहचान हुई। मेरे जैसा ही था वो बायक्या। लोग उसे 'बायक्या-बायक्या' कहकर चिढ़ाते थे। सब लोग चिढ़ाते थे, इसलिए मैं भी चिढ़ाता था। पर धीरे-धीरे हमारी दोस्ती हुई। समधर्मी थे, शायद इसलिए... बहुत अच्छी दोस्ती हुई थी। वो काफी 'बोल्ड' था। पहले उसकी 'बोल्डनेस' से मुझे डर ही लगा था। पर अन्दर ही अन्दर कहीं ऐसा भी महसूस हो रहा था कि मुझे भी ऐसा होना चाहिए। मैं कुछ लोगों के साथ अब बहुत खुलने लगा था, कुछ चीजों के बारे में बहुत 'एग्रेसिव' होने लगा था... पर आज तक 'बोल्ड' नहीं हुआ था। ये 'बोल्डनेस' मेरे अन्दर आयी तो राहुल के साथ रहने की वजह से, उसके जैसा बर्ताव करने की वजह से। उसके साथ घूमता था, मस्ती करता था, पार्टियाँ करता था। मैं, राहुल और ठाणे शहर में रहनेवाला जो हमारे जैसा ही था, वो मोहन। हमारी त्रिमूर्ति बन गयी थी। ठाणे के 'लैंगिकता के टायकून्स' थे हम। मैं और राहुल भी कॉन्वेंट के थे, इस वजह से एक-दूसरे से हमेशा हायफाय अंग्रेजी में बातें करते थे। इस वजह से मेरी अंग्रेजी सुधरने लगी थी।

मेरा करीबी दोस्त था प्रवीण, लेकिन उसे ये राहुल बिल्कुल पसन्द नहीं था।

प्रवीण मुझे हमेशा कहता था—अच्छा लड़का नहीं है वो। उसके साथ दोस्ती मत करो, उसके ज्यादा नजदीक मत जाओ। मुझे ये बातें तब सच नहीं लगती थीं, क्योंकि हम जो करते थे वो मुझे अच्छा लगता था। जब तक मैं सातवीं-आठवीं कक्षा में था, तब तक राहुल, मैंने और मोहन ने खूब धमाल मचायी थी।

पर अन्त में प्रवीण जो कह रहा था, वही सच हुआ। राहुल लोगों से पैसे लेता था, उन्हीं पैसों से पार्टियाँ करता था, लेकिन कभी भी पैसे लौटाता नहीं था। पहले मुझे इस बात की कल्पना नहीं थी। जैसे-जैसे उसके साथ रहने लगा, वैसे-वैसे मुझे यह बात पता लगने लगी। वो जिस तरह से लोगों को झाँसा दे रहा था, ये बात मुझे सहन नहीं हुई। इस बात को लेकर हम दोनों में काफी झगड़ा हो गया और हमारा घूमना, मस्ती करना, पार्टी करना बिल्कुल बन्द हो गया। अर्थात् ये बन्द हो गया था, फिर भी राहुल की वजह से मेरे अन्दर जो 'बोल्डनेस' आयी थी, वो कभी कम नहीं हुई। वो बढ़ती ही गयी...

इसी समय में, जब हम सातवीं कक्षा में थे तब माथेरान में ट्रिप के लिए गये थे। कक्षा के सभी लोग थे। गुरुप्रसाद, नासिर, मैं... ट्रिप में जाते सगय रात में नासिर मेरे पास सोया था... और वो बात हुई। शायद मुझे भी चाहिए था वो। रोहन के बाद 'वैसा' कोई भी नहीं था मेरी जिन्दगी में। उस समय मुझे बहुत अच्छा लगा था। पर उसी समय ये सवाल मन में उठ रहा था... इस शरीर में ऐसा क्या है जो पुरुषों को मेरी ओर खींचता है? बाकी पुरुषों की तरफ तो औरतें आकर्षित होती हैं, पर मेरी ओर पुरुष होते हैं... ऐसा क्यों? वजह कुछ भी हो, नासिर और मैं अब एक-दूसरे को पसन्द करने लगे थे; हमारा एक-दूसरे के बीच का रिश्ता अब बदल रहा था। वो सिर्फ अब मेरा दोस्त नहीं था, बल्कि 'संरक्षक' हो गया था। रास्ते में स्कूल आते-जाते समय बहुत से लोग मुझे चिढ़ाते थे। स्कूल में किसी ने मुझे चिढ़ाया तो नासिर टीचर को बताता था। बाहर चिढ़ाने वालों से मार-पीट भी कर लेता।

मैं और नासिर स्कूल में तो साथ रहते ही थे पर अब ट्यूशन में भी साथ रहने लगे। मेरे खोपट के घर से दूसरी राबोडी भरनेवाली ट्यूशन के रास्ते पर ही नासिर का घर था... धीरे-धीरे मेरी असगर, जुबेर सूफियाना, नावेद... इनसे भी जान-पहचान हो गयी और फिर दोस्ती। ये सब मेरे और नासिर के अच्छे दोस्त बन गये थे। ये लड़के कभी मुझे चिढ़ाते नहीं थे। उल्टा उस इलाके में अगर कोई चिढ़ाता था तो वे मेरी मदद करते थे। इसी वजह से मुझे चिढ़ाने की कोई हिम्मत नहीं करता था। मैं इन दोस्तों से बातें करते हुए यहाँ घंटों खड़ा रहता था। ट्यूशन से वापस आते समय उनके साथ मस्ती करने के लिए घंटों रुकता था... सच कहूँ तो इस ग्रुप के सूफियाना से मैं प्यार करने लगा था। पर ये सब लोग मुझसे इतना अच्छा बर्ताव करते थे, मुझे इतना सम्मान देते थे... इसलिए मैंने उसे कुछ नहीं बताया। हम सब

मिलते रहे, मस्ती करते रहे। नासिर और मेरे सम्बन्ध भी जारी थे... मुझे रवि के मिलने तक।

मैं खोपट से बस से ठाणे पूर्व में अपने स्कूल जाता था। प्रताप टॉकीज का स्टॉप, वही वक्त, वही बस... कुछ चेहरे भी वही। ड्राइवर, कंडक्टर और यात्री भी वही। दरवाजे के पासवाली सीट मेरी पसन्दीदा थी। बस प्रताप टॉकीज से निकलनेवाली थी। मैं पहले स्टॉप पर चढ़ता था और उसी सीट पर बैठता था।

ऐसे ही एक दिन बस में चढ़कर मैं अपनी सीट पर बैठा था। एक लड़का चढ़कर मेरी पीछेवाली सीट पर बैठ गया। मेरे पास की सीट खाली हो गयी थी। थोड़ी देर बाद उसने मुझसे पूछा, "सीट खाली है ना... आगे आऊँ?" "आ जाओ..." मैंने पीछे मुड़कर उसकी तरफ देखते हुए कहा। वो आगे आया, मेरे पास बैठकर हाथ बढ़ाते हुए बोला, 'राकेश जायसवाल'। बातें करते-करते, चर्चा करते-करते पहले हमारी जान-पहचान हुई, और बाद में दोस्ती।

कोलीबाडा के जागमाता मन्दिर के पास राकेश की दोस्त मंडली थी। नीलेश, सतीश, बाळू, क्लिफर्ड, रवि। जिस तरह से राबोडी के दोस्तों में मैं घुल-मिल गया था वैसे ही राकेश के दोस्तों में भी। और जैसे वे दोस्त मेरे लिए 'प्रोटेक्टिव' थे, वैसे ही ये दोस्त भी थे।

ना ही उन्होंने कभी मुझे चिढ़ाया और ना किसी को कभी चिढ़ाने दिया। "लक्ष्मी को कोई कुछ नहीं बोलेगा..." ऐसी धमकी उन्होंने बाकी लड़कों को दी थी।

मैं उस वक्त स्कूल में था, लेकिन इस ग्रुप के सभी लोग मुझसे उम्र में काफी बड़े थे। कुछ लोग तो पढ़ाई खत्म करके नौकरी कर रहे थे। रवि भी नौकरी करता था... और उसे देखते-देखते उससे बातें करते-करते मैं उससे प्यार करने लगा... पूरे जी-जान से। वैसे पहले मैंने रोहन, नासिर इनसे भी प्यार किया था... पर रवि का प्यार तो... कुछ अलग ही था... बेचैन करनेवाला, लेकिन अच्छा लगनेवाला। उस समय मैं डायरी लिखने लगा था। दिन में एक बार भी रवि से ना मिलूँ तो मुझे अजीब लगता था। कब जाकर उसे मिलूँ, ऐसा लगता था। बेचैन होता था. .. बिना खाए-पिए, बिना पढ़ाई किये मैं उसका इन्तजार करता था... अगर वो ना आये तो रोता रहता था... जब रवि बीमार होता था तब उसके लिए खाना, फल लेकर जाता था, उसके सिरहाने या पाँवों के पास बैठा रहता था। प्रवीण मुझसे कहता था, "वो तुमसे प्यार नहीं करता है। तुम्हें ठेस न पहुँचे इसलिए तुम्हें दूर नहीं करता। इतना ही... उसमें इतना मत उलझो।" पर मुझे ये बात पचती ही नहीं थी...

जैसे-जैसे मैं रवि के प्यार में डूबता गया, वैसे-वैसे नासिर चिढ़ता गया। वो मेरा

इस शरीर में ऐसा क्या होता है, जो पुरुषों को आकर्षित करता है।

काफी अच्छा दोस्त था। उसके साथ मेरे यौन-सम्बन्ध भी थे; पर रवि के लिए मेरी भावनाएँ काफी अलग थीं। मैं जैसे उसका होकर रह गया था। उससे मिलने के लिए कुछ भी करने को तैयार था... नासिर को ये बात सहन नहीं हो रही थी। मैं उसकी 'अनस्पोकन गर्लफ्रेंड' जो था। पर मेरे हाथ में, मेरे बस में अब कुछ भी नहीं था...।

नासिर धीरे-धीरे दूर होने लगा, रवि पास आने लगा। उसके साथ मेरे सम्बन्ध सिर्फ शारीरिक तौर पर नहीं थे, मन से भी मैं उसका हो गया था। वो भी मेरी तरफ खिंचता जा रहा था। इसका एहसास मुझे हो रहा था...

और एक दिन मेरे दिमाग में खतरे की घंटी बजने लगी। आज तक मेरे जिन-जिन लोगों के साथ सम्बन्ध रहे थे, इस सब में मेरे शरीर ने महत्त्वपूर्ण भूमिका अदा की थी। रवि के साथ स्थापित हुए सम्बन्धों में भी शरीर था, पर उससे भी ज्यादा महत्त्वपूर्ण बात जो थी, वो था मेरा दिल... वो किसी की भी नहीं सुन रहा था... हमारे इस रिश्ते का अंजाम क्या होगा...? ये सवाल मेरे जहन में आया। वो मेरे साथ शादी नहीं बना सकता था... मेरे साथ रह नहीं सकता था... ये सम्भव ही नहीं था, हमारे समाज में ये बात कभी स्वीकार नहीं की जाती। मेरे साथ उसकी ज़िन्दगी कभी सँवर नहीं सकती थी। पर मैं उसे बिखरने भी नहीं दे सकता था।

बस्स, मैंने तय कर लिया। मेरे साथ नहीं तो ना सही, जिसके साथ सम्भव हो उसके साथ मैं उसकी जिन्दगी जोड़ दूँगा। रवि की शादी तय करने में मैंने ही तैयारी

दिखाई। मैं सच्चा प्यार करता था उससे और इसलिए मेरी वजह से उसकी जिन्दगी बरबाद न हो, ऐसा मुझे तहेदिल से लगता था। इसलिए उसकी शादी करने का, उसकी जिन्दगी रास्ते पर ले आने का निर्णय मैंने लिया था। उसके बाद मैं उसकी जिन्दगी से दूर जानेवाला था...

मेरी एक अच्छी सहेली थी, निशा। उसे रवि बहुत पसन्द था। वो प्यार करती थी रवि से। पर अब रवि को कैसे तैयार करे...? फिर मैंने रवि की बहन के साथ निशा की जान-पहचान करा दी। फिर उसी सम्पर्क से निशा रवि की आँखों में बस गयी और वो भी उससे प्यार करने लगा... जैसा मुझे चाहिए था, वैसा ही हुआ। मैं बहुत खुश हुआ। उन दोनों की कोर्टशिप मैं एन्जॉय कर रहा था...

पहले मुझे ये सब बहुत अच्छा लग रहा था, लेकिन बाद में उस पर गुस्सा आने लगा। मेरा दिमाग चकरा गया था... रवि मुझसे भी प्यार कर रहा था, इसका एहसास मुझे भी था... पर अब कुछ नहीं कर सकते थे। मैं कुछ करना भी नहीं चाहता था। मुझे बहुत तकलीफ हुई थी। किसी तरह रवि की शादी होने तक चुप रहा और फिर तुरन्त उसकी जिन्दगी से एक्जिट ले ली... आज रवि और निशा दोनों भी अपनी शादी-शुदा जिन्दगी में खुश हैं। उनका प्यारा-सा लड़का भी है। पर आज भी जब रवि को देखता हूँ तो सीने में एक टीस उठती है। वो मेरा सच्चा प्यार था... मैं उसे कभी नहीं भूल सकता।

रवि की जिन्दगी से दूर जानेवाली बात यहाँ एक वाक्य में समा गयी, पर मेरे लिए वह उतना आसान नहीं था। मैंने खुद उसकी शादी करवाने की सोची थी, ये बात सच है... पर अलग-अलग तरीके से खुद को समझाता रहता था। लेकिन मेरे दिल में खुद के लिए बहुत सारे सवाल खड़े होते थे। उनके जवाब ढूँढ़ने के लिए मैं कोशिश करता रहता था। अपनी लैंगिकता के बारे में भी, मैं बहुत सोच रहा था। मैं एबनॉर्मल नहीं हूँ, यह अगर सच है तो फिर ये है क्या? लड़का बन कर मैंने जन्म लिया था और लड़कों से ही प्यार कर रहा था। पर अब धीरे-धीरे मुझे लगने लगा था कि मैं लड़का नहीं, लड़की हूँ। आखिरकार मैं कौन हूँ? आखिर ये जिन्दगी मुझे कहाँ ले जाएगी? मैं कुछ कर पाऊँगा या नहीं...? कुछ समझ में नहीं आ रहा था। मुझसे कोई गलती तो नहीं हो रही ना? ये सोचकर मेरा सिर दुखने लगा था।

इन विचारों के कोलाहल में ही कभी-कभी एक प्रवाह जुड़ जाता था। वो था मेरी कला का, डांस का। बाकी जगहों पर चाहे जो हो, फिर भी मैंने अपना डांस नहीं छोड़ा था। सच बात तो यह है कि मेरे डांस और मेरे लचकते हुए चलने की वजह से ही मुझे 'बायक्या' कहकर चिढ़ाने की शुरुआत हुई थी। पर मैंने कभी उस बात की फिक्र नहीं की। नासमझ था, तब भी नहीं, और अब समझदार होने पर तो बिल्कुल भी नहीं। मेरा डांस जारी ही था। उसकी शास्त्रीय शिक्षा लेने की भी मैंने शुरुआत की थी। जब मैं सिंघानिया में था, तब बाकी जगहों पर चुप रहनेवाला मैं, स्टेज पर जाते ही खुल जाता हूँ, ये बात मिस मेनन के ध्यान में आयी थी। इसलिए स्कूल के हर कार्यक्रम

में, फिर चाहे डांस हो या नाटक, वो मुझे लेती ही थी। नृत्य के शुरुआती स्टेप्स मैंने अपनी दीदी-रुक्मिणी के नक्शे-कदम पर कदम रखकर सीखे थे। सिनेमा के गीतों पर वो मुझे डांस सिखाती थी। उसके बाद मेनन ने उसे निखारा। लेकिन बिम्स पैराडाइज स्कूल में टीचर न होने की वजह से वो बाहर आकर डांस सिखाती थी... सुन्दर और सुसंस्कृत... परम्परा से चल रही साड़ी पहनकर... गले में बड़ा-सा मंगलसूत्र... उसमें उसके पति की तस्वीर... माथे पर बड़ी-सी कुंकुम बिन्दी... हमेशा मुस्कुराता चेहरा... उन्हें देखते ही सामनेवाला खुश हो जाता था। वो थी बेबी जॉनी, मेरे डांस कॉरियर को नया मोड़ देनेवाली, मेरे डांस की 'स्टेपिंग स्टोन' रहनेवाली मेरी टीचर... वो स्कूल में हमारे नृत्यों की कोरियोग्राफी करती थी। मैं और मेरी सहेलियाँ... जाहिदा, फाल्गुनी, भागीरथी हम डांस में रहते ही थे। बहुत मजा आता था हमें उसमें। मैं दिल से नाचता था। मेरे लिए डांस ऑक्सीजन का काम करता था... बीमारी भूलने में मदद करता था... आखिर में स्कूल का डांस मुझे कम लगने लगा इसलिए बेबी जॉनी के पास डांस सीखने जाने लगा। वो मेरी पहली गुरु मलयाली क्रिश्चियन थीं। इन्होंने मुझे डांस में प्रेजेंटेशन सिखाया। सिर्फ डांस का ही नहीं बल्कि पूरी जिन्दगी का प्रेजेंटेशन सिखाया। वो हमेशा कहती थीं—झाड़ू लगानेवाले को झाड़ू लगानेवाला लगना चाहिए और डॉक्टर को डॉक्टर ही लगना चाहिए। इसी तरह डांसर को भी हमेशा डांसर की तरह ही दिखना चाहिए। डांस करते समय भी और जब डांस न कर रहा हो, तब भी। उसकी बोलचाल में कलाकार की अदा तो होनी ही चाहिए पर अगर वो रास्ते से जा रहा हो तो भी उसे देखते ही लोग कहने लगें कि ये कलाकार है। उनके ये शब्द मेरे कानों में हमेशा के लिए बस गये। बेबी जॉनी खुद भी वैसी ही थीं... आज भी हैं। मुझ पर उनका इतना प्रभाव रहा कि हिजड़ा होने के बाद भी मैं उनके जैसी ही साड़ी पहनने लगा। सब मुझे कहते हैं—कितनी सुन्दर साड़ी पहनती हो तुम... इस सबका श्रेय बेबी जॉनी मिस को है।

मेरी इसी गुरु ने मुझे ऐसी चीज दी जो जिन्दगी भर मेरे साथ रहे। बताया कि अपनी जिन्दगी पूरे मान-सम्मान के साथ कैसे जीनी चाहिए...? बेबी मिस के पति गुजर गये थे। समाज की दृष्टि में वो विधवा थीं, पर उन्होंने अपने दुखों को कभी दूसरों के सामने जाहिर नहीं किया। अपने पति की याद को वह मंगलसूत्र के रूप में सीने से लगाये रखती थीं। वह डांस क्लासेस चला रही थीं। सभी शिष्यों के साथ घुल-मिलकर और सम्मान के साथ रहती थीं। सिर्फ शिष्य ही नहीं, सभी लोग उन्हें आदर की भावना से देखते थे। अगर हमने खुद को सम्मान दिया, तभी तो दूसरे लोग हमें सम्मान देते हैं। बेबी जॉनी मिस से ही मैंने ये सीखा था। वैसे बहुत सारी चीजें मैंने उनसे जाने-अनजाने सीखी थीं... वो हमेशा कहती थीं, "अपना चरित्र हमेशा महत्त्वपूर्ण होता है। उसे सँभालना चाहिए। उसमें अगर एक बार दाग लग गया तो चाहे जो करो, मिटाये नहीं मिटता। और इस चरित्र से ही लोग समाज में

उसे पहचानते हैं।'' वैसे बेबी जॉनी बहुत ही अनुशासन प्रिय महिला थीं। हर वक्त दृढ़ता से मेरे साथ खड़ी रहती थीं। मेरी कला को उन्होंने पहचाना, तराशा, रूप दिया। धीरे-धीरे लोग मुझे डांसर के रूप में पहचानने लगे। बेबी जॉनी जी की क्लास में मैं छोटे बच्चों को डांस सिखाता था। सिखाने की कला मुझमें थी ही, इसलिए मेरा सिखाना बच्चों को भी पसन्द था। पर धीरे-धीरे यह सब मुझे अधूरा लगने लगा और जब मैं सातवीं-आठवीं कक्षा में था, तभी खुद के डांस क्लासेस शुरू किये 'विद्या नृत्य निकेतन' के बैनर पर। मेरी माँ का नाम विद्यावती था, उन्हीं के नाम पर मैंने डांस क्लास का नाम रखा। मेरी पहली छात्राएँ थीं रचिता सेठी, लाविया... इस क्लास के साथ मैं और भी कई जगह डांस सिखाने जाने लगा। खुद भी डांस सीख रहा था। अलग-अलग प्रतियोगिताओं में हिस्सा लेता था, और पुरस्कार भी पाता था।

इसी समय एक बार मैंने स्कूली नृत्य प्रतियोगिता में हिस्सा लिया था। 'मोहिनी' फिल्म के विरह दशा से जुड़े गाने पर मैंने डांस सिखाया था।

बेबी जॉनी मिस ने मुझे डांस का प्रेजेंटेशन करना सिखाया। कहा, डांसर हमेशा डांसर ही लगना चाहिए। बेल्जियम के फोटोग्राफर मार्क द्वारा खींची गयी तस्वीर

मेरी ही क्लास की अच्छा नृत्य करनेवाली एक लड़की थी, जिसे इला अरुण के गीत 'मेरा अस्सी कली का लेहंगा' पर डांस करना था। मेरा डांस अच्छा हुआ था। खूब तालियाँ मिली थीं... उसके बाद उसका नम्बर था... मैं डर रहा था—अगर इसका डांस अच्छा हुआ तो मेरा ईनाम चला जाएगा... पर उसके गाने की कैसेट ही नहीं चली... बहुत प्रयास करने पर भी नहीं चली। वो डांस नहीं कर पायी। वो स्टेज पर ही रोने लगी और अब मेरा इनाम पक्का है, ये सोचकर मैं बहुत खुश हुआ। पर बाद में मैं होश में आया। प्रतियोगिता का पहला ईनाम लेते हुए भी मेरी आँखों के सामने उसी का चेहरा घूम रहा था और इस इनाम पर मेरा हक नहीं है, यह उस पर अन्याय है, ऐसा मुझे लग रहा था।

अपनी गुरु बेबी जॉनी जी के पास मैंने प्रेजेंटेशन सीखा। उसके बाद मैं वैशाली मिस के पास जाने लगा। उन्होंने मुझे फिल्मी स्टाइल का डांस सिखाया। अब मेरा डांस और भी ग्रेसफुल हो गया। उसके बाद महालिंगम और वसंतकुमार पिल्लै, इन दोनों ने मुझे भरतनाट्यम जैसी अभिजात नृत्यकला का तकनीकी हिस्सा सिखाया। मुझे परफेक्ट बनाया... मेरा नाम हो रहा था। शो मिल रहे थे। मेरे शिष्य 'बुगी-बुगी' जैसे कार्यक्रम में हिस्सा ले रहे थे। उन्हें चिअरअप करने के लिए मैं भी दर्शकों में बैठ रहा था। काम बढ़ रहा था... समय कम पड़ने लगा था...

ऐसे में एक दिन मेरी पहचान के डांसर सचिन खरात के साथ दीपक साळवी मेरे पास आया। वो भी डांसर ही था। पहली ही मुलाकात में हमारे तार जुड़ गये शायद... वो मेरा बहुत अच्छा दोस्त बन गया। धीरे-धीरे विद्या नृत्य निकेतन' की जिम्मेदारी उसने अपने सर पर ले ली। आज भी 'लकी चॅप डांस अकॅडमी' नाम से मेरे डांस क्लास जारी है। उन्हें दीपक ही सँभालता है...।

मेरा डांस क्लास लेना और डांस सीखने के लिए जाना जारी था। उस समय हर वक्त मेरे जहन में, बोलचाल में डांस ही रहता था... मेरी देहभाषा से भी डांस ही झलकता था। इसलिए सभी लोग मुझे 'बायक्या' कहकर और ज्यादा चिढ़ाने लगे थे... बहुत-से लोगों को मैं आकाश-पाताल एक करके टाल रहा था। फिर भी सभी के साथ वैसा बर्ताव करना मेरे स्वभाव में नहीं था। असल में मैं पहले से ही शान्त स्वभाव का था... कुछ नहीं बोलता था। इस वजह से सब लोग मुझे 'वो' मानने लगे थे... लक्ष्मी ना... उसे तो चाहे जो कीजिए। और सच में, उस वक्त मेरा शरीर एक खिलौने की तरह बन गया था। कोई भी आये और कुछ भी कर ले। दो बार तो मुझ पर बलात्कार करने की कोशिश की थीं। लड़कों की एक टोली ने मुझे येऊर के जंगल में ले जाने की कोशिश की थी। पर मैं अडिग रहा। किसी को कुछ नहीं करने दिया। उस काली रात में उस जंगल में मुझे अकेला छोड़कर वह टोली नीचे उतर गयी थी। एक बार मैं डांस सिखाने के लिए गया था, तब आस-पास के लड़कों ने मुझे एक कमरे में बन्द कर दिया और... दूसरी मंजिल के उस घर की खिड़की से

मैंने सीधे नीचे छलाँग लगायी। काफी चोट लगी, लेकिन बच गया।

पुरुष प्रधान समाज में कैसे बर्ताव करना चाहिए, इस बारे में अब मैं मन ही मन सोचने लगा था। इस पुरुष मानसिकता के सामने मुझे कड़ी लड़ाई लड़नी पड़ेगी। खुद पर आनेवाली दुर्घटना को टाल सकता हूँ, दूसरे को टाल सकता हूँ... पर ऐसे कितने दिन टाल पाऊँगा...? मुझे प्रतिकार करना सीखना होगा। मैंने मन-ही-मन लड़ने की तैयारी की और एक प्रसंग घटित हुआ। एक बार चौदह लड़कों ने मुझे एक घर में बन्द कर दिया... वो मुझ पर जबरदस्ती करने का प्रयत्न कर रहे थे, मैं विरोध कर रहा था, जी-जान से छूटने की कोशिश कर रहा था... आखिर एक आदमी ही मेरी मदद के लिए आया। मैं वहाँ से भाग गया, छूट गया... पर एक सवाल लेकर... मुझे पुरुषों से लड़ना है, पर यहाँ एक पुरुष ही मेरी मदद के लिए आया था... ऐसे पुरुषों से कैसे लड़ सकता हूँ? मतलब मैं सभी पुरुषों को एक ही तराजू में नहीं तोल सकता, उसमें भी कुछ फर्क करना होगा...

मेरा दत्तक पुत्र–दीपक साळवी। मेरे डांस के क्लासेस आज भी वही सँभाल रहा है।

ऐसे और इसके जैसे कई अनुभवों से मैं सीखता गया, बनता गया। जब मैं सातवीं-आठवीं कक्षा में था, तभी आदमी को पहचानने लगा था। 'रिश्ता' यानी क्या, ये मुझे पता था। उसका महत्त्व क्या है, इसका अनुभव मैं अपने ही घर में माता-पिता के प्यार से ग्रहण कर रहा था। पर इसके साथ ही इस रिश्ते के और भी कई पहलू हो सकते हैं, इसका एहसास मुझे बचपन में ही हो गया था। कुछ रिश्ते टूटकर बिखर भी गये थे। इसलिए मुझे जी-जान से रिश्ते सँभालने चाहिए, ऐसा मुझे

तहेदिल से लगता था। मेरे सभी भाइयों ने मेरे साथ अच्छा ही बर्ताव किया हो, ऐसा नहीं था, पर मुझे शशि का सबसे अच्छा भाई होना चाहिए, ऐसा मैं सोचता था। मेरे घरवाले, मेरे रिश्तेदार, मेरे दोस्त, मेरी सहेलियाँ, जान-पहचान के लोग... सभी के साथ अलग-अलग तरह के अनुभव मुझे हुए थे। इस सबसे मेरी समझ में आ गया था कि किसके कितने पास जाना चाहिए और किसके नहीं। अथवा पास जाकर भी दूर कैसे रहा जाता है; ये सब मैं जान-बूझकर, अपने अनुभव से सीख रहा था। यानी, एक जीवन-दर्शन को अपना रहा था।

अब मैं चंद गिने-चुने लड़कों के साथ दोस्ती करने लगा था, सम्बन्ध रखने लगा था। मेरा खुद का सर्कल तैयार होने लगा था। ये मेरा इस्तेमाल कर रहे हैं, यह समझते ही मैं उनसे थोड़ा दूर रहता था। फिर भी कोई पास आता तो कठोरता से उसे दूर धकेल देता था। अनचाहे लोग पास न आयेँ, इसलिए मैंने खुद में बदलाव लाने की कोशिश की... जब मैं पाँचवीं कक्षा में था, तब से गे लोगों के साथ रहता था। उनसे मिलता था, उनकी पार्टियों में जाता था। पर धीरे-धीरे उनमें भी मुझे परायेपन का एहसास होने लगा था। ये लोग समलिंगी होने के बावजूद पुरुषों जैसे रहते थे, पुरुषों जैसा ही बर्ताव करते थे। मुझे लगता था, ये औरतों की तरह क्यों नहीं व्यवहार करते...? मैं पुरुष हूँ और दूसरे पुरुषों से प्यार करता हूँ, ऐसा मुझे कभी लगा ही नहीं। मैं लड़की हूँ, ऐसा ही मैं सोचता था।

फिर मैं 'ड्रैगक्वीन' हो गया। कभी-कभी मैं लड़कियों जैसे कपड़े पहनता। पार्टी में जाता था, वहाँ नाचता था, मस्ती करता था। सच कहूँ तो हमारे घर की ये परम्परा नहीं थी। मैं ऐसा कुछ कर रहा हूँ, ऐसा अगर माँ-पापा को पता चलता तो पता नहीं वो कैसी प्रतिक्रिया देते। पर मैंने इन बातों का घर में कभी पता नहीं चलने दिया। उस वक्त मैं बहुत-से काम करता था... डांस क्लासेस लेता था, शोज़ करता था, अलग-अलग स्पर्धाओं में हिस्सा लेता था... इन सबके लिए मैं अलग-अलग बहाने करके माँ को उल्लू बनाता था और पार्टियों में जाता था...

ये मस्ती, उसमें पढ़ाई और डांस। इसी भागदौड़ में मैं 65 प्रतिशत मार्क्स लेकर एस.एस.सी. पास हो गया।

एस.एस.सी. होकर मिठीबाई कॉलेज में मैं, पूर्णतया 'महामाया' बन गया था... इतना कि 'बिन्दास' शब्द भी कम। मैं बिन्दास था, पर बेफिक्र नहीं था, गैर-जिम्मेदार नहीं था।

कॉलेज में लेक्चर्स बंक करना मेरा जन्मसिद्ध अधिकार था। अर्थात्, ये सब करनेवाला मैं अकेला नहीं था। असल में मिठीबाई कॉलेज अत्याधुनिक कॉलेज था और उस पर मैं। यानी मैं बहुत फैशनेबल था। कभी पुरुष के, तो कभी औरत के कपड़े पहनकर आता था। 'परसॉनी 113' डार्क लिपिस्टिक मेरी पसन्दीदा थी। बढ़े हुए नाखून। उनके बढ़े हुए भाग में छेद करके उसमें रिंग डाले रहता था। मेरी मस्ती जारी थी। पर

यहाँ मुझ पर कोई हँसता नहीं था, कोई चिढ़ाता नहीं था, क्योंकि मिठीबाई का माहौल ही कुछ ऐसा था। कोई भी कुछ करता रहे... जुहू के पास था ये कॉलेज... कॉलेज के आसपास काफी सारे पब्स थे। वहाँ हमेशा म्यूजिक, हमेशा पार्टियाँ जारी रहती थीं। मैं वहीं रहता था... कॉलेज शुरू हो, तब भी और छूटने के बाद भी...

थोड़ी-सी पढ़ाई और ढेर सारी मस्ती जारी थी। उसके साथ ही एक तरफ मैं मॉडेल को-ऑडिशन का काम करता था। डांस क्लास की बहुत-सी लड़कियों को शूटिंग में, कार्यक्रमों में भेजता था। ये मेरा पसन्दीदा क्षेत्र था, और उसमें कुछ कर रहा हूँ, यही एहसास मेरे लिए रिलीफ का काम करता था। मेरा मॉडल को-ऑडिशन का काम दसवीं कक्षा से ही शुरू हुआ। जब मैं दसवीं में था, तब आरती और आश्विनी इन दो डांसर्स के साथ कीनू घोष के म्यूजिक अल्बम की शूटिंग देखने गया था। वहाँ ॲनाबेल मॉडेल को-ऑर्डिनेटर थी। उसने मुझे देखा। तब हमारे यहाँ हेअर कलर का प्रचलन भी नहीं था। उस समय मेरे रंगे हुए सुनहरे बाल, नाक की नथनी। तब 'ने लआर्ट' शब्द भी मुझे मालूम नहीं था। उस वक्त नाखूनों में लटकाए हुए रिंग़... मेरा यह रूप देखकर ॲनाबेल को लगा था कि मैं एक फैशन डिज़ाइनर हूँ। वो पास आयी और मुझसे पूछने लगी—"आर यू अ फॅशन डिजायनर...?" मैंने कहा—"नहीं, मैं यहाँ शूटिंग देखने आया हूँ। पर मेरे डांस क्लासेस हैं। मैं आपको अपने क्लास में से मॉडेल्स दे सकता हूँ..." ॲनाबेल ने हाँ कहा और मैं मॉडेल को-ऑडिशन करने लगा।

ॲनाबेल की वजह से मैं आया, एस्टॅब्लिश हुआ। उसकी और मेरी अच्छी दोस्ती हो गयी थी। उस समय उसके तलाक की प्रक्रिया जारी थी। वो बहुत डिस्टर्ब थी। मुझसे वो काफी खुलती थी, सब बातें बताती थी। इस दौरान मैंने उसे काफी धीरज बँधाया। हम और नजदीक आ गये। इसे दोस्ती कहोगे, प्यार कहोगे, मुझे पता नहीं... पर आज भी जब कभी अकेला महसूस करता हूँ, तो मेरे लिए ॲनाबेल होती है और उसके लिए मैं।

एक बार इंडस्ट्री में आकर काम करने लगा तो मेरे कॉन्टेक्ट्स बढ़ गये। इस वजह से फिल्म, टी.वी. के कार्यक्रम, म्यूजिक अल्बम्स इन सबके लिए मैं मॉडल्स पहुँचाने लगा। कभी-कभी खुद भी नाचने लगा। अलग-अलग जगहों पर मैं कार्यक्रम कर रहा था, डांस शोज़ कर रहा था। इन शोज़ के लिए मैं पूरे महाराष्ट्र में घूमा था। कलाकार के रूप में एस्टेब्लिश होने के लिए मैं काफी भागदौड़ कर रहा था। मेरी नृत्यकला ही मेरा 'पैशन' थी...

इसी समय वैशाली सामन्त का रिमिक्स 'लावणी ऑन फायर' नामक ॲल्बम आया। सच कहूँ तो उसके लिए मैंने मॉडेल्स दी थीं। लावणी की अदायगी के स्टेप्स इन डांसर्स को नहीं आ रहे थे। मैं उन्हें करके दिखा रहा था। बार-बार उनसे स्टेप्स करा ले रहा था, पर ... अन्त में वैशाली ने कहा, "लक्ष्मी, तुम क्यों नहीं नाचते हो इसमें? तुम खड़े भी रहोगे तो सब ठीक हो जाएगा ना!" आखिरकार मेकअप करके मैं

खड़ा हुआ और नाचा भी। 'लावणी ऑन फायर' बहुत प्रसिद्ध हुआ और मैं भी डांसर के रूप में प्रसिद्ध हो गया। पहले सोनी टीवी के 'बुगी वुगी' कार्यक्रम में मेरी क्लास के बहुत-से बच्चे हिस्सा लेते थे। उनकी शूटिंग के वक्त मैं दर्शकों में बैठता था। इस सर्कल में मैं फेमस था ही... अब लोगों ने मुझे अल्बम्स में भी नाचते हुए देख लिया था। जगह-जगह अनजाने लोग मिलने लगे और कहने लगे कि लावणी बहुत अच्छी लगी।

कलाकार की हैसियत से मिलनेवाली यह प्रसिद्धि मुझे आत्मविश्वास दे रही थी। लोग कुछ भी कहें, कैसा भी चिढ़ायें, मैं खुद ऐसा कुछ कर सकता हूँ, इसका एहसास ही मेरे लिए सुखद था। जो मुझे पसन्द था, चाहिए था, वही मैं कर रहा हूँ, इसका सन्तोष भी था। ग्लैमर के इस क्षेत्र में कोई मेरी तरफ गलत नजर से भी नहीं देख रहा था, और इस आत्मविश्वास के कारण ही मैं जेंडर के विषय में और बोल्ड और निश्चयी होने लगा था। एक तरफ आत्मविश्वास बढ़ रहा था और दूसरी तरफ मेरे मन में पूरे समाज के सम्बन्ध में सवाल खड़े होने लगे थे। अलग लैंगिकता की वजह से आम समाज मुझे अपनाने में आनाकानी करता था। उन्हीं दिनों समलिंगी लोगों की गे-कम्युनिटी में भी मैं कम्फर्टेबल नहीं था। शुरू में गे लोग एक-दूसरे के पास रहते थे, पर धीरे-धीरे बाकी दुनिया की तरह उन पर भी बाहरी परिवेश का असर होने लगता था। उनके रिश्ते टूट रहे हैं क्या? उनका इस रिश्ते को देखने का दृष्टिकोण बदल रहा है क्या? ऐसा मुझे लगने लगा था और मैं इस सबसे बोर होने लगा था। ड्रैगनक्वीन के नाते मैं कभी-कभी लड़कियों के कपड़े पहनता था, पर मुझे ये कपड़े कभी-कभी नहीं, हमेशा के लिए पहनने थे। सिर्फ पार्टियाँ, सेक्स और मस्ती इतनी ही जिन्दगी नहीं जीनी थी मुझे। परिवार में बड़ा, परिवार में रमनेवाला, अपने

वैशाली ने मुझ पर भरोसा किया और 'लावणी ऑन फायर' एल्बम हिट हुआ।

लोगों में रहनेवाला मैं एक लड़का था। सभी घरों में होने वाले छोटे-छोटे झगड़ों को छोड़ दिया जाय तो मेरा परिवार यकीनन मेरे पीछे खड़ा था।

लड़का कॉलेज में जाता है, कुछ ना कुछ काम करता है, इसलिए वे खुश थे। मिले हुए पैसे मैं मम्मी के हाथ में देता था। पर 'तुम्हें कितने पैसे मिलते हैं? उनमें से तुम कितने खर्च करते हो? किसके लिए खर्च करते हो?' ऐसा हिसाब मेरे घरवालों ने मुझसे कभी नहीं माँगा। फिर भी, घर का बड़ा बेटा होने के नाते माँ-पापा को मुझसे काफी अपेक्षाएँ थीं...

उनका सहारा, उनका जो मुझ पर भरोसा था, वो मेरे लिए काफी महत्त्वपूर्ण था। मेरे दोस्त, मेरे सम्बन्धी, मेरे बर्ताव के बारे में बाहर के लोग मेरे माता-पिता के कान भरते थे। पर हर किसी की जिन्दगी उसे अपने हिसाब से जीने का हक है, ऐसी उनकी सोच थी। मुझसे उन्होंने कभी भी मेरे बर्ताव के बारे में नहीं पूछा।

मेरा बढ़ता हुआ आत्मविश्वास, माँ-पापा का मुझ पर बढ़ता भरोसा। इसी वजह से शायद मैंने शर्त लगाकर प्यार किया। जसपाल से।

सच यह है कि जसपाल मेरे एक दोस्त का दोस्त था। मेरे उस दोस्त ने मेरे साथ शर्त लगायी—इसे पटा के दिखा। इस 'चुनौती' को मैंने स्वीकार किया। पर उस शर्त को पूरा करते-करते मुझे सचमुच जसपाल से प्यार हो गया। मैं उसके साथ ही रहता था... 'लिव इन' में रहते हैं जैसे। रात-रात भर घर नहीं जाता था। किसी की भी परवाह नहीं करता था। जसपाल को छोड़कर बाकी सबकी तरफ उपेक्षा से देखता था... जसपाल और जसपाल, उसके सिवा दूसरा कुछ दिखाई ही नहीं देता था मुझे।

दीपक हमेशा मुझसे कहता था, "लक्ष्मी, वो अच्छा लड़का नहीं है। उससे दूर हो जाओ।" पर दीपक की बात सुनने के लिए मैं अपने वश में कहाँ रह गया था? मैं तो कब का जसपाल का हो गया था।

जसपाल मुझसे प्यार-व्यार नहीं करता था। धीरे-धीरे दीपक की बतायी हुई बात मुझे सही लगने लगी... पर तब तक काफी देर हो चुकी थी। जब तक जरूरत थी तब तक जसपाल ने मुझे अपने पास रखा, मेरा इस्तेमाल किया। फिर दूर फेंक दिया।

मेरी जिन्दगी में सबसे बुरा, मुझे बहुत तकलीफ देनेवाला सम्बन्ध था ये। जसपाल को मैंने अपनी जिन्दगी से दूर किया और उसी वक्त ये तय किया कि भावनात्मक तौर से, दिल्ली से किसी से भी नहीं जुड़ूँगा।

जिस तरह से तय किया, उसी तरह से उसे मैंने निभाया भी।

'गे'-कम्युनिटी से नजदीकी थी, इस वजह से कुछ हिजड़े मुझे पहचानते थे। ऐसी ही मेरी एक हिजड़ा सहेली, स्वीटी, बार डांसर थी। उसने मुझे बार डांसर्स की दुनिया की पहचान करा दी। "तुम अच्छा नाचते हो ना... चलो बार में, वहाँ डांस करो। पैसे भी मिलेंगे..." ऐसा उसने मुझसे कहा। ग्रांट रोड के एक बार में वो मुझे ले गयी।

मेरा डांस वहाँ लोगों को खूब पसन्द आया, मुझे बहुत पैसे मिले। एक तो डांस मुझे काफी पसन्द था, फिर अच्छी 'तवायफ' होने की मेरी तीव्र इच्छा थी... बार का पूरा सेटअप मेरी ये चाहत पूरा करनेवाला था... और फिर उसमें पैसे भी मिलते थे... मेरा मेकअप, मेरा रहन-सहन, मेरा फैशन... इस सबके लिए मुझे पैसों की जरूरत तो थी ही। मेरे मॉडल को-ऑडिशन से मुझे पैसे मिलते ही थे, पर मेरी सब प्रकार की अमीरी और हाय-फाय आदतों के कारण वो पैसे पूरे नहीं होते थे... और मिलेंगे तो अच्छा ही है... वो मिलने लगे और मैं दोनों हाथों से लुटाने लगा। उन पैसों का मुझे नशा हो गया था। लगभग पाँच सालों तक... ठीक-ठीक बताऊँ तो चार साल ग्यारह महीने मैंने बार में काम किया। ग्रांट रोड के 'बार' में महीना-भर काम करने के बाद मैं उल्हासनगर की एक बार में जाने लगा। ठाणे में रहता था, इसलिए वहाँ से आने-जाने के लिए करीब था ये बार। पैसे भी अच्छे मिलते थे और अच्छी बात ये थी कि मैं दिनभर के अपने काम खत्म करके वहाँ जा सकता था।

मैंने बार में काम किया, पर सिर्फ बार डांसर के रूप में। मेरा डांस देखो... अच्छा लगा? फिर से देखो। पर बस्स, उतना ही। अपने शरीर को किसी को छूने तक नहीं दिया मैंने। सेक्स वर्क तो बिल्कुल भी नहीं किया... कभी नहीं। सेक्स किया, पर सेक्स वर्क नहीं किया। पैसे लेकर अपने शरीर का सौदा नहीं किया मैंने। बचपन के कुछ साल छोड़ दूँ, तो अपने शरीर का मैं खुद मालिक था... आज भी हूँ।

बार में काम करते हुए मुझे 'बारबाला' की जिन्दगी काफी नजदीक से देखने को मिली। उनकी परिस्थिति, उनकी जिन्दगी, उनकी भाषा... उनमें से बहुत-सी मेरी सहेलियाँ थीं—दीपा, अलिशा... आदि। किसी के ऊपर सगे चाचा ने बलात्कार किया था, तो किसी को भाई ने धंधे पर बिठाया था, किसी को पति ने बेच दिया था... तो किसी को किसी अपने ने ठगा था; इसलिए वो इस रास्ते पर चल रही थीं, तो कोई कोई तवायफ खानदान से थी—कवडन, राजनट आदि। भारत को स्वतन्त्रता मिलने के बाद इन घरों की स्थिति दयनीय हुई थी। उनके पेट पर ही लात मारी गयी थी। संस्थान खत्म हुए, उनका राजाश्रय चला गया। ये घराने अन्न के दाने-दाने को मोहताज हुए। मुम्बई में डांस बार शुरू हुए और इन लोगों ने यहाँ आकर पैसे कमाना शुरू किया। लेकिन ये लड़कियाँ सेक्स वर्क नहीं करती थीं। उनके लिए उनका डांस ही उनकी अमानत थी। बहुत खूबसूरत... खानदानी सुन्दरता थी उनके पास... मस्तानी जैसी। पुरुषों को 'पागल' करने की अदा मैंने उनसे सीखी। यहाँ नाचनेवाली एक औरत अपने पूरे घर का खर्चा उठाती थी या पूरा घर चलाती थी। इन लड़कियों से मैंने बहुत सारी बातें सीखीं। पुरुषों की भूखी नजर... फिर भी उन्हें नजरअन्दाज नहीं करना है, बेशक और कुछ भी नहीं करना है, वरना ग्राहक कम हो सकते हैं। दूसरी तरफ समाज का अपनी तरफ देखने का नजरिया... एक तो औरत, और उस पर नाचनेवाली इन बार गर्ल्स को समाज सिर्फ

भोगने की चीज समझता था। ये सब सहन करते हुए पूरी जिम्मेदारी के साथ अपने घर, अपने परिवार को सँभालना... क्योंकि घरवालों के लिए ही करना था ये सब। तीन नावों में पाँव रखकर भी चेहरे की हँसी कम नहीं करनी थी... और कर भी क्या सकते थे? मायूस चेहरे से, आँखों में आँसू भरकर नाचनेवाली लड़की बार के ग्राहकों को कैसे पसन्द आयेगी? वे तो यहाँ अपना मन बहलाने के लिए आते हैं ना। पैसे लुटाते हैं वो भी उसी के लिए ना। फिर ये लड़कियाँ अपना ग़म शराब के जाम में भुलाने की कोशिश करती थीं। कौन किसे मना करेगा? कौन किसे सहारा देगा? सभी के दुखों का एक ही तो सार है।

मैं भी इनसे अलग कहाँ था? मुझे घर नहीं चलाना था, पर बहुत-सी नावों पर पैर मैंने भी रखा था। ना घर का, ना घाट का। लड़के के रूप में जन्म लिया था... उसमें भी घर के बड़े बेटे के रूप में। लड़के के रूप में मुझ पर भी कुछ बन्धन थे, घर के भी और बाहर के भी। ऐसा ही लगना होगा, ऐसा ही बर्ताव करना होगा। पर वैसा ना मैं दिखता था, और ना बर्ताव करता था... मेरा सब कुछ अलग ही था। घर में तो जी भरके चिढ़ाते थे। और उसमें मैं 'गे' हूँ। जिन्दगी में आये हुए आत्मविश्वास और अनुभवों की बदौलत आया हुआ बोल्डनेस। लोगों से मिले हुए जवाब। पर फिर भी कुछ तो कमी है, यह भावना... धीरे-धीरे, मैं एक औरत ही हूँ ऐसा लगने लगा... पर ये घर में कैसे बताऊँ...? समाज को कैसे समझाऊँ? ऐसा क्या करूँ जिससे लोग मेरी बात समझेंगे...? दिमाग में ऐसे बहुत सवाल हुड़दंग मचाते थे। अस्वस्थ... बेचैनी... कभी-कभी आया हुआ नैराश्य और फिर उसके लिए ढूँढ़ा हुआ आसान-सा जवाब था... शराब। बार की मेरी सहेलियों की तरह। सच बात तो ये है कि हम सबको पता था कि, शराब हमारे सवालों का जवाब नहीं है। पर आँखों के सामने तो जवाब दिखाई नहीं देते। पर तब तक कम से कम सवाल तो भूल ही सकते हैं। इसके लिए लगायी हुई एक आदत... इस समय मेरा पीना बढ़ने लगा था। फिर इन सवालों के जवाब मैं खुद ही ढूँढ़ने लगा। वैसे पीना कम हो गया, पर उस समय तो...

सच तो ये है कि कॉलेज, बार और मॉडल को-ऑडिशन का काम, इन सब में मैं काफी व्यस्त हो गया था। बीच में हम खोपट छोड़कर शास्त्रीनगर में रहने आ गये थे। नया परिवेश, नये दोस्त बन गये थे। यहाँ भी हर रोज रात घर देर से पहुँचता था। माँ पूछती रहती थी, मैं हर दिन नया बहाना बनाता था... कभी 'दोस्तों के साथ था' तो कभी 'पार्टी में गया था' तो कभी और कुछ। पर बार में नाचता हूँ, ये बात कभी भी घर में नहीं बतायी। उत्तर के एक ब्राह्मण घर में ये बात हजम ही नहीं हो सकती थी। मेरा मॉडल को-ऑडिशन का काम अच्छा चल रहा है और उसी में से मुझे बहुत ज्यादा पैसे मिलने लगे हैं, ऐसा घरवाले समझते थे। मेरा बर्ताव भी लगभग वैसा ही था...। भारत में पेजर आये और मैंने पेजर खरीद लिया, मोबाइल आये तो

मैंने मोबाइल खरीद लिया... हैंडसेट और सर्विस? तब दोनों ही महँगे थे, पर मुझे उसकी जरूरत महसूस होती थी। बजट में भी था, और ऐश करने की आदत भी थी... इसलिए मुझे मोबाइल चाहिए था, और मैंने खरीद लिया। बस इतना ही।

मेरे ग्रुप की एक मॉडल थी, ग्लोरिया नाम की, एक दिन शाम को मेरे मोबाइल पर उसका फोन आया। उसने मुझसे कहा, "मेरा भाई तुम्हारे जैसा ही है। उसे काम दोगे क्या?" मैंने कहा, "मैं उससे एक बार मिलता हूँ, फिर तय करेंगे।" दूसरे दिन दोपहर को सीएसटी स्टेशन पर मिलने की बात हुई थी हमारी। बाहर के काम खत्म करके मैं सीएसटी पहुँचा और वहाँ लॉरेन्स फ्रान्सिस उर्फ शबीना मुझे मिली... हिजड़ा। बोलचाल, बर्ताव... इतना ही नहीं, आवाज भी बिल्कुल औरत के जैसी। हल्की-फुल्की जान-पहचान हुई और मैंने कहा, "चलो, मुझे भूख लगी है। 'कैफे माँतेगर' में चलते हैं और कुछ खाते हैं..."

शबीना आना-कानी करने लगी—''नहीं, अभी नहीं... यहीं कुछ खा लेते हैं... लोग क्या कहेंगे?...'' पहले मेरी समझ में ही नहीं आ रहा था कि ये इतना आनाकानी क्यों कर रही है... पर उसके मन का डर मेरी समझ में आ गया... समाज का हिजड़ों की तरफ देखने का नजरिया, उनके लिए मन में जो चिढ़ है, जो आक्षेप है, उनसे किया जानेवाला भेदभाव का बर्ताव। पहले बुरा लगा, फिर गुस्सा आया। फिर भी उस दिन तो शबीना को मैं 'कैफे माँतेगर' लेकर ही गया।

पहली ही मुलाकात में हमारी अच्छी दोस्ती हो गयी। जैसे हम पहले से ही एक-दूसरे को जानते थे, वैसी। मैंने उसे काम दिया। ग्लैमर इंडस्ट्री में अलग लैंगिकता के इनसान कम नहीं हैं, पर हम दोनों को एक साथ देखकर उन लोगों की भी भृकुटियाँ तन जाती थीं। वहाँ ये हाल था तो रोजमर्रा की जान-पहचान के लोगों ने क्या किया होगा? घर में माँ-पापा के कान भरे जाने लगे थे। माँ मुझे टोकती भी थी, पर वो सब उतनी ही देर के लिए होता था। घरवालों को मुझ पर भरोसा था।

शबीना और मैं हमेशा एक साथ रहते थे। बहुत नजदीकी सहेलियों की तरह बातें करते थे। मैं बहुत पूछता था और वो बहुत बताती थी 'हिजड़ा' कम्युनिटी के बारे में। शबीना के साथ रहकर मैं काफी कुछ जान गया था—हिजड़ों का इतिहास, उनकी परम्परा... उनकी तत्कालीन परिस्थिति, समाज का उनकी तरफ देखने का गलत नजरिया, उनकी जीवन-शैली या उनका जीवन-यापन करने का तरीका। उनमें काम करने की जो ललक है, वो... शबीना ने मुझे बहुत-सी बातें बतायी थीं। वो कहती थी और मैं उस पर सोचता था। मुझे एहसास था कि ये हिजड़ा समाज अपनी संस्कृति से काफी समृद्ध है। जान-बूझकर कोई हिजड़ा नहीं होता... वो इतना आसान नहीं है। 'हिज' मतलब आत्मा... पवित्र आत्मा। जिस शरीर में ये आत्मा रहती है, वो 'हिजड़ा'। यहाँ व्यक्ति को महत्त्व नहीं है, महत्त्व है उस आत्मा का, और उसे धारण करनेवाले हिजड़ा समाज का। इस समाज से भगवान प्यार करते हैं और

इसीलिए उसने उनके लिए एक अलग राह, अलग जगह तैयार की ... जो हमेशा के स्त्री-पुरुष की कक्षा से बाहर है। स्त्री और पुरुष इन दो रेखाओं के बीच के हम... 'बिटवीन द लाइन्स'। हम में स्त्रीत्व है पर हम स्त्री नहीं हैं। पुरुषत्व है, पर हम पुरुष भी नहीं हैं... पुरुषों जैसा शरीर होने की वजह से समाज उस पर उसके तथाकथित पौरुषत्व की कल्पना थोप देता है कि इन सब में मैं वो 'पुरुष' नहीं। मन घुटता रहता है। कब तक सहता रहेगा कोई...?

पर मैं भी वही कर रहा था... और फिर मुझे लगने लगा, जो सवाल मेरे जहन में उठते हैं, शायद उसके जवाब मुझे यहाँ मिल जाएँगे। स्कूल के वक्त से इतिहास मेरा प्रिय विषय था। हिजड़ा कम्युनिटी का इतिहास मैंने जान लिया। किताबें पढ़ीं, लेख पढ़े, बहुत-से लोगों से चर्चा की। जैसे-जैसे ज्यादा जानकारी हासिल हुई, वैसे-वैसे मैं और ज्यादा सोचने लगा, वैसे-वैसे मुझे विश्वास भी हुआ, (येस, दिस इज़ द आन्सर।) मैं एक औरत हूँ और अब लोगों को मुझे औरत कहके बुलाना चाहिए... मुझे भी हिजड़ा होना चाहिए, ऐसा मैं मन ही मन सोचने लगा था। पर 'झट मँगनी, पट ब्याह' जितना वो आसान नहीं था। सबके बारे में अच्छी तरह से सोचना जरूरी था। मैं शबीना से कहने लगा, "मैं अगर हिजड़ा हो गया ना, तो तुम मेरी गुरु होगी...।"

कभी-कभी काम के सिलसिले से मैं भांडुप जाता था। मेरे जान-पहचान के कुछ हिजड़े वहाँ रहते थे। मेरी थी, मंजुला अम्मा थी... उस बस्ती में अगर कोई कार्यक्रम हो तो वे मुझे डांस के लिए बुलाते थे। मैं भी खुशी से जाता था। पता नहीं क्यों, इन हिजड़ों के साथ मेरे तार जुड़ रहे हैं, वे मुझे करीबी लगने लगे। अब मैं गम्भीरता के साथ हिजड़ों में शामिल होने, उनकी जिन्दगी के साथ जुड़कर, खुद हिजड़ा बनने के बारे में सोचने लगा...

इसी समय एक बार भांडुप सोनापुर में कोई पूजा थी। पूजा के बाद के कार्यक्रम में नाचने के लिए मुझे मंजुला अम्मा ने बुलाया था। मैं गया, परफॉमेंस दिया। मेरा डांस सबको बहुत पसन्द आया... किसी ने मुझसे पूछा, "बेटा, तुम किसकी चेला हो?"

मैंने झट से जवाब दिया, 'शबीना' का... बिना कुछ जाने। बाद में मुझे अचम्भा हुआ। लगा, इस तरह कैसे मुँह से निकल गया? हमारे मन में जो होता है, वही बाहर निकलता है, ऐसा कहते हैं। मतलब मुझे तहे-दिल से लग रहा है कि मुझे हिजड़ा होना चाहिए... फिर क्यों रुका हूँ मैं?

तब तक मैं 'गे' कम्युनिटी से ऊब चुका था। अब वहाँ अपनापन महसूस नहीं होता था। मैं यहाँ का नहीं हूँ, इसका एहसास बार-बार हो रहा था। वहाँ सिर्फ शरीर की जरूरतें थीं। मेरी जरूरतें अलग थीं। मैं एक कलाकार हूँ, इसलिए शायद मुझे एक सांस्कृतिक समाज का, 'कल्चरल कम्युनिटी' का हिस्सा होना चाहिए, ऐसा लगता था।

मैं अलग था, फिर भी परिवार से दूर रहनेवाला नहीं था। मुझे परिवार चाहिए था, अपने लोगों की जरूरत थीं। दूसरी तरफ हिजड़ा समाज के इतिहास में मुझे बहुत-सी बातें दिखाई दे रही थीं और हिजड़ा बनने की मेरी चाहत और भी दृढ़ होती जा रही थी...

एक पल में मैंने निर्णय लिया। उठा और भायखला के लकी कंपाउंड में गया। वहाँ सभी घरानों के मुखिया (नायक) रहते थे। शबीना के 'लश्कर' घर के नायक दूसरी मंजिल पर रहते थे, ये मुझे पता था। मैं डरते-डरते दूसरी मंजिल पर गया। छह फुट लम्बे नायक साड़ी पहने हुए थे। मैंने जीन्स-शर्ट पहनी थी। उन्हें देखकर मैं पहले डर ही गया। पर वो सब बहुत प्यार करनेवाले थे। उन्होंने मुझे पानी पिलाया। प्यार के साथ मेरी पूछताछ की। "तुम्हें क्या चाहिए, बेटा?" उनमें से एक ने मुझसे पूछा। मैंने शबीना का सन्दर्भ देते हुए कहा, "मुझे चेला बनना है... कम्युनिटी में आना है... पर उसकी एडमिशन फी कितनी है? डोनेशन कितना देना होगा?" मेरा डरा, हकबकाया हुआ चेहरा और मेरे प्रश्न को सुनकर सब मुस्कुराने लगे। लता नायक जी ने कहा, "नहीं बेटा, यहाँ फी नहीं है, डोनेशन नहीं है। तुम्हें दिल से लगता है तो तुम चेला बन सकते हो।"

फिर वहाँ एक छोटा-सा प्रोग्राम हुआ। मुझे दो साड़ियाँ दी गयीं। हिजड़ा बनने के बाद ये साड़ियाँ दी जाती हैं। इसे 'जोग जनम' साड़ी कहते हैं। मेरे सिर पर हिजड़ा कम्युनिटी का दुपट्टा भी ओढ़ाया गया। मैं रस्मोरिवाज के बाद हिजड़ा हो गया। वह वर्ष 1998 था।

उस पल मेरे सिर का बोझ उतर गया। मुझे हल्का लगने लगा। अब मैं ना स्त्री थी, ना पुरुष... मैं हिजड़ा बन गयी थी। मेरी खुद की ऐसी पहचान बन गयी थी। कम्युनिटी की पहचान, कम्युनिटी की ताकत मेरे साथ थी। मैं पराया हूँ, यह एहसास धीरे-धीरे मेरे दिल से चला गया।

उस दिन भायखला में चेला बनाने के बाद मुझे गोवंडी, टाटानगर में लता गुरु के पास भेजा गया। ये शबीना की गुरु थी। पहली बार वो जगह देखी मैंने। जिन्दगी में पहली बार हार्बर ट्रेन में गयी थी। जिन्दगी में इसके बाद बहुत-सी चीजें 'पहली बार' करनी थीं... जिन्हें लेकर कभी सोचा भी नहीं होगा, ऐसी चीजें। उसका श्रीगणेश ही था ये जैसे... पता खोजते-खोजते मैं लता गुरु के पास पहुँची। भायखला से लता नायक जी ने फोन करके लता गुरु से यह कहा था कि एक चेला भेज रही हूँ। लता गुरु को, मैं आनेवाली हूँ इसका अन्देशा था। पर मेरी ज्यादा जानकारी नहीं थी। बातें करते समय मुझे पता चला कि लता गुरु भी उत्तर प्रदेश की हैं, हमारे ही

यहाँ की। यह सुनकर मुझे अच्छा लगा। फिर उनके पास मैं अधिक खुलती गयी। वे मुझसे हिन्दी में बात कर रही थी, पर मेरी हिन्दी में अंग्रेजी के ही शब्द अधिक आ रहे थे... इस बात से उन्हें बहुत आश्चर्य हुआ। सदमा पहुँचा। इतना पढ़-लिखा, जिसे परिवार का भी सहारा है, ऐसा ये स्टाइलिश लड़का... इसे हिजड़ा क्यों बनना है?

मैंने लता गुरु से कहा, "मैं परिवार में रहती हूँ, सब के साथ। घर में पैंट-शर्ट पहनती हूँ, साड़ी नहीं..."

लता गुरु जी ने कहा, "अभी घर में ही सब के साथ रहो और जो काम कर रही हो, वही करो। पैंट-शर्ट पहनो, साड़ी पहनने में कुछ मजा नहीं है। वो पहननी ही चाहिए, ऐसा भी कुछ नहीं है। 'जोग-जनम' के रूप में मिली हुई वो दोनों साड़ियाँ यहीं रखो। तुम्हारी गुरु शबीना जब मुझसे मिलने के लिए आयेगी, तब उसके साथ आना। फिर बताती हूँ, तुम्हें आगे क्या करना है..." मुझे अच्छा लगा। मतलब मेरी रोजमर्रा की जिन्दगी बदलने वाली नहीं थी। जब तक मैं नहीं बताऊँ तब तक किसी को नहीं पता चलेगा कि मैं हिजड़ा हूँ। लता गुरुजी के पाँव छूकर मैं वहाँ से निकल गयी।

अब मैं चिता कैम्प में पहुँच गयी। वहाँ बहुत से हिजड़े रहते थे। मेरी और शबीना की सहेली प्रिया भी वहीं रहती थी। मैं प्रिया से मिली। कम्युनिटी में आने के बारे में बताया। वो भी खुश हुई। उसने मुझे एक साड़ी दी। शबीना और प्रिया इस समय 'दाई वेलफेअर सोसायटी' की स्थापना का काम कर रही थीं। उसके बारे में हमने थोड़ी चर्चा की और मैं घर आ गयी।

अपने घर के बर्ताव में, रहन-सहन में मैंने कुछ भी बदलाव नहीं किया। कल तक जैसी थी, वैसी ही आज भी रही और वैसी ही कल... इस वजह से घरवालों को कुछ एहसास ही नहीं हुआ। उन्हें इतनी जल्दी मुझे बताना भी नहीं था।

लेकिन कुछ करीबी दोस्तों को तो मैंने बताया था कि मैं हिजड़ा हो गयी हूँ। सभी को जोर का झटका लगा था। पर उस झटके से उबरने के बाद हर एक की प्रतिक्रियाएँ अलग थीं। 'क्यों तुम इस नरक में आ गये...?' कुछ लोग पूछ रहे थे। कुछ लोगों को मुझ पर गुस्सा आ रहा था। मुझसे बात करना ही छोड़ दिया उन्होंने। कुछ लोग सीधे-सीधे मुझे टालने लगे। प्रवीण मेरा बचपन का दोस्त था, उसे इस बात से कोई फर्क नहीं पड़ा। उसने कहा, "मेरे लिए तुम लक्ष्मी थे, लक्ष्मी हो और लक्ष्मी ही रहोगे।" पर बहुत से दोस्त इस वक्त दूर हो गये। अर्थात् ये सब मुझे पहले से ही पता था। लीक छोड़कर चलने पर इससे अलग और क्या हो सकता था? मेरे दोस्त भी मुझे समझ नहीं सकते, यह देखकर मुझे बहुत बुरा लगा, पर मैं निराश नहीं हुई। चुनी हुई राह से फिर पलट जाऊँ, ऐसा तो मुझे बिल्कुल भी नहीं लगा।

एक ओर ऐसी प्रतिक्रियाएँ थीं, तो दूसरी तरफ प्रत्यक्ष हिजड़ा कम्युनिटी को भी मुझे देखकर झटका लगा था। मैं कम्युनिटी में क्यों आयी? ऐसा प्रश्न उनके सामने उपस्थित हुआ था। मैं शिक्षित थी, एस्टॅब्लिश्ड डांसर थी। ग्लैमर की दुनिया

में कैरियर बनाना चाहती थी। उसमें मुझे सफलता भी मिली थी। फिर...? सामान्यतः जिन्हें पारिवारिक, सामाजिक किसी भी प्रकार का कोई सहारा नहीं हो तो वे लोग कम्युनिटी में आते हैं। इसलिए मेरी तरफ सब लोग पहले आश्चर्य और फिर उत्सुकता से देखने लगे थे।

इसी तरह की क्रिया-प्रतिक्रियाओं का सामना करते-करते धीरे-धीरे मैं कम्युनिटी के बारे में जानने लगी थी। गुरु के साथ होते समय, अकेले होते समय, ग्रुप में होते समय का बर्ताव... सब आत्मसात कर रही थी, उसमें मन लगा रही थी। घर में शर्ट-पैंट, पर घर के बाहर निकलने के बाद मैं साड़ी ही पहनती थी। पहले भी अपने डांस परफॉर्मेन्सेस के लिए मैंने बहुत बार औरतों के कपड़े पहने थे। तब किसी को कुछ नहीं लगता था। अब भी वैसा ही कुछ होगा, ऐसा लोग सोच रहे होंगे। मैं भी वैसा ही दिखा रही थी। अब क्या प्रोग्राम है...? अब कौन-सी रिहर्सल है? ऐसा ही कहती थी। घर के अलावा सारे समय मैं साड़ी में ही रहती थी। हर बार कैसे प्रोग्राम हो सकते हैं, हर बार कैसे रिहर्सल होगी? लोगों को शक होने लगा था और जान-पहचान के लोग रिश्तेदार... सब लोगों ने घर में बताना शुरू किया। और उसी समय एक घटना घटी, सन् 2000 का साल था वो। समलिंगी सम्बन्ध कानूनन जुर्म है। धारा 377 निकाल फेंको। ऐसी माँगों को लेकर पूरे देश में आन्दोलन शुरू हो गया। उस सन्दर्भ में प्रेस क्लब में एक मीटिंग थी। 'गे' लोगों के लिए काम करनेवाला अशोक राव कवि, हिजड़ा कम्युनिटी और हम कुछ लोग उस मीटिंग के लिए गये थे। मीटिंग खत्म होने के बाद 'बाइट्स' लेने के लिए मीडियावाले जल्दी कर रहे थे। ज़ी न्यूज को हिजड़े के तौर पर मेरा बाइट चाहिए था। तब तक घर में मैं हिजड़ा बन गयी हूँ, यह पता नहीं था। पर इस बात की आशंका अशोक को थी। अशोक ने मुझसे पूछा, "तुम्हें चलेगा क्या? क्योंकि एक बार टी.वी. पे आ गयी तो घर में पता चल जायेगा... माँ-बाप क्या कहेंगे तुम्हारे? तुम्हें प्रॉब्लम होगा तो बाइट मत दो..."

पल-भर को मैं असमंजस के चक्कर में आ गयी। अगले ही पल मैंने सोचा कि बाइट देनी है, जो होगा होने दो। उस हिसाब से मैंने बाइट दी।

सब खत्म होने के बाद मैंने घर में शशि को फोन किया। उससे कहा, "घर का टी.वी. बन्द रखो, माँ-पापा देख न पाएँ। क्या हुआ है, इस बारे में मैंने उसे संक्षेप में फोन पर बताया, ठाणे स्टेशन आओ, हम बात करेंगे।"

वीटी से मैं ठाणे पहुँची। शशि मुझसे मिला। वो गुस्से में ही था। चिढ़कर उसने पूछा, "क्यों किया तुमने ऐसा? तुम पागल तो नहीं हो गये ना?" मैंने कहा, ''बताती हूँ तुम्हें सब।'' स्टेशन के पास के 'होटल एक्सपिरियन्स' में मैं उसे लेकर गयी और शुरू से लेकर अब तक की कथा मुख्तसर रूप में बयाँ कर दी...

जब हम बात कर रहे थे, तभी माँ का फोन आया, "क्या चल रहा है तुम्हारा?

अभी के अभी घर पर आओ। हमें तुमसे बात करनी है...”

ओ... तो ये हो ही गया। माँ-पापा को ये बात पता चल गयी थी। कैसे पता चली, किसने कहा... इस बारे में सोचने का समय नहीं था। उसकी जरूरत भी नहीं थी। एक बम-विस्फोट को सहने की तैयारी करते-करते शशि और मैं घर की ओर निकल पड़े।

घर में घुसते ही माँ ने चिल्लाना शुरू किया। पापा भी गुस्सा थे। वो स्वाभाविक ही था। उनकी पहली प्रतिक्रिया थी, “अपनी चौदह पीढ़ियों में ऐसा किसी ने नहीं किया होगा। हमारा खानदान ब्राह्मण का है... उसके मान-सम्मान के बारे में तो कम से कम सोचना चाहिए था। तुम्हारी बहन की शादी हो गयी है। उसके घरवाले क्या कहेंगे?...” दोनों की गोलाबारी जारी ही थी। मैं सामने बैठकर चुपचाप सुन रही थी। और कर भी क्या सकती थी...? दोनों का गुस्सा कम होने पर दोनों ने ही मुझे समझाने की कोशिश की, “क्यों ऐसा बर्ताव करते हो तुम? तुम्हें क्या प्रॉब्लम है? सब अच्छा तो चल रहा है? पढ़ाई की है, अपने पसन्दीदा क्षेत्र में, डांस में कैरियर बना रहे हो। डांस की तरफ ध्यान दो, अपनी खुद की जिन्दगी की तरफ ध्यान दो। चाहिए तो पैसे ले लो और नया बिजनेस शुरू करो। तुमने जो कुछ किया है, इस वजह से हम तो किसी को मुँह दिखाने के लायक नहीं रहे। पर अपने बारे में सोचो, सामाजिक तौर पर भी यह अच्छा नहीं। इसमें से बाहर निकलो।”

मैंने सारी बातें सुन लीं। उनकी परेशानी मैं समझ सकता था। मैं घर का बड़ा बेटा था। बचपन से ही माँ-पापा दोनों भी मुझे घर के बड़े बेटे, परिवार के होनेवाले मुखिया का सम्मान देते आये थे। घर की सभी जिम्मेदारियाँ मैं उठाऊँगी, ऐसी उनकी अपेक्षाएँ थीं, और साहस के साथ मैं उसे निभाऊँगा, ऐसा उन्हें भरोसा था। मैंने इसी भरोसे को तोड़ दिया।

सच तो ये है कि हमारे उत्तर प्रदेश में हिजड़ों को काफी आदर दिया जाता है। बच्चे का जन्म होते ही उसे आशीर्वाद देने के लिए हिजड़ा चाहिए होता है और उसकी शादी के समय भी आशीर्वाद देने की लिए हिजड़े की ही आवश्यकता होती है। उनका आशीर्वाद सच होता है, वहाँ ऐसी धारणा है। उसके पीछे रामायण की एक कथा है...

जब श्रीरामजी वनवास के लिए जा रहे थे, तब उन्हें बिदा करने के लिए पूरी अयोध्या सीमा तक आयी थी। सीमा खत्म हुई और श्रीरामजी ने प्रजा से कहा, “मुझे प्यार करनेवाले सभी स्त्री-पुरुषो, अब अपने-अपने घर जाओ।” उस प्रजा में कुछ हिजड़े भी थे। वे ना तो स्त्री थे ना पुरुष। फिर वो कैसे लौट सकते थे? रामजी ने तो सिर्फ स्त्री-पुरुषों को आज्ञा दी थी। अतः राम की राह देखते हुए हिजड़े वहीं रुक गये... चौदह सालों तक। वनवास खत्म होने पर जब राम लौटे तो उन्होंने सीमा पर हिजड़ों को देखा। ये चौदह साल से हमारी ही राह देख रहे हैं, यह सुनकर राम

प्रसन्न हो गये। उन्होंने उन्हें आशीर्वाद दिया कि कलियुग में तुम्हारा राज आयेगा। तुम लोगों का दिया हुआ आशीर्वाद और शाप, दोनों सच होंगे। तब से हिजड़ों के दिये हुए आशीर्वाद और शाप दोनों सच होते हैं, ऐसा मानना है। इसीलिए बच्चों से लेकर बूढ़ों तक सभी के लिए उनका आशीर्वाद महत्त्वपूर्ण है। उन्हें घर के बड़ों का दर्जा दिया जाता है। परन्तु ऐसा ही एक हिजड़ा हमारे घर में... घर का ही एक लड़का... कहते हैं ना, शिवाजी को जन्म लेना चाहिए, पर पड़ोसी के घर में, हमारे घर में नहीं। वैसा ही था वो। मेरे हिजड़ा होने के कारण मेरी पूरी जिन्दगी ही अलग होनेवाली थी। शादी नहीं, बच्चे नहीं। हमारा तो ब्राह्मणों का ख़ानदान। मेरे दादाजी हरिशरण तिवारी को वेद-पुराण कंठस्थ थे। वे प्रकांड पंडित थे। ऐसे घर में ऐसा कुछ...? माँ-पापा को इसी वजह से धक्का लगा था। पहले से ही लोग बोलते थे, अब तो पूरा मैदान खाली मिल गया... मुँह पर बोलने में भी वे आनाकानी नहीं करेंगे। माँ-पापा को कहीं मुँह दिखाने के लिए जगह नहीं बची थी। वे दुविधा में फँस गये थे, एक तरफ उनका बेटा और दूसरी तरफ समाज।

पर उन्हीं के, इसी समाज में मेरा दम घुटता था। मैं कैसे समझा सकता था यह सब उन्हें? मेरे पास शब्द ही नहीं थे...

दूसरे दिन से हमारी जिन्दगी फिर से पहले जैसी शुरू हुई। मैं अपने तरीके से जी रही थी, वे अपने। पर निःशब्द। एक-दूसरे से बिल्कुल भी बात नहीं कर रहे थे। माँ-पापा मुझसे नाराज थे, इस वजह से वो मुझसे बात नहीं कर रहे थे। माँ तो दो-तीन दिनों तक जार-जार रोती रही थी। मेरी मुँहबोली बहन छाया दीदी उससे मिलने के लिए आयी थी। वो भी रोने लगी। वो तो गुस्से से मेरे बाल ही काटने लगी थी और एक दिन मुझे 'इमोशनल ब्लैकमेल' करके वो मेरा 'ब्लंट कट' करके आयी। घर में ऐसा माहौल होने के बावजूद मैं बाहर जाकर अपने कामों के साथ-साथ कम्युनिटी का भी काम करने लगी थी।

मैं जब हिजड़ा हुई, तब शबीना और लता गुरु दोनों ने मुझे इस समाज के बारे में बहुत-सी बातें बतायी थीं... महाभारत में बृहन्नला का रूप लेनेवाले अर्जुन से लेकर अभी कुछ समय पहले मध्यप्रदेश की विधायक शबनम मौसी के बारे में और पहले राजे-रजवाड़ों के दरबार में रहनेवाले वीर हिजड़ों से लेकर जनानखाने में रक्षा करनेवाले 'खोजाँ' तक... बहुत कुछ समझ में आने लगा मुझे; और उसमें मैं इस समाज का हिस्सा हूँ, इसका गर्व भी था मुझे।

मेरे हिजड़ा होने के तीन-चार हफ्तों के बाद ही मोहर्रम था। मोहर्रम का 'तिज्जा' हिजड़ों के लिए काफी महत्त्वपूर्ण होता है। बीच के समय में मैंने हिजड़ा कम्युनिटी की समझ विकसित कर ली थी। उसके बारे में काफी सोचा था। फिर तिज्जा में मैंने दस लोगों को अपना चेला बनाया। उनकी 'चटायी' की। सुभद्रा, निशा, विनी, शिवा, रीटा... हर्ष, नीता... शबीना की चेली निकिता भी मेरी चेली बनने के लिए

आयी थीं, पर मैंने उसे 'गुरु भाई' बना लिया। धीरे-धीरे मेरे चेलों के भी चेले हुए। मैं नानी बनी, परनानी बनी। सुभद्रा मेरी सबसे बड़ी (उम्र में तो मुझसे भी बड़ी) चेला थी... मुखिया चेला। उसकी चेला थी तुलसी। राजश्री, करिश्मा, दामिनी, नीता, शाहीन, मुर्गी, कमल, अंजू, मुस्कान... मेरा परिवार अब बहुत बड़ा हो रहा था। मैं उनकी गुरु थी... परिवार की मुखिया थी। वो सभी लोग खारेगाँव के तालाब के पास एक गोशाला में रहती थीं। मेरा 'हिजड़ाखाना' था वो। कोई-कोई बार में नाचने के लिए जाती थी, कोई धन्धा करने के लिए जाती थी, कोई बधाई करने के लिए जाती थी...। शीळफाटा में जाती थीं सब। सिर्फ मैं घर में रहती थी। माँ-पापा का गुस्सा धीरे-धीरे कम हो रहा था। कम-से-कम हम एक-दूसरे से बातें तो करने लगे थे। असल में हम में से किसी को भी नाराज रहने की आदत नहीं थी, हमारा वो स्वभाव ही नहीं था। जो अच्छा नहीं लगा, वो सामने सबके मुँह पर बोलना और हल्का होना... इस वजह से हमारा दिल साफ रहता था। घर में रहकर मैं अपना मॉडल को-ऑर्डिनेशन का काम कर रही थी, डांस क्लासेस चला रही थी, शोज़ कर रही थी, बार में भी जा रही थी। उल्हासनगर के बार से आते-जाते मैं शीळफाटा जाती थी। हम सब वहाँ इकट्ठा होते थे, बातें करते थे, एक-दूसरे को चिढ़ाते थे... बहुत अच्छे दिन थे वो। अपने 'हिजड़ेपन' का मुझे नशा होने लगा था।

इसी लोक में काणी, संगीता, मर्दाना और वडारन ये तीनों धन्धा करती थीं। एक दिन पुलिस ने उन्हें परेशान करना शुरू किया। झगड़ा हुआ और शीळफाटा पुलिस स्टेशन ले गये। वो तीनों मेरी चेला नहीं थीं, पर 'हिजड़ा' थीं... और पुलिस ने उनके साथ और जोर-जबरदस्ती की। उस दिन शीळफाटा जाने के बाद मुझे ये पता चला और मैं तभी पुलिस स्टेशन गयी। वहाँ पूर्णतया तमाशा किया। अपने 'हिजड़ेपन' का पूरा फायदा उठाया और उन तीनों को छुड़ाकर ले आयी। मेरी आगे की जिन्दगी की जैसे ये एक झलक थी... मुझे ऐसा एक्टिव्हिज़्म बार-बार करना पड़ेगा। पर तब मुझे कहाँ इसके बारे में कुछ पता था...? ये तीनों भी बाद में मेरी चेला बनीं।

मेरी बड़ी चेला 'सुभद्रा' मेरी डुप्लिकेट थी। मुझसे उम्र में काफी बड़ी थी, पर मुझे गुरु मानती थी। हिजड़ों में किसकी उम्र कितनी है, इसका महत्त्व नहीं होता है। वहाँ गुरु बनना उम्र पर नहीं, अनुभवों पर भी नहीं, होशियारी, बुद्धिमानी पर निर्भर होता है। इसीलिए मुझसे उम्र में बड़ी सुभद्रा मेरी चेला थी। वो मंगलोर की थी, टिपिकल दाक्षिणात्य।

दिसम्बर का महीना था। अच्छी ठंड पड़ रही थी, और मेरे शोज़ कतार से लगे थे... मुम्बई के बाहर। 31 दिसम्बर को हमारे हिजड़ों ने वज्रेश्वरी में सेलिब्रेट करने का सोचा था। मुझे सभी ने ताकीद की थी... चाहे कुछ भी हो, 31 दिसम्बर की रात को वज्रेश्वरी आना ही है।

मेरे पास कोई चारा नहीं था। मैं एक शो खत्म करके दोपहर को घर आ गयी

थी। सब लोग निकलने ही वाले थे। मैंने उनसे कहा—तुम लोग आगे चलो, मैं अभी आती हूँ। थोड़ा आराम करके, कपड़े बदलकर मैं वज्रेश्वरी गयी। रात-भर हमने वहाँ मस्ती की। 1 जनवरी को मेरा हैदराबाद में शो था। मैं घर आयी और तैयार होकर सीधे हैदराबाद के लिए निकल पड़ी। मैंने एक नया ड्रेस सिलाया था। सुभद्रा ने जिद करके वो ड्रेस मुझसे पहनने के लिए ले लिया। मैंने उसे वो दे दिया और सबसे विदा लेकर मैं हैदराबाद गयी।

दूसरे दिन, 2 जनवरी को सुभद्रा मेरी नयी ड्रेस पहनकर धन्धे के लिए गयी और लौटकर आयी ही नहीं। उस दिन रात में मैं हैदराबाद से लौट आयी। अगले दिन सुबह हमने पुलिस स्टेशन में सुभद्रा के गुम होने की रिपोर्ट दर्ज की।

रिपोर्ट दर्ज तो की, पर पुलिस अब सभी हिजड़ों पर शक करने लगी थी। उन्हें उल्टे-सीधे सवाल पूछकर परेशान करने लगे थे। मैंने पुलिस से कहा, "वे हिजड़े हैं, मेरे चेले हैं, यह समझकर उनकी तरफ मत देखो। एक व्यक्ति की नजर से देखो। इनमें से अगर किसी ने कुछ किया होता तो मैं खुद उन्हें आपको सौंप देती।" पुलिस ने सबकी अच्छी तरह से पूछताछ की। मैं और मेरे चेले उनके सामने खड़े थे, पर उन्हें कोई भी क्लू नहीं मिला।

हम सबको सुभद्रा की चिन्ता हो रही थी, फिर भी हमारे बाकी काम हो रहे थे। इसी समय में 'दाई वेलफेअर सोसायटी' में लगातार जा रही थी। सुभद्रा के गायब होने के बाद की बात है... सुबह का समय था। मैं तैयार होकर एक मीटिंग में जाने के लिए तैयार थी। इतने में पुलिस स्टेशन से फोन आया—'सुभद्रा की लाश एक कुएँ में तैरती हुई दिखाई दी है।' सुभद्रा का खून करके उसे एक कुएँ में फेंक दिया गया था। मैं हिल गयी। फोन करनेवाले पुलिस अफसर से कहा, "मैं वहाँ आती हूँ।" पर मीटिंग महत्त्वपूर्ण थी, वहाँ जाने के लिए समय ही नहीं था। जाते-जाते मैंने वकील को फोन किया और घटी हुई सारी बातें उन्हें बता दीं। उन्होंने मुझे सलाह दी—"लाश को कब्जे में मत लीजिए। इस वजह से और भी तकलीफ होगी।" फिर हमने तय किया, बॉडी क्लेम नहीं करना है। सब रो रही थीं। मैंने उनसे कहा, "कोई भी नहीं रोएगा। म्यूजिक लगाओ, मूड बदलो।" सुभद्रा के जाने का सबको काफी बुरा लगा था। सब डर गयी थीं। सभी को अपने भविष्य की चिन्ता सता रही थी। जान-बूझकर इस जिन्दगी को अपनाया तो था, पर उसमें कितने धोखे हैं, इसका एहसास अब होने लगा था। ये डर उसी बात का था। किसी को कुछ भी लगे, लेकिन मुझे तो दृढ़ रहना था। सबको सँभालना था। और कर भी क्या सकती थी? परिवार के मुखिया की जिम्मेदारी मेरे कन्धों पर थी। सबका डर भगाने के लिए ही मैं उन्हें म्यूजिक लगाने, मूड बदलने के लिए जिद कर रही थी। सबको मैंने चुप तो करा दिया, पर कब तक सब सहन करते? रात में सब का सब्र जवाब दे गया और एक-दूसरे के गले मिलकर हम लोग कलवा के पुल पर बैठकर रोते रहे...

लाश को कब्जे में लिया नहीं था, फिर भी सुभद्रा का खून हुआ है, ये जानने के बाद पुलिस की पूछताछ गले पड़ गयी थी। मुम्ब्रा पुलिस स्टेशन, क्राइम ब्रांच ने छान-बीन शुरू की थी। बीच के समय में सब साथ मिलकर कलवा में रहने आयी थीं। जिन्दगी में पहली बार चटायी पर सो रही थी। पर सब को सँभालना था, इस दुख से, डर से उबारना था, तो वहाँ रहना जरूरी था। पुलिस कभी भी आती थी, किसी को भी पूछताछ के लिए ले जाती थी। कुछ पूछो तो उनके पास जवाब तैयार रहते थे–इसने कहा है, उसने कहा है... मैं उन्हें सीधे-सीधे कहती थी–जिस किसी ने भी आपको ये जानकारी दी है, उसे हमारे सामने लेकर आओ, फिर बात करेंगे। तब तक यहाँ किसी को भी हाथ नहीं लगाना है और ना ही लेकर जाना है। अब समाज से, पुलिस से कैसा बर्ताव करना चाहिए, इसकी जानकारी मुझे हो गयी थी। एक तरफ पुलिस से सामना, दूसरी तरफ चेलों को सँभालना, तीसरी बात पेट के लिए काम करना... थक जाती थी। सब्र टूटने लगा था। इस समाज से, व्यवस्था से नफरत भी होती थी। मैं ही लड़ रही हूँ अपने लिए, जीतने की कोई सम्भावना न होते हुए भी...

पर क्यों नहीं? क्यों नहीं है जीत की आशा? शायद आज नहीं जीत सकती, पर कल से फिर जीतने की कोशिश करनी होगी। हारकर नहीं बैठ सकती। इस परिस्थिति में हम सब लोग 'अन्दर' भी गये तो किस को क्या फर्क पड़नेवाला था? ज्यादा से ज्यादा घर के लोग फिक्र करते... बाकी समाज को इसकी क्या परवाह है...?

जाने दो। न खड़ा हो समाज हमारे लिए। हमें ही अपने लिए लड़ना होगा... एक योद्धा की तरह होशियारी से। फिर मैंने अपने चेलों को समझाया कि पुलिस से कैसे बात करनी है? कैसा बर्ताव करना है? कहाँ तक खींचना है? कब गालियाँ देनी हैं? कब सभ्यता से बात करनी है? धीरे-धीरे मेरे सभी चेले इसमें 'तैयार' होने लगे।

इस सब में काफी दिन निकल गये थे। घर आने के लिए, माँ-पापा से मिलने के लिए समय ही नहीं मिला। एक दिन मैं घर आयी। घर के अन्दर दाखिल ही हुई थी कि मुर्गी दौड़ते हुई आयी और कहने लगी, "गुरु शाहीन और केकड़ा को पुलिस ले गयी है..." वो बहुत डरी हुई थी। मुझे बहुत गुस्सा आ रहा था। मैंने पहले ही पुलिस से कह दिया था कि हिजड़ों को तकलीफ मत दो, उन्हें पकड़कर मत ले जाओ। तब पुलिस अधिकारी ने मेरी बात सुनी थी। मुँह पर 'हाँ' कहा और पीठ पीछे हिजड़ों को पकड़कर ले गयी, बिना मुझे फोन किये। बहुत गुस्सा थी मैं। वैसे ही मुर्गी के साथ पुलिस स्टेशन गयी। बहुत तमाशा किया मैंने वहाँ। पुलिस अफसर के साथ भारी झगड़ा किया और शाहीन और केकड़ा को लेकर ही आयी।

पूरा एक महीना ऐसे ही चलता रहा। पुलिस छानबीन कर रही थी। कभी इसकी तो कभी उसकी। पर उन्हें एक भी सबूत नहीं मिला। बाद में उन्होंने केस बन्द कर दिया।

सुभद्रा का एपिसोड वहीं खत्म हुआ, पर कहते हैं ना, जिन्दगी की हर घटना हमें कुछ ना कुछ सबक सिखा के जाती है। मैं और मेरे चेले लड़ रहे थे... एक तरफ खुद के साथ, दूसरी तरफ समाज के साथ... पर अकेले ही। हमारे लिए, हमारे साथ खड़े होने के लिए भी कोई नहीं आया। मेरे लिए वो सबक था... रवीन्द्रनाथ जी ने कहा है ना...

एकला चलो रे!

अर्थात् ये अकेलापन आप के और मेरे पूरे समाज का हिस्सा था... मेरी कम्युनिटी तो मेरे साथ थी ही। मेरा परिवार भी था। कम्युनिटी के लिए मैंने 'दाई वेलफेअर सोसायटी' का काम शुरू कर दिया था। शबीना और प्रिया के द्वारा शुरू की गयी 'दाई' ने अब अलग रूप ले लिया था और उसका काम जोर-शोर से जारी था। हिजड़ों ने हिजड़ों के लिए इस संस्था का निर्माण किया था। किन्तु 'हिजड़ों ने हिजड़ों के लिए' में काम करना भी इतना आसान नहीं था।

'दाई' का प्रमुख कार्य था हिजड़ों के स्वास्थ्य की रक्षा करना। इससे पहले किसी भी सामाजिक कार्य से मेरा कोई सम्बन्ध नहीं था। ये सामाजिक कार्य और लड़ाई मेरी जिन्दगी का एक अटूट हिस्सा बननेवाली है, बल्कि इसी वजह से मैं 'लक्ष्मी' के रूप में जानी जाऊँगी, इसकी जानकारी मुझे उस वक्त नहीं थी। हम हिजड़ों की बस्ती में जाते थे, वहाँ घूमते थे... गोवंडी, शिवाजीनगर, बांद्रा, बोरीवली... सभी बस्तियों में हम घूमे थे। शरीर बेचनेवाले हिजड़ों को कंडोम की जानकारी देते थे, उसका इस्तेमाल सुरक्षा के लिए क्यों जरूरी है, ये बताते थे और कंडोम देते भी थे, अगर कोई बीमार होता था तो उसे सरकारी अस्पताल में भर्ती कराते थे। सायन अस्पताल की डॉ. हेमा जयराजानी से मेरी अच्छी पहचान थी। वे बहुत मदद करती थीं।

बस्ती के हिजड़ों को अच्छा लगता था। उनके स्वास्थ्य के बारे में, उनकी जिन्दगी के बारे में कोई फिक्र कर रहा है, यही उनके लिए काफी बड़ी बात थी। पर हिजड़ा कम्युनिटी के मुखिया, नायकों का इसको लेकर विरोध था। इस सबकी कोई जरूरत नहीं है, हिजड़े अपना ख़याल खुद रख सकते हैं, ऐसा उनका मानना था। कंडोम का इस्तेमाल किया तो उनके पास ग्राहक नहीं आएँगे और उसका असर उनकी आमदनी पर होगा, ऐसा डर भी उन्हें था।

पर खुद काम करनेवाले हिजड़े अब हमें बहुत अच्छा रिस्पांस देने लगे थे। हमारे कंडोम की गाड़ी का इन्तजार करने लगे थे और उसके आने के बाद लम्बी कतार लगाकर कंडोम लेने लगे थे... अब हमारे काम को जीत मिलने लगी थी और धीरे-धीरे नायकों का विरोध कम होने लगा था। बाद में तो ये खत्म ही हो गया। हर रोज नये जोश के साथ हम काम कर रहे थे।

एक तरफ ये काम अच्छे से शुरू था, लेकिन दूसरी तरफ घर में माँ-पापा मुझसे बात नहीं कर रहे थे। दीदी मुझसे नाराज थी, क्योंकि उसके ससुरालवाले मेरी वजह

से उसे ताने देते थे। 'फाइटर पायलट' मेरे जीजाजी भी मुझसे नाराज थे। शशि भी परेशान था। पर हम एक उम्र के एक जैसी सोच रखनेवाले थे, इसलिए शायद शशि, दीदी और जीजाजी का गुस्सा खत्म हो गया। "जिसे जैसा अच्छा लगे, वैसे जीने देना है। कोई उसकी जिन्दगी में दखल नहीं देगा।" ये हमारे घर की सोच बन रही थी। इसी वजह से हम लोग एक-दूसरे से बातें करने लगे।

लेकिन माँ-पापा तो अलग ही सोच रहे थे। उन्हें लगता था, ये मेरा थोड़े दिनों का ही फेज है। मेरी शादी करा देनी चाहिए, फिर सब 'नॉर्मल' हो जायेगा। उस दृष्टि से वे खोजबीन भी करने लगे थे। मुझे इस बारे में कोई जानकारी नहीं थी...

एक दिन पापा ने मुझे बुलाया। पास बिठाया और कहा, "तुम्हारे लिए लड़की देखी है। अच्छी है। अब शादी कर लो..."

मेरे पैरों के नीचे से जमीन खिसक गयी। मैंने पापा से कहा, "मुझे शादी नहीं करनी है। इस वजह से मेरी जिन्दगी तो बरबाद होगी ही, उस लड़की की भी होगी... फिर मुझे ही जान देनी होगी।"

उनकी आखरी उम्मीद पर मैंने पानी फेर दिया था। पापा की आँखें भर आयीं। अपनी बीस साल की जिन्दगी में मैंने पापा की आँखों में कभी पानी नहीं देखा था। मुझे बहुत बुरा लगा। माँ-पापा ने बचपन से मुझे फूलों की तरह पाला था। मुझे जो चाहिए वो उन्होंने दिया था। मुझे बहुत प्यार किया था, खूब दुलार भी किया था। मेरे बर्ताव के बारे में बाहर के किसी ने कुछ कहा भी हो, तो भी उन्होंने मुझसे कभी सवाल-जवाब नहीं किये। बतानेवालों से ज्यादा मुझ पर भरोसा रखा। जब से पता चला था कि मैं हिजड़ा बन गयी हूँ तब से माँ-पापा मुझसे बात नहीं कर रहे थे। पर गुस्से में आकर 'घर छोड़कर चले जाओ'... ऐसा भी उन्होंने मुझे कभी नहीं कहा... मैं रात-बेरात आती थी। माँ मेरी राह तकती, जैसे सबकी माँएँ देखती हैं, वैसे ही। मेरे घर पहुँचने पर वो सो जाती थी। पर आज मैं कहाँ गया था? इतनी देर तक क्या कर रहा था? ऐसा उसने मुझसे कभी नहीं पूछा। 'बच्चे अब बड़े हो गये हैं वो जो चाहे कर सकते हैं...' माँ-पापा ने कभी ये कहा नहीं, पर उनके बर्ताव से समझ में आता था।

बच्चे होने के बावजूद माँ-पापा हमें इतना मान देते थे, और मैंने... आज मेरी वजह से पापा की आँखें भर आयीं। उनका लड़का होने पर भी मैं 'नालायक' सिद्ध हुआ हूँ क्या? क्या करूँ अब? दो-तीन दिनों तक मैं बहुत बेचैन रहा...

फिर बहुत सोचने के बाद मैंने फैसला किया कि एक बार आगे बढ़ाये गये कदम को पीछे नहीं लेना है। देखते हैं, जो होगा सो होगा। शादी करने का तो सवाल ही पैदा नहीं होता, पर घर में बड़े बेटे की हैसियत से जीना है, परिवार की सभी जिम्मेदारियाँ उठानी हैं। दूसरी तरफ कम्युनिटी के लिए काम करते रहना है... शायद धीरे-धीरे माँ-पापा की नाराजी कम हो जायेगी... शायद घर भी छोड़ना पड़े।

आखिर समय और परिस्थिति पर छोड़कर मैंने 'जैसा है' वैसे रहने का फैसला लिया।

अब मेरे दिन भर के कामों में से 'दाई' का काम टॉप प्रायॉरिटी में रहता था। फील्ड में... अर्थात् हिजड़ों की बस्ती में जाना, उनसे मिलना, यौन सम्बन्ध, एच.आय.वी. / एड्स के बारे में जानकारी देना, 'पिअर एज्युकेटर' के नाते मैं ये सब करने लगी थी। शबीना, प्रिया और बाकी के अनुभवी हिजड़ों के साथ जाकर, उनका काम देखकर सीख रही थी... समाज में काम करते समय जो पद्धति इस्तेमाल की जाती है, उसे आत्मसात कर रही थी...।

और एक दिन अचानक शबीना और प्रिया 'दाई' छोड़कर चली गयीं। किसी कारणवश उनका 'दाई' के और लोगों से झगड़ा हुआ, संघर्ष हुआ था। पहले प्रिया चेन्नई गयी। शबीना ने भी वहाँ जाना पसन्द किया। कम्युनिटी का काफी दबाव था उन पर... वो सब याद करके, कहके अब कोई फायदा नहीं है। इस वजह से 'दाई' ने अच्छे नेता तो खोए ही, अच्छे कार्यकर्ता भी खो दिये।

वो दोनों बाहर गयीं और लता गुरुजी ने मुझे बुलाया—"क्या करोगे अब? कौन सँभालेगा इसे...?" गुरुजी ने मुझसे फिर कहा, "मैं पढ़ी-लिखी नहीं हूँ। मुझे संस्था चलानी नहीं आती। उसमें मेरी समझ में कुछ नहीं आता। तुम अच्छी पढ़ी-लिखी हो। तुम उठाओ पूरी जिम्मेदारी, वरना 'दाई' बन्द करनी पड़ेगी।"

इतना अच्छा चल रहा काम बन्द करना पड़ेगा...? भीख माँगकर और धन्धा करके जीनेवाले हिजड़ों का अब जाकर 'दाई' पर भरोसा हुआ है। उनकी समस्याएँ 'दाई' जानने लगी है। उनकी व्यथा समाज के सामने रखने लगी है। सिर्फ 'दाई' जैसी संस्था ही उनकी समस्याएँ हल कर सकती थी, क्योंकि इसका निर्माण हिजड़ों ने किया था और काम करनेवाले भी हिजड़े ही थे। उनके अलावा कोई भी हिजड़ों को कैसे समझ सकता है? उनके सवालों की तह तक कैसे जा सकता है...? सामाजिक प्रश्न स्वास्थ्य से सम्बन्धित प्रश्न... सभी। हिजड़ों में एच.आय.वी. / एड्स की समस्या भी बढ़ने लगी थी। उस पर अब जाकर काम शुरू हुआ था। खास बात यह थी कि इस सामाजिक काम के क्षेत्र में सभी हमसे आदर के साथ पेश आते थे। यहाँ दिल्लगी नहीं थी, छेड़खानी नहीं थी, कोई हमें नजरअन्दाज नहीं करता था, हम इनसान थे और इनसानों को इनसानों के साथ ऐसे ही पेश आना चाहिए। हमें मिलनेवाला ये सम्मान सभी हिजड़ों को मिलना चाहिए, ऐसा मुझे लगता था, पर उसके पहले उन्हें खुद की इज्जत करना सीखना होगा। खुद पर भरोसा करना होगा। 'दाई' ये सब करने की कोशिश कर रही थी। सच में इस काम की बहुत जरूरत थी, उसे बन्द करके कोई फायदा नहीं होता...

मैंने लता गुरु से कहा, "मैं 'दाई' की जिम्मेदारी उठाने को तैयार हूँ, पर ये बन्द नहीं होनी चाहिए..." और मैं 'दाई वेलफेअर सोसायटी' की, जिसे हिजड़ों ने हिजड़ों के लिए बनाया था, उसकी पहली अध्यक्षा हुई।

'पिअर एज्युकेटर' तक काम करनेवाली मुझ पर अब पूरी संस्था की, उसके काम की और उस हिजड़ा कम्युनिटी की, उसके स्वास्थ्य की, उसके कल्याण की जिम्मेदारी आ गयी थी। बहुत-सी बातें सीखनी होंगी। कुछ बातें पता थीं, उन्हें 'पॉलिश्ड' करना पड़ेगा। अनौपचारिक रूप से, सहज ही हम बहुत-सी बातें कहते हैं, करते हैं, देखते हैं... उन्हें औपचारिकता के स्वरूप में ढालना होगा। बहुत गम्भीरता से उन्हें करना होगा।

जिम्मेदारी लेने और जिम्मेदारी भरा बर्ताव करते हुए उसे निभाने की मुझे आदत थी। वो मेरा स्वभाव था। नयी-नयी चुनौतियों का सामना करना मुझे अच्छा लगता था। पहले कभी समाजसेवा के रास्ते पर न चलने वाली लक्ष्मीनारायण त्रिपाठी ने 'दाई' के अध्यक्ष-पद की जिम्मेदारी लेकर समाजसेवा की चुनौती स्वीकार की।

एक बार जिम्मेदारी मिलने पर उसे तन-मन-धन से निभाना, यह मेरा स्वभाव था। 'ॲव्हर्ट सोसायटी' ने तब 'प्रपोजल डेव्हलपमेंट' के एक वर्कशॉप का वाशी में आयोजन किया था। 'दाई वेलफेअर सोसायटी' को भी उसमें सम्मिलित होने का न्यौता मिला था। इस वर्कशॉप में मैंने जाने का निश्चय किया। 'प्रपोजल' शब्द का मुझे पता था, उसका अर्थ भी मुझे मालूम था, पर बस उतना ही। वे कैसे रखते हैं, उसके लिए क्या-क्या सोचना पड़ता है, कौन-कौन सी समस्याएँ जानकर चलना है, उद्देश्य, कारण आदि से दूर न जाते हुए पैसा जुटाने के लिए किस तरह की मशक्कत करनी होगी... सवाल ही सवाल थे इस बारे में। पर 'ॲव्हर्ट सोसायटी' के संदीप और गिधी दुबे, इन्होंने मुझे सब अच्छे से समझा दिया था। मेरी उन्होंने अच्छी तैयारी करायी और चार दिन के इस वर्कशॉप में मैंने 'दाई' पर एक प्रेजेंटेशन दिया... अंग्रेजी में और वह भी बिना रुके।

सब देखते रह गये। इस वर्कशॉप में बहुत-सी संस्थाओं के प्रतिनिधि, पदाधिकारी आये थे। मैं जिस बार में डांसर थी, वहाँ का मेरा एक क्लाएंट भी एक संस्था का प्रमुख था। वो भी आया था। शुरुआत में मुझे यहाँ देखकर वो सहम गया... बाद में मेरा फर्राटेदार अंग्रेजी में बोलना, अप-टू-डेट रहना, डिसेंट बर्ताव देखकर वो अचम्भित था... और अब ये प्रेजेंटेशन देखकर तो उसका कुर्सी से गिरना ही बाकी रह गया था।

वर्कशॉप खत्म हुआ। सभी ने मेरी बहुत सराहना की। मुझे भी बहुत अच्छा लगा। किसी ने सराहना नहीं की हो, ऐसा कोई नहीं था। इस क्षेत्र के बारे में मैं थोड़ा-बहुत समझती हूँ और अब उसमें और अच्छा कुछ कर सकती हूँ, इसका विश्वास मुझे भी हो गया था। बार के मेरे उस कस्टमर का आश्चर्य धीरे-धीरे कम हो गया। लेकिन मैंने इस वर्कशॉप के बाद एक फैसला किया...

अब बार में नाचना बन्द। एक संस्था की अध्यक्षा के रूप में मुझे ही अपनी डिग्निटी सँभालनी होगी।

बीच-बीच में बार में नाचने के लिए जो जा रही थी, अब वो भी बन्द कर दिया। 'दाई' के काम पर ध्यान दिया। औरों के साथ सम्भाषण करने की कला मैंने आत्मसात कर ली... फिर वे हिजड़े हों, या प्रोजेक्ट के फंडर्स... दिमाग में जो चल रहा है, वो उन्हें अच्छी तरह से, सप्रमाण समझाकर बताना... उस पर उनकी क्या प्रतिक्रियाएँ आती हैं, ये देखना... सबका कहना सुनकर जरूरी बदलाव करना और उसके हिसाब से प्रोजेक्ट का प्रपोजल तैयार करना... बहुत अच्छी प्रोसेस थी वो। जिम्मेदारी थी, टेंशन था, पर मैं बहुत एन्जॉय कर रही थी। फिर इस प्रोजेक्ट के लिए मेरा 'मुम्बई डिस्ट्रिक्ट एड्स कंट्रोल सोसायटी' मतलब 'एमडॅक्स' में आना-जाना शुरू हुआ। डॉ. अलका गोगटे जी वहाँ प्रकल्प संचालक थीं। वे और उप-संचालक प्रमोद निगुडकर जी दोनों की काफी मदद मिली, बहुत सहारा मिला। असल बात तो ये है कि इन्हीं लोगों ने मुझे यह सिखाया कि इस क्षेत्र में काम कैसे करना है।

बहुत-सी बातें मैं काम करते-करते ही सीखती गयी। अलग-अलग अनुभव भी मिल रहे थे। मुझे आज भी याद है वो दिन, जिस दिन मैंने पहली बार कामाठीपुरा देखा था। 'दाई वेलफेअर सोसायटी' के काम के इवोल्यूशन के लिए दिल्ली से एक टीम आयी हुई थी। उन्हें लेकर मैं कामाठीपुरा गयी... अपनी जिन्दगी में पहली बार। तब तक कामाठीपुरा के बारे में, वहाँ के जीवन के बारे में, वहाँ के सेक्स वर्कर्स के बारे में, उनकी जिन्दगी के बारे में सुना हुआ था... कामाठीपुरा में रहनेवाली जीनत आती थी हमारे पास। उसने बहुत-सी बातें बतायी थीं। इसी वजह से बहुत छोटी-छोटी जानकारी थी मुझे... पर सिर्फ जानकारी। असल में मैंने कभी देखा नहीं था। कभी मौका ही नहीं मिला वैसा। पर अब तो...

वहाँ के वो छोटे-छोटे कमरे... अँधेरे... ना हवा, ना उजाला... उसमें खड़े किये गये पार्टिशन्स... उन छोटे कमरों में और भी कुछ छोटे कमरे हो सकते हैं, ऐसा हम सोच भी नहीं सकते, पर यहाँ उन्होंने बनाये थे... सड़ियल, दम घोंटनेवाले... ये लड़कियाँ, ये औरतें कैसे रहती हैं यहाँ? सेक्स कैसे कर सकती हैं? सेक्स जैसी खुशी के लिए की जानेवाली चीज... एन्जॉय करनेवाली चीज... धीरे-धीरे करनेवाली चीज... और ये ऐसे माहौल में? ठीक से हिल भी नहीं सकते इतनी-सी जगह में? ठीक है, ये उनके लिए रोज की बात थी, वो ये सब पेट के लिए करती हैं... एहसासों की उनके सेक्स में कोई जगह नहीं रही... फिर भी... सरकारी नौकरी भी बाबू लोग पेट के लिए ही करते हैं ना? तो उनके ऑफिस ऐसे सड़ियल, दम घोंटनेवाले होंगे तो चलेगा क्या? पेट के लिए इन सेक्स वर्कर्स को अपना शरीर बेचना पड़ता है, ये गलती उनकी है या समाज की... या उनके पास आनेवाले ग्राहकों की? कैसे होते हैं ये ग्राहक? किसी ने दाढ़ी रखी है, तो कोई तिलक लगाता है, कोई पगड़ीवाला है... सभी धर्मों के, धर्मान्ध जैसे लगें, ऐसे लोग भी... सभी उम्र के, सुशिक्षित लगें ऐसे भी... बहुत से लोग। कोई छुप-छुपकर यहाँ-वहाँ देखकर, तो कोई बिन्दास...

ढोंगी... सभी। बाहर की दुनिया में चार लोग मान देते होंगे इन्हें... चार बातें सुनाते भी होंगे इनकी... वेश्या-वृत्ति किस तरह अनैतिक है, इस बारे में ये लोग औरों को बताते भी होंगे... सुननेवाले भी सिर हिलाते होंगे... पर जिनके पास जा रहे हैं उनकी फिक्र नहीं है।

सेक्स वर्कर्स की ये परिस्थितियाँ देखकर मुझे सदमा-सा लगा। पूरी दुनिया पर क्रोध आने लगा। दिमाग में तरह-तरह की बातें घूमने लगीं। क्या कर सकती हूँ, मैं ये परिस्थितियाँ, ये व्यवस्था बदलने के लिए...? बेचैन होकर मैं सोचती।

धीरे-धीरे समझ में आया कि मैं अकेली क्या कर सकती हूँ समाज बदलने के लिए? पूरी व्यवस्था बदलने के लिए? कम-से-कम इन सेक्स वर्कर्स की ही जिन्दगी बदलने के लिए? मेरे हाथ में सिर्फ एक बात थी... कोशिश करते रहना... उनमें से एक बनकर उनसे संवाद स्थापित करने की कोशिश करनी है... अपनी परिस्थिति को हम ही बदल सकते हैं, ये उन्हें समझाते रहना और बदलने के लिए मदद करना। तय करके ऐसा ही मैं करती रही... वहाँ जाती रही।

मेरे सामाजिक कार्यों में नये पहलू, नयी दिशाएँ उजागर होने लगी थीं। मैं अनुभवों से सीख रही थी। बार में काम करना तो मैंने छोड़ ही दिया था। उसके बाद अचानक गृहमंत्री आर. आर. पाटील जी ने, नयी पीढ़ी गलत रास्ते पर जा रही है इसलिए, डांस बार बन्द कर दिये। बार-बालाओं का आन्दोलन शुरू हुआ। 'दाई' के काम से मैं एक दिन वीटी के सामने महापालिका के मुख्यालय में गयी थी। जब में वहाँ से बाहर निकल रही थी तब दो-तीन बार-बालाओं ने मुझे देखा। वे मेरे पास आयीं। उनका आन्दोलन आजाद मैदान में जारी था। उन्हें लगा मैं उनके आन्दोलन में हिस्सा लेने आयी हूँ... यहाँ बार-बालाओं का आन्दोलन जारी है, इसकी मुझे कोई जानकारी नहीं थी। मैं पालिका का अपना काम खत्म करके सीधे आजाद मैदान पर गयी। मेरा समर्थन तो था ही... उसे मैंने व्यक्त भी किया। बार-बालाओं की जिन्दगी को मैंने सिर्फ देखा ही नहीं, जिया भी था। वे अपनी जिन्दगी कैसे बसर करती हैं, वो देखा था। सिर्फ नाचकर कैसे पैसा कमाती हैं, उस माहौल में भी अपनी 'डिग्निटी' कैसे सँभालती हैं, इसका मुझे एहसास था। पुरुष-प्रधान समाज के द्वारा उनका शोषण भी मैंने देखा था। लेकिन अब उनकी रोजी-रोटी छीनी जा रही थी। घर चलाना है तो शरीर बेचने के अलावा उनके पास कोई चारा नहीं था। इसीलिए मेरा उनके आन्दोलन को समर्थन था। टी.वी. के 'बिग फाइट' में तो मैंने कहा भी था, "आर. आर. पाटील जी ने बार के अन्दर से स्टेज हटाकर वहाँ खटिया डाली है..." मेरी इस बात पर काफी चर्चा भी हुई। पर मैं अडिग थी। मुझे दिल से ऐसा लग रहा था। उच्च न्यायालय का फैसला आने तक मैं उनके साथ थी...

'दाई' का काम भी अब जोर-शोर से जारी था। पहले वो कम्युनिटी से कम्युनिटी के लिए काम करती थी। अब मैंने उसे 'प्रोफेशनल' टच देना शुरू किया। पर 'दाई'

के कुछ लोगों को यह बात हजम नहीं हुई... उनके काम करने का तरीका अलग था। 'हम हिजड़े हैं, ऐसा नहीं करेंगे', ऐसा उनका कहना था। हर बार किसी ना किसी बात पर मेरी बहस होने लगी। हिजड़े हैं, इसलिए ये काम नहीं करेंगे, यही सोच रही तो काम आगे बढ़ेगा कैसे? ऐसा मेरा मानना था। और सच में आप स्त्री हो, पुरुष हो, या हिजड़े हो इससे कोई काम तय होगा, तो ऐसी सोच से कैसे चलेगा? अगर वो काम करना है तो उसे सही ढंग से ही करना पड़ेगा ना? फिर उसे कौन कर रहा है, ये सवाल ही पैदा नहीं होता? हम हिजड़े हैं, अगर इसका हौआ करने लगें, बाकी समाज से खुद को अलग मानने लगें, अलग बर्ताव करने लगें, तो समाज भी हमें अपना क्यों कहेगा। पर इन लोगों को यह बात नहीं जम रही थी... खास करके लता गुरु को।

क्या करूँ, मेरी समझ में नहीं आ रहा था। प्रोजेक्ट्स जारी थे, वे बढ़ रहे थे, पर जैसा होना चाहिए वैसा काम नहीं हो रहा था। मैं काम से ऊबने लगी थी...

इसी समय मुझे 'टाटा इन्स्टिट्यूट ऑफ सोशल साइन्सेस' का एक छात्र मिला, अथर्व नायर। मैं कहीं जा रही थी, तभी उसकी और मेरी जान-पहचान हुई। बातों-बातों में मुझे पता लगा वो 'टी. आय. एस. एस.' का छात्र है। उसके बात करने का, सोचने का तरीका मुझे पसन्द आया। ये लड़का 'दाई' के काम में फिट बैठेगा, ऐसा व्यक्ति मिल जाय तो 'दाई' का काम अच्छी तरह आगे बढ़ेगा, ऐसा मुझे लगा और मैंने उससे पूछा, "तुम 'दाई' में काम करोगे क्या...?" उसने थोड़ा सोचा और 'हाँ' कर दी।

जैसा उसने कहा था, वैसा ही उसने किया भी। अथर्व 'दाई' में आया। उसकी और मेरी अच्छी दोस्ती हुई... प्लेटॉनिक फ्रेंडशिप। बिना कुछ बोले मुझे जो चाहिए, वो अथर्व जान लेता था... आज भी जान लेता है। फोन पर मेरी आवाज सुनकर ही वो जान लेता था कि मेरी किसी के साथ अनबन हो गयी है। मेरी जिन्दगी का वो एक हिस्सा ही बन गया था... 'दाई' के काम की बड़ी जिम्मेदारी अथर्व ने उठायी। अब वह काम 'प्रोफेशनल' हो गया था। और तेजी से बढ़ने लगा था। नये-नये प्रोजेक्ट्स मिलने लगे। मेरा सिरदर्द कम हुआ, पर तभी 'दाई' में अनबन होने लगी। 'दाई' का काम खत्म करके मैं कहाँ जाती हूँ, क्या करती हूँ, किस-किस के साथ होती हूँ... मेरी गुरु, लता गुरु मेरी व्यक्तिगत जिन्दगी पर हक जताने लगी थी और मुझे वो बिल्कुल पसन्द नहीं था। मेरे बड़े होने पर माँ ने भी कभी नहीं पूछा था कि कहाँ जा रहे हो? इससे गुरु का ऐसा अविश्वास मैं सहन ही नहीं कर सकती थी।

बीच के समय में मुझे किरण भी मिली... किरण मोरे। स्मार्ट प्रोफेशनल। वो 'दाई' की खजांची हुई और मैं चेला। वो ठाणे में ही रहती थी। 'दाई' का ऑफिस गोवंडी में था। मैं जीन्स-कुर्ता या शर्ट-पैंट पहनकर घर से बाहर निकलती थी। फिर किरण के घर जाकर साड़ी पहनती और फिर दोनों साथ ही आते थे। इस सबमें

बहुत बार हमें देर हो जाती थी और फिर हमें देर क्यों हुई, यह पूछा जाता था। मैं गुस्सा होती थी, बहस होती थी। इस सबसे किरण बहुत डरती थी। बाद में मुझे देर होने पर वो आगे निकल आती थी। पर मैं तो...

फिर 'दाई' में आलोचना होने लगीं—किरण और अथर्व लक्ष्मी को बिगाड़ रहे हैं... पर मैं तो किसी की बात सुनकर कुछ करनेवालों में से नहीं थी। मुझे जो अच्छा लगा, वही मैंने हमेशा किया... आज भी वही और उतना ही करती हूँ। 'दाई' की अध्यक्षा के रूप में मैं कोई निर्णय लेती थी तो लता गुरु उसे बदल देती थीं। गुरु के तौर पर वो मुझ पर हुक्म चलाना चाहती थीं।

फिर भी इन सब झमेलों से बीच-बीच में कुछ ना कुछ रिलीफ मिल रहा था। 2002-2003 के दौरान 'दाई' का काम देखने एक जर्मन औरत आयी।... डोरथिया। वो एक पत्रकार थी, साथ ही इंडॉलॉजिस्ट भी थी। कई सालों से भारत आ रही थी, और यहाँ के हिजड़ों पर रिसर्च कर रही थी। हिजड़ों पर उसे एक फिल्म बनानी थी—'बिटवीन द लाइन्स'। उसका दिग्दर्शन करनेवाले थे जर्मन फिल्म-मेकर थॉमस वॉर्टमन। हिजड़ों की दुनिया में यह एक स्त्री छायाचित्रकार का सफर था। और इस सफर में ही हिजड़ों की दुनिया, उनके अलग-अलग कंगूरे खुलनेवाले थे। ये छायाचित्रकार होनेवाली थी दिल्ली की अनिता खेमका। डोरथिया ने फोन पर हमारी बात करा दी और दो-तीन दिनों में ही दादर के शिवाजी पार्क के 'बरिस्ता' में हमने मिलने का तय किया।

जैसा तय किया था, वैसे हम मिले तो जरूर, पर हमारी पहली मुलाकात कुछ ठीक नहीं रही। 'बिटवीन द लाइन्स' और उसकी कथा का विषय यही हमारी दुनिया थी, पर कुछ बातों पर हम दोनों के मतभेद थे। अनिता काफी सालों से फोटोग्राफी कर रही थी। हिजड़ों की दुनिया को उसने करीब से देखा था और इसीलिए उसे लगता था कि उसे इनके बारे में पूरी जानकारी है, और उस सबको वह फिल्म में दिखा सकती है...

मेरा ऐसा मानना नहीं था। मेरा कहना सिर्फ ये था कि सभी बातें खुलकर नहीं बता सकते, कुछ बातें ढकी हुई ही अच्छी लगती हैं, खुलने के बाद जान पर बन जाती है। अन्त में बहस, चर्चा करके 'बिटवीन द लाइन्स' की कथा निर्धारित हुई। शूटिंग दो भागों में होनेवाली थी। सन् 2003 की ये बात है। पहले भाग की शूटिंग शुरू हुई और पूरी भी हो गयी। दूसरे भाग को शूट करने में थोड़ा समय था और उसी बीच में मेरे भाई शशि की शादी हुई। हम शादी के लिए गाँव गये। वहाँ से आये तो 'बिटवीन द लाइन्स' का दूसरा हिस्सा शुरू हुआ...

इसी बीच मेरी एक चेला मुस्कान के घर में एक कार्यक्रम था। मुस्कान भी 'बिटवीन द लाइन्स' में थी। इस वजह से उसने इस कार्यक्रम में अनिता को भी बुलाया था और अनिता भी खुशी से आयी थी। मुझे ये पता ही नहीं था। पर

अनिता को वहाँ देखकर लता गुरु जी गुस्सा हो गयी... ये हिजड़ों का कार्यक्रम है। यहाँ औरतों का क्या काम? ये यहाँ नहीं चाहिए... रात का समय था। और अनिता पर लता गुरु चिल्ला रही थीं... वहाँ से जाने के लिए कह रही थीं... अनिता को भी अब वहाँ से निकलना ही चाहिए था। पर मैं डर गयी। क्या करेगी अब ये अकेली? कहाँ जायेगी? ये दिल्ली की... मुम्बई में इसका कोई और है भी क्या? अन्त में उसे लेकर मैं वहाँ से बाहर निकली और ठाणे अपने घर लेकर आयी। अभी कृष्ण का जन्म हुआ ही था। सभी जगह श्रीकृष्ण की जय-जय हो रही थी। दूसरे दिन दही हंडी[1] थी। ठाणे में कृष्णोत्सव की धूम मची थी। पूरा दिन अनिता और मैं साथ-साथ थे। उसे मैंने दही हंडी दिखाई। हम खूब घूमे, बहुत-सी बातें कीं। और उसी समय हम दोनों के बीच की अनदेखी दीवार गिर गयी। हम अच्छी सहेलियाँ बनीं।

'बिटवीन द लाइन्स' की शूटिंग का दूसरा हिस्सा खत्म हुआ। उसमें मेरी प्रमुख भूमिका थी, पर इसका मुझ पर दबाव नहीं था। एक तो बचपन से मैं डांस कर रही थी। 'परफॉर्मेन्स' करने की आदत मुझे थी ही। और फिर 'डिस्कव्हरी ट्रॅव्हल एण्ड लिविंग' चैनेल ने मुम्बई के लोगों पर जो डॉक्यूमेंटरी बनायी थी, उसमें भी मेरा रोल था। मतलब, कैमरा मेरे लिए नया नहीं था। मैंने सहजता से उसका सामना किया।

सन् 2003 में शुरू हुई, 'बिटवीन द लाइन्स' सन् 2004 में पूरी हुई और 2005 में स्विट्जरलैंड के लोकार्नो फिल्म फेस्टिवल में उसका प्रीमियर हुआ। लोगों को वो बहुत पसन्द आया।

जब ये सब हो रहा था, तब लता गुरु जी गुस्से में ही थीं। एक तो उन्हें इस प्रसिद्धि, इस ग्लैमर की कुछ जरूरत नहीं है, ऐसा लगता था। दूसरे एक बात के लिए वो मुझसे नाराज थीं। उन्हें लगता था कि मुझे उनके साथ ही रहना चाहिए, माँ-पापा के साथ नहीं। वे मुझसे इतना प्यार करती थीं कि मुझे उन्हीं के साथ रहना चाहिए, ऐसा उन्हें लगता था। शायद उन्हें... या कम्युनिटी का नियम था, इसलिए भी होगा शायद... असल में क्या कारण था, ये मुझे भी पता नहीं, पर मैं हिजड़ों में नहीं, अपने परिवार के साथ रहती थी, इसलिए वे मुझे बहुत बोलती थीं। मुझे बहुत बार कहती थीं, "घर मत रहो, यहाँ हम हिजड़ों के साथ रहो। हमें जो बातें नहीं करनी चाहिए, वो बातें वहाँ घर में तुम्हें करनी पड़ती हैं। प्रमुख बात ये है कि हम सबको साथ रहना चाहिए। हम ना स्त्री हैं, ना पुरुष... स्त्री-पुरुषों के समाज के नहीं हैं हम। क्यों रहना है फिर उनके साथ?"

---

1. **दही हंडी** : श्रीकृष्ण जन्म के दूसरे दिन महाराष्ट्र में दही हंडी फोड़ी जाती है। ऊपर एक बड़ी रस्सी बाँधकर उसमें दही की मटकी सजाकर बाँधते हैं और बालगोपाल या गोविन्दा पथकवाले उसे आकर फोड़ते हैं।

अनिता खेमका... जो हमेशा मुझे 'प्रमोट' करती रही।

सब छोड़कर आओ और यहीं रहो... गुरुजी मुझे समझाती थीं, पर मुझे वो बात जँचती नहीं थी। क्यों छोड़ूँ मैं घर? मेरे सभी घरवाले मुझसे प्यार करते हैं। पूरी दुनिया मुझे लक्ष्मी कहती है, पर घरवालों के लिए तो मैं उनका बड़ा लड़का 'राजू' ही था, हूँ और रहूँगा। घर के बेटे के नाते मुझ पर कुछ जिम्मेदारियाँ हैं। उन्हें मैं कैसे नजरअन्दाज कर सकता हूँ? और क्यों नजरअन्दाज करूँ? मैं हिजड़ा हूँ, इस एक वजह से? मैं नहीं मानती... कभी नहीं। मेरा परिवार ही मेरा सबकुछ है... पर सिर्फ माँ और भाई-बहन, इतना ही मेरा परिवार नहीं है, मेरा हिजड़ों का परिवार भी है। परिवार में और उनके बनाये हुए समाज में रहनेवाली हूँ मैं। उनसे कैसे कटकर रहूँ? 'मैं आप लोगों जैसी नहीं हूँ' इतना कहके मैं कैसे अलग हो जाऊँ? इस वजह से लता गुरुजी और मेरे बीच बहस होने लगी थी।

गुरुजी ने फिर एक तरकीब निकाली। ठाणे में जहाँ मैं रहती थी, उसी बिल्डिंग में ऊपरी मंजिल पर दो कमरे लिए। "मैं यहाँ रहती हूँ, तुम मेरे साथ रहो..." उन्होंने मुझसे कहा, "समाज की तरफ (हिजड़ा समाज की तरफ) तुम्हारा ध्यान नहीं है, तुम अपने माँ-बाप की तरफ ही ज्यादा ध्यान देती हो। तुम्हारे चेलों पर तुम्हारा नियन्त्रण नहीं है। जैसा चाहते हैं वैसा बर्ताव करते हैं वो। उन्हें काबू में रखना चाहिए या नहीं? मेरे साथ रहो, मैं सिखाती हूँ तुम्हें कैसे बर्ताव करना है..."

माँ-पापा को ये बिल्कुल भी अच्छा नहीं लगा। हमारा बच्चा कोई हमसे ले जा रहा है, ये बात ही उन्हें सहन नहीं हुई। मुझ पर जो वो थोड़ा-बहुत नाराज थे, वो

सब भूलकर दोनों मेरे पीछे खड़े रहे और मुझसे कहा, "आने दे उस लता गुरु को। तुम यहीं रहो। कहीं भी जाने की जरूरत नहीं है उनके साथ।"

खैर, मेरे पास अब दूसरा चारा नहीं था। मैं स्वयं ऊपर गुरु के साथ रहने चली गयी। पहले मैं बाहर जाते समय लड़कों के कपड़े पहनकर जाती थी, और किरण के यहाँ जाकर बदलती थी। हिजड़ा होने के बाद मैं साड़ी पहनकर घूमता था, ये घरवालों को पता था। पर घरवालों के सामने आज तक साड़ी पहनकर नहीं गयी थी। सब कुछ जान-बूझकर ही यह एक छोटा-सा परदा मैंने हमेशा रखा था। अब वो भी दूर हो गया था। लता गुरु के साथ रहने की वजह से मैं वहीं से साड़ी पहनकर जाने लगी। बहुत से अनदेखे बन्धन मुझ पर आ गये। मैं सोने के पिंजरे में रह रही हूँ, ऐसा मुझे लगने लगा।

लता गुरुजी भी उत्तर प्रदेश की ही थीं। हम जहाँ रहते थे वहीं की। मेरी माँ उन्हें पहले से जानती थी। इतना ही नहीं, हम तीनों भाई-बहनों की बधाई उन्हीं के हाथों हुई थी। अब वे यहीं रहने को आ गयी थीं, तब माँ भी उन्हें घर से चाय, नाश्ता, खाना सब भेजती थी।

कुछ महीनों तक लता गुरु यहाँ रहीं और एक दिन अचानक अपने पहले घर गोवंडी चली गयीं। 'दाई' के साथ काम करते हुए मैं भी ऊबने लगी थी... मायूस हो रही थी। क्या करूँ समझ में नहीं आ रहा था।

इस मायूसी में भी बीच-बीच में घटनेवाली घटनाएँ मेरे मन को हौसला दे रही थीं। एक दिन 'दाई' के ऑफिस में एक अच्छी खबर मेरा इन्तजार कर रही थी। भारत में एच.आई.वी. एड्स की स्थिति पर मुम्बई में एक राउंड टेबल कॉन्फ्रेन्स हो रही थी। यूनाइटेड नेशन्स के तब के जनरल सेक्रेटरी कोफी अन्नन इसमें आनेवाले थे। भारत से सिर्फ नौ लोगों को इसमें बुलाया गया था और उसमें 'दाई वेलफेअर सोसायटी' की अध्यक्षा के तौर पर मेरा नाम भी था। उस पूरी कॉन्फ्रेन्स में मैं अकेली हिजड़ा थी और भारत के सभी हिजड़ों का प्रतिनिधित्व कर रही थी। मेरे लिए तो ये गर्व की बात तो थी ही, पर वैश्विक स्तर पर हमें प्रतिनिधित्व मिल रहा है, ये सभी हिजड़ों के लिए गर्व की बात थी।

पर सभी को ऐसा नहीं लग रहा था। खास करके लता गुरु को... उनकी अनबन जारी थी। क्यों जाना चाहिए वहाँ... क्या जरूरत है इतना सामने आने की? हम भले, हमारा समाज भला और अपना काम भला। लेकिन मुझे ऐसा नहीं लगता था। बाकी समाज में हम जितना घुल-मिल जाएँगे, समाज हमें और भी उतना जानने लगेगा, ऐसा मुझे लगता था। ऐसी दुविधापूर्ण मनःस्थिति में ही मैं 'मुम्बई डिस्ट्रिक्ट एड्स कंट्रोल सोसायटी' के एमडॅक्स की डॉ. अलका गोगटे से मिली। उन्होंने मुझे बताया—ये बहुत बड़ा मौका है, छोड़ना मत। उन्होंने मुझे प्रेरणा दी, सहारा दिया, मदद की। उस परिषद के लिए मेरी तैयारी करायी। लता गुरु के विरोध के

बावजूद मैं उस राउंड टेबल कॉन्फ्रेन्स में गयी। वहाँ हिजड़ों की स्थिति के बारे में, उनकी समस्याओं के बारे में बात की। कॉन्फ्रेंस अच्छी हुई ही, पर उससे भी ज्यादा हत्त्वपूर्ण इस सबसे मुझे काफी सीखने को मिला और परिस्थिति कैसी भी हो, मैं जो चाहे कर सकती हूँ, ऐसा विश्वास मुझमें आया। मेरे नजरिये से वो ज्यादा महत्त्वपूर्ण था। एक बार फिर मैं पूरे जोश के साथ काम पर लग गयी।

ऐसे में ही एक दिन लता गुरु से किसी कारणवश मेरा जोरदार झगड़ा हुआ। गुस्से से मैं घर आ गयी। माँ-पापा गाँव गये थे। दीदी और शशि घर में थे। हम तीनों एक-दूसरे के काफी नजदीक थे। हमारे सम्बन्ध में बहुत खुलापन था। लेकिन उस दिन मैंने उन दोनों से भी काफी झगड़ा किया, कोई पुख्ता कारण न होने के बावजूद। लता गुरु पर मैं जो गुस्सा थी, वही पूरा गुस्सा दीदी और शशि पर निकल गया। ये मैं अब कह रही हूँ, लेकिन उस वक्त मैं सबसे नाराज थी... सचमुच सबसे... पूरी दुनिया से। कहीं पर भी मुझे कम्फर्टेबल नहीं लग रहा था। ना हमेशा की दुनिया में, ना हिजड़ों की दुनिया में। मेरा दम घुट रहा था, मैं बहुत बेचैन हो गयी थी। दीदी और शशि के साथ जोरदार झगड़ा होने के बाद मैंने घर छोड़ दिया था और सीधे राहुल काले के घर चली गयी थी। मेरा पुराना दोस्त था ना वो। बहुत सालों बाद मैं उससे मिल रही थी। पर उसके साथ पहले जैसी मस्ती नहीं कर पायी। मेरा बिल्कुल मूड नहीं था। दो दिनों से रह रही थी, मैं उसके साथ, पर मूड नहीं बदला मेरा। उल्टा मैं और भी निराश हो रही थी। उससे बाहर निकलने के लिए शराब पी रही थी और उसकी वजह से और भी निराश होने लगी। क्या हूँ मैं असल में...? क्या हो रहा है मुझे...? कुछ समझ में नहीं आ रहा था। दिमाग में सिर्फ तरह-तरह के ख़याल आते-जाते रहते थे... और भी सिर घुमानेवाले... किसी के साथ भी जमती नहीं थी... किसी को भी मेरी बात अच्छी नहीं लगती... मतलब मैं किसी को भी अच्छा नहीं लगता... बार-बार दिमाग में यही ख़याल घूम रहे थे। मेरी किसी को भी जरूरत नहीं है। मेरी ये अवस्था देखकर राहुल और उसके दो दोस्त मुझे चार दिनों के लिए दमन ले गये। वहाँ समन्दर के पास के एक रिसॉट में हम रह रहे थे। सोचते-सोचते एक दिन मैं उठी और सीधे समप्दर में छलाँग लगा दी। आत्महत्या करनी थी मुझे... किसी को मेरी जरूरत नहीं है ना? तो फिर जिन्दा रहूँ तो किसके लिए? समन्दर में छलाँग लगाते हुए मुझे वहाँ के लड़कों ने देखा और मुझे बचा लिया। सच में मुझे जीना नहीं था। लोग ठीक से जीने भी नहीं देते और मरने जाऊँ तो मरने भी नहीं देते... ऐसा मुझे लगने लगा, और पूरा दुःख मैं शराब में डुबोने लगी। वहाँ मुझे सिल्वेस्टर मर्चेंट मिल गया... वो गुजरात में एच.आई.वी. / एड्स पर काम करनेवाले 'लक्ष्य चॅरिटेबल ट्रस्ट' का ट्रस्टी था। उसने मेरे साथ बहुत बातें कीं... मेरी काउंसिलिंग की। धीरे-धीरे मैं भी उसके सामने खुलने लगी। मेरी जिन्दगी में जो कुछ भी घटा, उसके बारे में बताती गयी उसे... सिल्वेस्टर ने कहा, "जिन्दगी में ऐसा

होता ही है, पर इसलिए जिन्दगी से दूर जाना पलायन होगा। उसका जी-जान से सामना करना सीखना होगा। चुनौतियों को स्वीकार करना सीखना होगा। चुनौतियों को स्वीकार करना पड़ेगा। जिन्दगी में आनेवाली मुसीबतों को सीढ़ियाँ बनाकर आगे चलना चाहिए..."

सिल्वेस्टर की बात मुझे अच्छी लगी और मैं दमन से लौट आयी। उसके बाद के कुछ दिन काफी अच्छे गये। उसके बाद और एक मौका मेरे सामने हाथ जोड़कर खड़ा था... अगस्त, 2006 में टोरांटो की सोलहवीं अन्तरराष्ट्रीय एड्स कॉन्फ्रेंस थी। इस कॉन्फ्रेंन में यूएन एड्स के डेलिगेशन का एक हिस्सा है, इसलिए मुझे जाना है, ये मुझे पता चला। तब मेरी पहली प्रतिक्रिया थी—नहीं। ऐसा कैसे हो सकता है? ऐसा लगने के लिए एक बड़ा कारण था, वो था पासपोर्ट। इससे पहले मैं कभी भी परदेस गयी भी नहीं थी। मेरा पासपोर्ट भी नहीं था। इतने कम दिनों में वो कैसे मिलेगा, ये सवाल भी था ही... पर उससे भी ज्यादा महत्त्वपूर्ण बात, एक हिजड़े को पासपोर्ट मिलेगा कैसे...? पासपोर्ट के लिए जो कागजात चाहिए थे, वो मेरे पुरुष होने के थे। पुरुष के तौर पर नहीं चाहिए था मुझे ये पासपोर्ट, हिजड़े के रूप में ही चाहिए था। और फिर जब पासपोर्ट ही नहीं मिलेगा, तो उसके बाद का सब कैसे होगा...

एक तरफ मुझे ये लग रहा था और उधर लता गुरु मुझे अजमेर चलने को कह रही थीं। वहाँ की बाबा चिश्ती दरगाह में उर्स था। हम हिजड़ों के लिए ये उर्स बहुत महत्त्वपूर्ण होता है। मैं वहाँ जाना नहीं छोड़ती। वहाँ हमें खूब मान मिलता है। हमारे बुजुर्गों को यहाँ 'सराय ख्वाजा' का खिताब मिला है। सराय ख्वाजा यानी अल्लाह के रास्ते पर चलनेवाले। हम हर साल उर्स के लिए अजमेर जाते हैं। इसमें लता गुरु पहले जानेवाली थीं। और मैं पीछे से आऊँ, ऐसा उनका कहना था। उसके लिए उन्होंने मुझे दस हजार रुपये दिये थे।

पर मेरे दोस्त अथर्व, मेरी दीदी ये सब मुझे बार-बार कह रहे थे कि लक्ष्मी तुम्हें टोरांटो जाना चाहिए। अब नहीं गयीं तो दोबारा तुम्हें कोई नहीं बुलाएगा। तुम जाओ ही...

उनका लगातार कहना जारी था। उस पर यूएन एड्स के अधिकारियों के मेल पर मेल आ रहे थे—अपना पासपोर्ट नम्बर भेज दीजिए, वीसा के लिए लेटर भेजना है...

मैं कशमकश में थी... किसकी सुनूँ। अन्त में मैंने सोचा—दीदी जो कहती है, वही राच है... एच.आई.वी./एड्स इंटरनेशनल कॉन्फ्रेंस में यूएन एड्स डेलिगेशन के एक सदस्य के तौर पर मुझे अपनी बात रखने को मिलेगी। यह बहुत सम्मानजनक न्यौता है। अगर उसे मैंने नहीं अपनाया तो मेरी बदनसीबी होगी। मुझे जाना चाहिए... जाना ही चाहिए।

मैंने टोरांटो जाने का तय किया और काम पर लग गयी। सभी तैयारी बाकी

थी। कहाँ से शुरुआत करूँ, समझ में नहीं आ रहा था। सबसे पहला काम था पासपोर्ट तैयार कराना। उससे पहले आगे का कोई भी काम नहीं हो सकता था और वो मिलेगा या नहीं, इसकी भी आशंका थी। पर मेरे साथ अथर्व था। उसने जिद की... "पासपोर्ट ऑफिस में चलो तो सही... देखते हैं मिलता है या नहीं... पहले से ही ना-ना की क्यों रट लगाती है..." अथर्व और मैं ठाणे के पासपोर्ट ऑफिस में गये। सुरेश मिस्त्री पासपोर्ट ऑफिसर थे। वे कहाँ बैठते हैं, ये पूछकर हम उनके कैबिन में चले गये। मैंने उनसे कहा—मुझे पासपोर्ट चाहिए। मिस्त्री साहब अच्छे आदमी थे। पहले मुझे देखकर वो थोड़ा चकरा गये, "मुझे अवकाश ग्रहण करने में सिर्फ छह महीने बाकी हैं... पर मेरी पूरी नौकरी में कहीं भी किसी भी हिजड़े ने मुझसे पासपोर्ट नहीं माँगा। मुझे उसके प्रोसीजर का ही पता नहीं है, इसलिए दिल्ली से पूछना पड़ेगा।"

साहब ने झट से मेरे सामने ही दिल्ली में फोन लगाया और ठीक तरीके से छानबीन की... उन्होंने मुझसे कहा, "आपको पासपोर्ट मिल जायेगा। पर आप हिजड़ा हैं इसका क्या सबूत है? पासपोर्ट के लिए लगनेवाले सभी कागजातों के साथ आपको 'कन्व्हर्जन' का, पुंरुष से औरत होने का वैद्यकीय प्रमाणपत्र देना पड़ेगा, सबूत के तौर पर।"

पर मेरे पास तो कोई सर्टिफिकेट नहीं थे। मेरे हिजड़ा होने की बात माँ-पापा को पता चलने पर घर में काफी बड़ा झगड़ा हुआ था। वो मुझे लड़का ही मानते थे, पर मुझे लड़का बनकर रहने में कोई दिलचस्पी नहीं थी... मैं लड़का हूँ, ऐसा मुझे लगता ही नहीं था... फिर भी मेरे सभी सर्टिफिकेट 'मैं लड़का हूँ' यही चिल्ला-चिल्लाकर बताते थे। सभी कागजों पर मेरा जिक्र लड़के के रूप में ही था। जबकि मुझे वैसा बिल्कुल नहीं चाहिए था। गुस्से में मैंने अपने सारे सर्टिफिकेट्स जला दिये थे। उस वक्त मुझे बहुत खुशी हुई थी, लेकिन अब... पासपोर्ट के लिए ये सभी कागज चाहिए थे... अब हुई ना झंझट।

पर इस तरह आपा खोकर नहीं चलनेवाला था। बहुत ज्यादा सोचने के लिए वक्त भी नहीं था। फिर भी अब क्या कर सकते हैं, ये अच्छी तरह निश्चित करना होगा। थोड़ी देर सोचने पर लगा—पहले चाहिए राशन कार्ड। हमारे घर बदलने पर पुरानी जगह का कार्ड रद्द हो गया था और नया बनवाया ही नहीं गया था। तभी मुझे झट से याद आयी वो राशनिंग ऑफिस के शैला खांडगे जी की। मैं उनके पास गयी। अपनी दिक्कत उन्हें बतायी। उन्होंने मुझसे कहा, "कार्ड का मैं देखती हूँ, पर तुम्हें किसी आयी.ए.एस. ऑफिसर से सर्टिफिकेट लेना होगा। फिर तो तुम्हारे सभी काम झटपट हो जाएँगे..." ठाणे के तत्कालीन डी.एस.पी., जिला पुलिस अधीक्षक मधुकर पाण्डेय शैला दी के पहचान के थे। उनके साथ मैं वहाँ गयी। उन्हें पूरी बात बतायी। उन्होंने मुझे सर्टिफिकेट तो दिया ही, अपने आयीकार्ड की एक कॉपी भी दी। मुझे इस सबसे काफी मदद मिली... राशनकार्ड के लिए मैंने अर्जी दाखिल की। वहाँ भी सब कन्फ्यूजन था... पुराने राशनकार्ड में मेरा लड़का होने का जिक्र

था... उसकी क्लर्क ने प्रश्न किया कि आप तो लड़की हैं, फिर यहाँ लड़के का जिक्र क्यों है..? अब मैंने बिना ऊबे, बिना थके उन्हें सब बात समझायी... वक्त जा रहा था, एनर्जी भी बरबाद हो रही थी, पर राशनकार्ड चाहिए ही था और उसे पाना है तो ये सब करना ही पड़ेगा। अन्त में राशनकार्ड की अर्जी एक टेबल से दूसरी पर गयी, और फिर मैं वहाँ से बाहर निकली...

दूसरे दिन सुबह मैं पहुँची सीधे अपने कन्वर्जन, मतलब मैं पुरुष से स्त्री हुई हूँ, यह सर्टिफिकेट लाने के लिए—सायन अस्पताल में। वहाँ डॉ. हेमा जयराजानी जी थीं। उन्हें सारी बातें बतायीं। उन्होंने मेरी वैद्यकीय जाँच की। मैंने लिंगछेदन कराया नहीं था, हार्मोन्स भी लिए नहीं थे, फिर भी डॉ. जयराजानीजी ने मुझे सर्टिफिकेट दे दिया... क्योंकि मेरी सामाजिक और मानसिक पहचान (social and psychological identification) स्त्री की है। एक बड़ा काम हो गया था। अब राशनकार्ड तैयार था, उसे कब्जे में लेना था... वो किया।

सुबह से मैं घर से बाहर थी। चाय, नाश्ता, जेरॉक्स, रिक्शा-टैक्सी से की गयी भागदौड़... थक गयी थी, पर दोपहर साढ़े तीन-चार बजे के आसपास ठाणे के पासपोर्ट कार्यालय में पहुँची और 'हुश्श' कह के बैठ गयी। फिर पूरी फाइल सुपरिंटेंडेंड साहब के असिस्टेंट प्रशान्त मोहिते जी के सामने रखी। उन्होंने उसे खोला, एक-एक कागज की जाँच की। हाँ, एक बार फाइल आगे जाने के बाद किसी भी छोटी-सी वजह के लिए उसका वापस आना ठीक नहीं था, उतना वक्त ही नहीं था। मोहिते जी ने सबकी जाँच की और कहा, "है, बस ठीक है। अब फाइल आगे भेजेंगे।" अर्जेंट पासपोर्ट के लिए उस वक्त 2500 रुपयों की जरूरत थी। मेरे पर्स में थे सिर्फ 1500 रुपये... दिन-भर की भागदौड़ में काफी खर्चा हो गया था... यहाँ स्वयं मिस्त्री साहब आगे आये । मुझसे कहा, "रहने दो दीदी, मैं देता हूँ 1000 रुपये।" मैंने कहा, "मैं फौरन लाकर देती हूँ आपको..." "नहीं, नहीं। आप कुछ भी मत बोलिए। मुझे पैसे नहीं चाहिए, सिर्फ आपका आशीर्वाद चाहिए।" मिस्त्री जी ने और मोहिते जी ने हर मोड़ पर सगे भाई की तरह मेरी मदद की। अक्षरशः एक ही दिन में मुझे पासपोर्ट मिला और लता गुरु के साथ अजमेर न जाकर मैं टोरांटो जा पहुँची।

टोरांटो जाने की जल्दी में मैंने एक और बखेड़ा खड़ा किया। तेजल शहा नाम की फोटोग्राफर 'वॅट आर यू?' नाम से एक प्रदर्शनी कर रही थी। उसके लिए उसे कुछ हिजड़ों का फोटोशूट करना था। वो हर एक से एक सवाल पूछती थी, "आपको मौका दिया तो क्या बनना पसन्द करेंगी?" जिस हिजड़े से जो जवाब आयेगा, वो उसे वहीं गेटअप देकर फोटो खींचती थी। वो मेरे घर आयी थी और मुझसे कहा, "मुझे ऐसा-ऐसा प्रोजेक्ट करना है, मुझे मदद करोगी क्या?" मैंने उसे बहुत-से हिजड़ों से मिलाया। उसने काम शुरू किया। मुझे जैसे-जैसे समय

मिलता था, वैसे-वैसे मैं देखने के लिए जाती थी। मालिनी नाम की एक हिजड़ा थी। उससे पूछा तो उसने फट से कहा, "मैं माँ होना पसन्द करूँगी।" फिर उसने उसे यशोदा का गेटअप दिया और एक छोटे बच्चे को कान्हा बनाकर उन दोनों का फोटो सेशन किया। राजा रविवर्मा की पेंटिंग्ज जैसे लुक्स उसे चाहिए थे और हमने वैसे ही दिये। पासपोर्ट-वीसा के लिए जब मेरी भागदौड़ चल रही थी, तभी ये फोटोशूट हो रहा था। तेजल शहा ने एक दिन मुझसे पूछा, "तुम क्या बनना पसन्द करोगी?" मैने फौरन कहा, "क्लिओपात्रा!" इजिप्त की इस रानी के प्रति मुझे हमेशा से ही आकर्षण रहा है। सुन्दरता और बुद्धिमानी का उदाहरण और सीधे ज्युलियस सीजर को जीतनेवाली इस रानी ने मुझे हमेशा ही लुभाया है। मैंने उससे सम्बन्धित काफी सारी किताबें पढ़ी हैं। पहले अपने से बहुत छोटे भाई के साथ शादी की... फिर इजिप्त की गद्दी सँभाली... यादवी युद्ध शुरू होने के बाद खुद को ब्लंकेट में लपेटकर पार्सल की तरह बनाया और ज्युलियस सीजर के पास जाकर उससे की गयी मुलाकात... उसकी मौत के बाद मार्क अँटनीशी के साथ बने सम्बन्ध... और अन्त में स्वयं पर ही किया गया विष-प्रयोग... कितना कुछ सहा होगा उस औरत ने? रिश्ते-नातों का सही मतलब उसके सिवा और किसे समझ में आ सकता है...? आदमी को जानने की कला उसके सिवा और कौन सीख सकता है...? सुन्दरता को रौंदनेवाले कीड़ों को उसके सिवा और कौन जान सकता है...? तेजल से ये सब बातें करने के बाद वो मेरे पीछे ही पड़ गयी—क्लिओपात्रा के गेटअप में तुम्हारा फोटोशूट करेंगे। सच कहूँ तो मेरे पास बिल्कुल समय नहीं था। टोरांटो जाने की सारी तैयारी बाकी थी। अन्त में जाने से एक दिन पहले, रक्षाबन्धन की रात में, हमने वो फोटो शूट किया।

उसे खत्म करके मैं घर लौट आयी। फाइनल पैकिंग की और निकल पड़ी। बहुत भागदौड़ हो गयी थी, काफी थकान भी महसूस हो रही थी। पर मुझे काफी अच्छा महसूस हो रहा था। बहुत थ्रिलिंग लग रहा था। अपनी कम्युनिटी का प्रतिनिधित्व करने के लिए मैं टोरांटो जा रही थी...

अपना सामान मैं घर से नीचे लायी और रिक्शा में बैठ गयी। घर में चौदह सालों से रहनेवाली डॉली नाम की कुतिया लगातार मेरे आगे-पीछे घूम रही थी। इतनी कि सामान लेकर जब मैं रिक्शा पर बैठ गयी तो मेरे साथ वो भी रिक्शा में बैठ गयी... और मेरी तरफ देखने लगी। जैसे मुझसे कह रही हो, मुझे छोड़कर मत जाओ! मैंने उसे गोद में उठाया, उसके बालों को सहलाया और शशि को दे दिया। भरी हुई आँखों से वह फिर भी मेरी ओर देख रही थी। मुझे चौदह साल पहले की डॉली याद आयी... बान्द्रा के हिल रोड से हमने उसे अँडाप्ट किया था। इतनी-सी ही थी वो... तब से हमारे साथ ही रहती थी। मेरी सहेली... मेरे हर सुख-दुःख की साथी... और अब बिना उसे साथ लिए मैं अकेले टोरांटो जा रही थी।

ज्युलिअस सीज़र को भी जीतनेवाली क्लिओपात्रा... तेजल शहा द्वारा क्लिओपात्रा के रूप में किया गया फोटोशूट।

पता नहीं क्यों, बार-बार डॉली की भरी आँखें मुझे उस पूरी यात्रा में याद आ रही थीं... और जब मैं लौटी तो पता चला कि डॉली नहीं रही। जब मैं टोरांटो में थी, तभी वो गुजर गयी थी। मैं हिल गयी। वो हमारे साथ ही बड़ी हुई थी। पहली बार मेरे करीबियों में से कोई गुजर गया था... इसीलिए टोरांटो में वो मुझे बार-बार दिख रही थी... लौट आने के बाद भी काफी दिनों तक डॉली की वो आँखें मुझे दिखती रहीं... टोरांटो से आने के बाद तेजल शहा की 'वॅट आर यू?' ये प्रदर्शनी भी काफी जगहों पर प्रदर्शित हुई, उसे लोगों ने काफी सराहा।

टोरांटो का मेरा अनुभव काफी अलग था। बहुत अच्छा था वो। मेरे लिए नये रास्ते खोलनेवाला था। टोरांटो की ये कॉन्फ्रेंस दुनिया के सोलहवीं अन्तरराष्ट्रीय एड्स कॉन्फ्रेंस थी, लेकिन मेरे लिए तो वो पहली ही थी... मेरे लिए सब नया था... एक तो वो मेरा पहला विदेशी दौरा, और उस पर अन्तरराष्ट्रीय कॉन्फ्रेंस... क्या होगा वहाँ, कैसे होगा सबकुछ, मुझे क्या करना होगा, कुछ भी मालूम नहीं था। ये सब मालूम करने के बजाय मेरा पूरा समय पासपोर्ट-वीसा की भागदौड़ में ही बीत गया था...

मैं वहाँ पहुँची और देखती ही रह गयी... वहाँ एक बड़ा शहर ही बसा दिया गया था। वहाँ कई प्रमुख सेशन्स थे... सैटेलाइट मीटिंग्ज़। वहाँ एड्स के विषय में अलग-अलग विषयों पर नीति निर्धारित करनेवाली, उन पर चर्चा करनेवाली हाई लेवल मीटिंग्ज़ थीं। एच.आई.वी./एड्स से सम्बन्धित अलग-अलग देशों के नेटवर्क और सेवा सम्बन्धी प्रदर्शनी थी। बहुत से देशों से एड्स पर काम करनेवाले अलग-अलग

स्तर के लोगों द्वारा भेजे गये ॲब्स्ट्रक्स थे। उनका ओरल और पोस्टर प्रेजेंटेशन था। बहुत से चर्चा-सत्र थे, स्किल बिल्डिंग वर्कशॉप्स थे... और हाँ, यहाँ था एक ग्लोबल विलेज... गाँव में पूरी दुनिया समा गयी थी। अलग-अलग थीम्स थी, अलग-अलग इशूज थे... एड्स पर काम करनवाली दुनिया-भर की अलग-अलग संस्थाएँ, संघटना, कम्युनिटीज़, कमिटीज़ थीं जिन्होंने यहाँ के थीम्स और ये इशूज़ तै किये थे। उन पर यहाँ चर्चाएँ होनेवाली थीं। जिसे जो लगता है, वो बेझिझक कहने का अधिकारी था यहाँ। इस अर्थ में देखा जाये तो ये एक अनौपचारिक 'ग्लोबल विलेज' था। प्रमुख सेशन्स में जो विद्वान बोलेंगे, उनसे सीधे बात करने का मौका यहाँ मिलनेवाला था। पूरे कॉन्फ्रेंस के लिए आये हुए प्रतिनिधियों और आम जनता को जोड़नेवाला पुल था। यहाँ प्रमुख स्टेज था, सेशन-हॉल्स थे, कम्युनिटीज़ को एक-दूसरे से बात करनी हो तो उसके लिए अलग जगह थी। युवाओं के लिए अलग मंच था। एड्स पर काम करनेवाले अलग-अलग एनजीओज़ के बूथ थे, सांस्कृतिक कार्यक्रमों के लिए जगह थी... मैं ये सब देखकर पहले अचम्भे में आ गयी... और फिर प्यार करने लगी... ये सब मुझे बहुत अच्छा लगा।

मुझे यहाँ के इंडिया सॅटेलाइट सेशन में 'हिजड़े और उनकी समस्याएँ' पर बात करनी थी। पर उससे पहले मुझे 'ग्लोबल विलेज' में बोलना पड़ा... वहाँ के एक ट्रान्सजेंडर सेशन में। कोई वक्ता नहीं आये थे, इसलिए मुझसे बोलने का अनुरोध किया गया। मैंने अपनी बात रखी। शुरुआत में क्या बात करूँ, ये मुझे समझ नहीं आ रहा था। पर जैसे-जैसे बोलती गयी, वैसे-वैसे सूझता गया। वहाँ मेरा बोलना बहुत ॲप्रिशिएट किया गया। अब वक्त था सॅटेलाइट का... वहाँ बात करनी है, ये मुझे पता था। पर मैंने ऐसी कुछ तैयारी नहीं की थी... उसके लिए मुझे वक्त ही नहीं मिला था। मैं सोच रही थी—यहाँ सब देखकर तो मुझे कुछ बोलना ही नहीं चाहिए, सिर्फ सुनते रहना चाहिए, ऐसा मुझे लगने लगा था... तभी मुझे वहाँ यास्मिन मिली कॅनाडा की ट्रान्सजेंडर एक्टिविस्ट। मूल से भारतीय थी, पर अब कॅनाडा की निवासी थी। उसके पहले की चार पीढ़ियाँ कॅनाडा में ही रह रही थीं। मुझे एक भारतीय हिजड़े को वहाँ देखकर बहुत खुश हुई। उसे यहाँ की पूरी जानकारी थी। फिर वो मुझे लेकर बाहर गयी। मुझे उसने बहुत सारी जगह दिखाईं। हम टोरांटो की चर्च वेस्ट स्ट्रीट पर गये। वहाँ बहुत से ट्रान्सजेंडर्स थे... वो वहाँ, भारत से काफी अलग तरीके से रह रहे थे। उसमें औरत बने पुरुष थे, पुरुष बनी औरतें भी थीं। अपने यहाँ हिजड़ा बनना एक आध्यात्मिक प्रक्रिया (spiritual process) है, लेकिन वहाँ वो वैद्यकीय प्रोसेस (medical process) थी। वहाँ पुरुष को औरत और औरत को पुरुष बनाने के लिए हार्मोनल ट्रीटमेंट दी जाती है, उनकी सर्जरी की जाती है। और बस। इसके बाद वो पुरुष बनकर घूम सकता है। किन्तु 'बस' कहने से ही सब खत्म नहीं होता। समाज नाम का जानवर तो तब भी खड़ा ही रहता है... कॅनाडा में भी

उन्हें बहुत-सी समस्याओं का सामना करना पड़ता है। समाज उन्हें झट से अपनाता नहीं है। परिवार ही जब नहीं अपनाता तो समाज का क्या है...! किसी की नौकरी चली जाती है, किसी को जान से मारने की धमकी दी जाती है... फिर ट्रान्सजेंडर सर्जरी होने के बाद बहुत-से लोग नौकरियाँ बदलते हैं। क्योंकि सामने से कोई कुछ नहीं कहता हो, फिर भी ताने मारना, दोस्तों का दूर जाना, उपेक्षा करना, ये होता था... ये सब ना चाहो तो जहाँ आपका अपना इतिहास किसी को पता नहीं हो, ऐसी जगह नौकरी करना। पर ये सब हर बार और के साथ नहीं होता था। धीरे-धीरे वहाँ भी ट्रान्सजेंडर की हालत सुधर रही है। ज्यादातर समाज उन्हें अपनाने लगा है।

यास्मिन ने दिखाया, इसलिए मुझे ये सब पता चला। मैंने उसे भारत के ट्रान्सजेंडर्स की स्थिति बतायी। फिर उसने मुझसे जिद की कि मैं यही बात करूँ, अपनी कम्युनिटी के बारे में पूरी जानकारी व उनकी समस्याएँ बताऊँ... पर साथ ही उनकी संस्कृति के बारे में भी बताऊँ...

अब मुझमें आत्मविश्वास आया और मैंने बोलने का निश्चय किया... भारत की ट्रान्सजेंडर कम्युनिटी को बाहरी दुनिया में मिला हुआ वो पहला एक्सपोजर था...

मेरी बात को काफी सराहा गया। यूएन एड्स के मुख्य डेनिस ब्राऊनजी को मेरा वक्तव्य बहुत पसन्द आया। उन्होंने मुझसे कहा, "लक्ष्मी, आय ॲम प्राऊड ऑफ यू..." बाकी देशों के लोगों को भी भारतीय उपखंड की हिजड़ा कम्युनिटी के बारे में बहुत उत्सुकता थी। काफी सारे प्रश्न लोगों ने मुझसे पूछे और मैंने उनके जवाब दिये... बहुत अच्छा लगा। मैं अपनी कम्युनिटी को देश से बाहर लेकर गयी, इस बात का सन्तोष हुआ। एक अलग आत्मविश्वास मुझमें आया... मैं देश के बाहर भी अपनी कम्युनिटी का प्रतिनिधित्व कर सकती हूँ। वहाँ मेरी मुलाकात शर्मिला टैगोरजी से हुई... देश-देश के ट्रान्सजेंडर एक्टिविस्ट मिले। एक अलग ही दुनिया में थी मैं उस वक्त...

इसीलिए टोरांटो से आने के बाद बहुत अच्छे मूड में थी। आफ्रिकन लोगों की तरह बाल करके आयी थी। वहाँ से बहुत से मॉडर्न कपड़े लायी थी और वो पहनकर मैं यहाँ भी मस्ती कर रही थी। मन जैसे कहता था, वैसे ही मैं बर्ताव करती थी। लोगों को क्या लगता है, वे क्या कहेंगे...? मुझे इसकी फिक्र नहीं थी।

लता गुरु जी की बात बिना सुने मैं टोरांटो गयी थी, इसलिए वे नाराज थीं। पर मेरा वहाँ जाना क्यों और कैसे जरूरी था, वो मैंने उन्हें समझाया। धीरे-धीरे उनका गुस्सा कम हो गया। हमारा रिश्ता ही वैसा था... लव एण्ड हेट रिलेशनशिप...

टोरांटो से आने के बाद एक दिन मुझे 'मी मराठी' के कांचन अधिकारी जी का फोन आया। उन्होंने अपने टॉक शो में बुलाया था... एड्स का सवाल, उस पर भारत में और परदेश में हो रहा काम और टोरांटो का अनुभव, इस पर मुझे बोलना

था। टॉक शो मराठी में था। मुझे मराठी बोलनी पड़ेगी... मेरी मराठी, मतलब... क्या बताऊँ उन्हें? मेरे सामने बड़ा सवाल था पर पल-भर को ही। मैंने 'हाँ' कर दी। मराठी बोलने की कोशिश करती हूँ, कुछ अड़चन आयी भी तो देख लूँगी, ऐसा मैंने तय किया। उसी टॉक शो में मेरे दोस्त, 'महाराष्ट्र स्टेट एड्स कंट्रोल सोसायटी' के एनजीओ एडवाइजर संदीप माळवी भी थे। 'दाई' के काम की वजह से उनकी और मेरी अच्छी जान-पहचान थी। शायद वो भी हैं, ये पता चलने पर मैं कुछ रिलैक्स हुई। मुझे 'बात' करने का टेंशन नहीं था, 'मराठी' में बात करने का टेंशन था। पर मराठी के बारे में ऑनस्क्रीन भी संदीप मेरी मदद करेगा, इसका मुझे भरोसा था।

टॉक शो की शूटिंग के लिए मैं स्टूडियो गयी। टोरांटो से लाया हुआ वनपीस मैंने पहना था। मैं अन्दर गयी, तो सामने संदीप माळवी खड़ा था। 'हाय..' मैंने उसकी तरफ देखकर कहा। पर उसने कोई जवाब नहीं दिया... बस मेरी तरफ देखता रहा। मेरी समझ में कुछ नहीं आ रहा था। "ये क्या पहनकर आयी हो लक्ष्मी?" होश में आते हुए उसने पूछा। अब मुझे पता चला कि उसको किस बात का सदमा लगा है... "क्या हुआ ऐसे कपड़े पहने तो? मेरा पूरा शरीर ढका हुआ है ना?" मैंने उससे कहा, "मैं अपने लिए कपड़े पहनती हूँ, औरों के लिए नहीं। मुझे जो पहनना अच्छा लगता है, वहीं कपड़े मैं पहनती हूँ और इसके बाद भी पहनूँगी। अमुक जगहों पर 'सोशल वर्कर' लगना चाहिए, इसलिए मैं साड़ी पहनूँ, मैं इस टाइप की औरत नहीं हूँ। मुझे ऐसा पाखंड करना बिल्कुल पसन्द नहीं... और मेरा मानना है कि ये स्टीरिओटाइप्स बदलने चाहिए..." संदीप ने मेरी तरफ फिर से एकबार देखा और कहा, "ओके, ठीक है।" बात वहीं खत्म हुई और हम टॉक शो की तैयारी करने लगे।

टॉक शो अच्छा हुआ। मुझे जो अनुभव हुए थे, उनके बारे में मैंने कहा। मुझे जो बातें रखनी थीं, वो बातें रखीं। बिल्कुल सहज... बिल्कुल खुलकर। शो खत्म होने के बाद मुझे एहसास हुआ कि मराठी में बोलने का मुझे इतना डर लग रहा था, पर मैंने अच्छा बोला... कुछ भी दिक्कत नहीं आयी... मैं खुद पर ही खुश हुई। जाहिरा तौर पर, और वो भी टी.वी. स्क्रीन पर मैं पहली बार ही मराठी में बोली थी। 'पिंजरा' फिल्म मैंने कई बार देखी थी... लगभग पचास बार। मैं मराठी सीखी ही 'पिंजरा' देखकर थी... और उसी वजह से बिना डरे मैं आज मराठी बोल पायी थी...टोरोन्टो जाकर आने के बाद, पूरी 'दुनिया' वहाँ देखने के बाद, मेरा नजरिया ही बदल गया था। अपने सामाजिक काम को अलविदा कह दूँ, ऐसा मुझे लग रहा था। डांस में फिर से नये जोश के साथ कैरियर शुरू कर दूँ, इस नतीजे पर मैं पहुँच गयी थी। पर आज मुझे वैसा नहीं लगता। 'दाई' ही नहीं है। दुनिया इससे भी बहुत बड़ी है... बहुत से काम लोग कर रहे हैं। दुनिया को बदलने की कोशिश कर रहे हैं। मुझे उसका हिस्सा बनना चाहिए या इस सबकी तरफ से पीठ फेर लेनी चाहिए...? लता गुरुजी ने, किसी भी मुसीबत से डरो मत, धीरज से काम लो, उसका सामना करो,

ऐसी सीख दी थी। उसे ही ध्यान में रखकर मैंने तय किया कि नहीं, मुझे इसी क्षेत्र में रहना है... यही काम आगे बढ़ाना है। पर 'दाई' के साथ रहकर नहीं, अलग होकर।

और एक जोरदार झगड़े के बाद मैंने 'दाई' के अध्यक्ष-पद और सभासदत्व से भी इस्तीफा दे दिया, और आँखों में बड़े-बड़े सपने लेकर अथर्व और किरण—सिर्फ इन दो की ही पूँजी पर 'अस्तित्व' नाम की संस्था शुरू की। पैसा नहीं था, पर भरोसा था... खुद पर और इतने वर्षों से कमाए हुए लोगों पर। क्या करना है, इस बारे में काफी सोचा था, बहुत-सी नयी कल्पनाएँ थीं। 'दाई' से मिले अनुभवों से काफी कुछ सीखा था। क्या करना चाहिए, ये तो उससे पता चला ही था, पर क्या नहीं करना चाहिए, ये भी समझ में आया था। वो गलतियाँ बार-बार ना हों, इसके बारे में मैं सावधान थी। टेंशन था, पर अब मुझे ये पता था कि ये मेरी संस्था है। अच्छा हो या बुरा, गलत हो या सही, यहाँ जो भी घटेगा जो भी होगा, उसकी जिम्मेदारी मेरी ही होगी।

2006 में हमने 'अस्तित्व' को रजिस्टर किया। जेब के पैसे खर्च करके छोटे-छोटे काम करने की शुरुआत की। पर बड़ा काम करना है, तो पैसा भी ज्यादा चाहिए... ठाणे में ही रहनेवाले मेरे बड़े लड़के अनिल ठाणेकर को इस बात का पता चला तो 'दादोजी कोंडदेव स्टेडियम' के नीचे का एक कमरा मुझे दिला दिया। 'अस्तित्व' का ऑफिस शुरू हुआ। अब हमने हिजड़ों के लिए एच.आई.वी./एड्स पर एक प्रोजेक्ट तैयार किया और उसे 'अॅवर्ट सोसायटी' फंडिंग एजेन्सी को दिया। पायलट प्रोजेक्ट के तौर पर वो पास हो गया। छह महीनों के लिए हमें तीन लाख रुपये मंजूर हुए ।

पहला प्रोजेक्ट अच्छे से खत्म हुआ। पर दूसरे और तीसरे प्रोजेक्ट के वक्त 'एनओयू' पर, प्रोजेक्ट के करार पर साइन होने से रह गये और पैसे आये ही नहीं। हम अपने पैसे खर्च कर रहे थे और प्रोजेक्ट चला रहे थे... छह महीनों के बाद पैसे मिले और अॅवर्ट ने हमसे खर्च किये गये पैसों का हिसाब माँगना शुरू किया। मैं नाराज हो गयी... ये क्या मामला है? एक तो नयी संस्था है, नया प्रोजेक्ट है, नयी जिम्मेदारियाँ, नये लोग... इस सबमें ये पैसों का झमेला। पैसे मैंने खर्च किये थे, पर उनका हिसाब... एकदम से कैसे लगा सकेंगे? मैंने अब अलग भूमिका ली। कहा कि बड़ा प्रोजेक्ट दोगे तो ही मैं लूँगी। अब मुझे पायलट प्रोजक्ट नहीं चाहिए।

बड़ा प्रोजेक्ट नहीं था फिर भी 'अस्तित्व' का काम कम्युनिटी में लगातार जारी था। हमें हिजड़ा समाज को सक्षम तो बनाना ही था, साथ ही हिजड़ों की तरफ देखने का, उनसे बर्ताव करने का समाज का जो दृष्टिकोण था, उसे भी बदलना था। खास बात यह थी कि आज तक अन्याय सहते आये हिजड़ों को न्याय दिलाना था।

हमने पूरे ठाणे जिले में हिजड़ों का मॅपिंग किया। बस्ती-बस्ती में जाकर सर्वे किया, ठाणे जिले में कितने हिजड़े हैं और उनकी परिस्थिति क्या है, ये हमें उसमें पता चला। इन सबको इकट्ठा करना, उनसे मिलना, उनसे बात करना... स्वतन्त्र

भारत के नागरिक के तौर पर उन्हें जो हक मिले हैं, उसका एहसास कराना... यही सब काम हम कर रहे थे।

ठाणे के अस्पताल में अगर कोई हिजड़ा जाँच के लिए गया तो उसे कोई हाथ नहीं लगाता था। ना डॉक्टर्स, ना नर्स, ना वॉर्डब्वाय, ना दाई। डॉ. प्रमोद चपळगावकर तब सिविल सर्जन थे। हम उनसे मिले, उनसे बात की। उन्हें पूरी परिस्थिति समझायी। डॉक्टर ने हमें तब यह वचन दिया कि "अब से आगे हिजड़ों को कोई तकलीफ नहीं होगी।"

ठाणे की बस्तियों में घूम-घूमकर हमने हिजड़ों के बारे में जानकारी इकट्ठा की।

पर सिर्फ डॉक्टर से बात करके काम चलनेवाला नहीं था। हमने ठाणे के सभी समुपदेशन केन्द्रों के कौन्सिलर्स के सेशन्स लिए। हिजड़ा कम्युनिटी क्या है, और हमारे समाज का उनकी तरफ देखने का नजरिया क्या है, इसके बारे में उनके चार सेशन्स लिए।

इन सबका बहुत अच्छा परिणाम हुआ। आज भी रात-बिरात कोई भी हिजड़ा ठाणे के सिविल अस्पताल में जाता है, तो उससे अच्छा बर्ताव किया जाता है...

आपसी झगड़े में एक बार किसी हिजड़े पर किसी ने हमला किया था। वह ठाणे के सिविल अस्पताल गया। वहाँ के डॉक्टरों ने पहले उसे ऑपरेशन थिएटर में रखा, उसके जख्म सिले और बाद में उसका केस-पेपर निकाला। इससे पूर्व केस-पेपर 'देखने से पहले पेशेंट को हाथ भी न लगानेवाले बहुत से प्रायवेट डॉक्टर्स मेरी नजरों के सामने आये हैं... अर्थात् हर बार सिर्फ बोलकर, समझाकर ही काम हो जाय, ऐसा नहीं है।

एक बार मुझे विरार से फोन आया। एक हिजड़े पर वहाँ बलात्कार हुआ था।

पुलिस फरियाद सुनने को तैयार ही नहीं, जबकि उस हिजड़े की स्थिति नाजुक थी। डॉक्टर्स भी हाथ लगाने को तैयार नहीं थे, इस वजह से इलाज भी नहीं हो सकता था। बलात्कार की फरियाद करनी है तो जल्द से जल्द डॉक्टरी जाँच होनी चाहिए। पर वो नहीं हो रही थी। परिस्थिति काफी गम्भीर थी। और सवाल सिर्फ 'उस' हिजड़े का नहीं था। पूरी कम्युनिटी का था। हिजड़ों की तरफ देखनेवाले, उनसे बर्ताव करनेवाले समाज के नजरिये का था। हिजड़ों को चिढ़ाया जाता था, तिरस्कृत किया जाता था। विरार में वही चल रहा था... पूरी परिस्थिति मैंने जान ली और विरार जाने का निश्चय किया। वहाँ पुलिस स्टेशन पहुँची तो सभी पुलिसवाले हँस रहे थे। "हिजड़ों पर... और बलात्कार...?"

मेरा दिमाग फिर गया। मैंने सीधे आवाज ऊँची की। रिपोर्ट न लेनेवाली पुलिस, हाथ न लगानेवाले डॉक्टर्स इन्हें खूब गालियाँ दीं। सीधे-सीधे उनकी माँ-बहनों पर... बहुत तमाशा किया। पुलिस को बलात्कार का केस दर्ज करना पड़ा। उस हिजड़े को बोरीवली के भगवती अस्पताल लेकर गयी। वो बेचारा गरीब था। मैंने भगवती के डॉक्टरों से बात की। उन्होंने अच्छे से मेरी बात सुनी और कहा, "चिन्ता मत कीजिए, सब ठीक हो जायेगा।" और जैसा उन्होंने कहा था वैसा ही डॉक्टरों ने उस हिजड़े का बेहतर इलाज किया।

बहुत बार एच.आई.वी. पाज़िटिव हिजड़े को इलाज के लिए जाने पर डॉक्टर्स हाथ नहीं लगाते थे। धन्धा करनेवाले हिजड़ों को पुलिस पकड़कर ले जाती थी और उन पर कुछ भी इल्जाम लगाती थी। इस सबके खिलाफ मन विद्रोह करता था। हर बार गालियाँ देकर, ऊँची आवाज में बात करके काम नहीं बनता था। कब, कहाँ, कैसा बर्ताव करना चाहिए, किसके साथ कैसी बात करनी चाहिए, इसका ख़याल तो रखना ही पड़ता था। तभी काम होते थे, वरना औंधे घड़े पर पानी।

कभी ऐसे तो कभी वैसे, हमारा काम जारी था। और जब वह जारी था, तभी मुझे एक के बाद एक विदेशी दौरे के न्यौते आने लगे थे... अब मैं ॲमस्टरडॅम जानेवाली थी...

मई 2007 में ॲमस्टरडॅम में 'नीदरलैंड्स ट्रान्सजेंडर फिल्म फेस्टिवल' होनेवाला था। कॅमवाय और जस्टस ईसफेल्ड उस फेस्टिवल के संयोजक थे। उसमें वो 'बिटवीन द लाइन्स' दिखानेवाले थे और अनिता खेमका को आयोजकों ने निमन्त्रण दिया था। अनिता तो जानेवाली थी ही, पर उसने आयोजकों को बताया, इस फिल्म में प्रमुख भूमिका करनेवाला एक हिजड़ा है और उसके पास पासपोर्ट भी है। उसे भी मैं लाना चाहती हूँ... चलेगा क्या? आयोजक खुश हुए। उन्हें इस बात का इल्म ही नहीं था। पर अनिता हमेशा ही मुझे प्रमोट करती थी। आयोजकों ने उससे कहा, "हमारे पास इतने फंड्स नहीं हैं, पर हम मैनेज करेंगे, आप लेकर आइए उन्हें।" फेस्टिवल के एक हिस्से के तौर पर उन्हें तस्वीरों का प्रदर्शन भी करना था। उन्होंने अनिता के

खींचे हुए मेरे ही फोटो का प्रदर्शन ॲमस्टरडॅम के 'हॉटेल लॉइड' में किया। अब हम दोनों ही ॲमस्टरडॅम के लिए रवाना हुए।

ॲमस्टरडॅम में उतरते ही मुझे उस शहर से प्यार हो गया। परिकथाओं-जैसा शहर था वो। सभी कुछ अलग... वहाँ के रास्ते, वहाँ के हॉटेल्स, वहाँ के लोग, उनका बर्ताव, वहाँ की ठंडी हवा... अलग ही परिवेश था। मेरा पहला ही यूरोप का टूर था वो... जो ॲमस्टरडॅम से शुरू हुआ था।

यहाँ के लोग काफी खुले विचारों के हैं। यहाँ वे लोग आपको जो आदर और सम्मान देंगे, वो सिर्फ इनसान होने के नाते। आप कौन हो, कैसे हो, आपकी सेक्सुॲलिटी क्या है, इससे उन्हें कुछ फर्क नहीं पड़ता। आप इनसान हैं, तो बस। जैसा एक इनसान को इनसान से करना चाहिए, ऐसा ही बर्ताव वो करते हैं। यहाँ की संस्कृति ही वैसी है... खुले विचारों की। जब तक मैं भारत में रहती थी, तब तक मुझे लगता था कि मैं कितने खुले विचारों की हूँ, मेरा दुनिया को देखने का नजरिया कितना अलग है। पर ॲमस्टरडॅम जाने के बाद जब मैं खुद के बारे में सोचती हूँ तो मुझे लज्जा आने लगती है। ॲमस्टरडॅम के लोगों का नजरिया सभी के प्रति, ट्रान्सजेंडर्स की तरफ देखने का भी बिल्कुल खुला था। वहाँ ट्रान्सवुमन थीं, ट्रान्समैन भी थे। मतलब स्त्री बने हुए पुरुष और पुरुष बनी हुई औरतें। पर वे बिल्कुल नॉर्मल जिन्दगी बसर कर रहे थे... वहाँ के आम लोगों की तरह।

इसी वजह से शायद 'बिटवीन द लाइन्स' उन्हें बहुत अलग लगी। उसके जरिये मैंने भारतीय उपमहाद्वीप के हिजड़ा कम्युनिटी के सन्दर्भ में बात की। उसका इतिहास और परम्परा बतायी। हमारे यहाँ समाज में जैसे परिवार होते हैं, वैसे ही रिश्ते होते हैं। परिवार में कैसे बड़ों को सम्मान दिया जाता है, वृद्धों की फिक्र की जाती है, यही हिजड़ा परिवारों में भी होता है। गुरु शिष्यों की माँ होती है। माँ जैसा ही सम्मान उसे दिया जाता है। गुरु-शिष्य का प्यार माँ-बच्चे जैसा ही होता है। ये सुनकर वहाँ सब अचम्भित हो गये। केट बोर्स्टेन नाम की ज्युइश-अमेरिकन ट्रान्सजेंडर लेखिका वहाँ आयी हुई थी। उसे भी बहुत आश्चर्य हुआ ये सुनकर। ब्राऊन यूनिवर्सिटी में थिएटर आर्ट्स की पढ़ाई कर चुकी केट ने 1955 में एक लड़के के रूप में जन्म लिया था। पर वो लड़का नहीं है, इसका एहसास उसे थोड़ा बड़ा होने पर होने लगा। पुरुष नहीं हूँ, मतलब उसके सामने औरत होने का पर्याय खुला था। पर वो औरतों की तरफ भी आकृष्ट हो रही थी। फिर बहुत सोचने के बाद, अन्त में 1986 में उसने 'सेक्स रिअसाइनमेंट' सर्जरी कराई और सॅनफ्रान्स्कि में लेस्बियन कम्युनिटी में सेटल हुई। सर्जरी करने के बाद वो पुरुष से स्त्री तो बन गयी, पर उसे एहसास होने लगा कि वो स्त्री भी नहीं है। अब वो बहुत बेचैन हुई... ये बेचैनी उसे फिर उसके पहले प्यार की तरफ ले गयी... कला के पास। वो लिखने लगी, परफॉर्मेन्स करने लगी। 'जेंडर', 'सेक्सुॲलिटी' पर उसने बहुत-सी

किताबें लिखीं। Gender Out Law: On Men, Women and Restof us; My Gender Workbook: How to Become a Real Man, a Real Woman, the Real You; or something Else Entirely वगैरह उसकी प्रसिद्ध किताबें हैं। एक और अलग विषय पर उसने एक किताब लिखी और इस वजह से वो पूरी दुनिया में प्रसिद्ध हुई। वो है, Hello Cruel World : 101 Alternatives to Suicide for Teens, Freaks and other outlaws। टीन एजर लड़के फ्रीक्स और बाकी सभी को उसने खुदकुशी न करने के लिए टिप्स दी थी। जी खोल के जियो... अपनी जिन्दगी को सुखी बनाने के लिए खूब प्रयास कीजिए, पर इस सुन्दर जीवन को खत्म करने के बारे में सोचो भी मत, ऐसा उसने इस किताब से बताया है। इन सभी किताबों के सिवा केट ने बहुत से परफॉर्मेंसेस भी दिये। The Opposite Sex ij Neither; Hidden : A Gender; y2kate : gender virus 2000—ये उनमें से कुछ हैं। जेंडर थिअरी को लेकर अपने विचारों से, किताबों से, परफॉर्मेंस पीसेस से, अपनी बेबाक बयानी और उतनी ही निर्भयता से अपनी जिन्दगी में उस पर अमल करनेवाली केट मुझे बहुत अच्छी लगी। अभी वो बार्बरा कॅरेलाज नामक अपने पार्टनर के साथ न्यूयॉर्क में रह रही है। केट और बार्बरा ने मुझे अपनी बेटी माना है।

केट जैसा ही मुझे मिला स्टीफन विटल। 1955 में स्टीफन का जन्म लड़की के रूप में हुआ था। बचपन से ही बीमार रहनेवाला। जन्म से ही इस छोटी बच्ची को हड्डियों की बीमारी थी, रिकेट्स। जिन्दगी के पहले पाँच साल उसका इलाज करने में गये और फिर ये लड़की स्कूल जाने लगी।

भारतीय हिजड़ों की जिन्दगी बसर करने का तरीका, उनकी संस्कृति को दिखाने के कारण 'बिटवीन द लाइन्स' विदेशों के 'ट्रान्स' को अलग लगी। छायाचित्र : अनिता खेमका।

जब वो 11 साल की थी, तब उसकी माँ को एहसास हुआ कि ये बाकी की लड़कियों की अपेक्षा अलग है। होशियार भी खूब है। माँ ने उसे अलग-अलग परीक्षाओं में बिठाया। उसमें वो पहले नम्बर पर आती थी। उसके बाद उसने गाँव की लायब्रेरी के एक कोने में बैठकर वैद्यकीय विषयों पर किताब पढ़ना शुरू किया। उसे पता था, रोमैंटिकली मुझे लड़कियाँ अच्छी लगती हैं... उनसे मैं प्यार करती हूँ। पर उसी के साथ लैंगिक दृष्टि से पुरुषों की तरफ भी आकर्षित हो रही हूँ... उस पर मुझे पुरुष होना चाहिए, ऐसा लगता है... बढ़ी हुई दाढ़ी, छाती पर बाल...आखिर बीस साल बाद स्टीफन स्त्री से पुरुष बन गयी। जल्द ही, 1975 में उसने ट्रान्सजेंडर्स और ट्रान्ससेक्सुअल्स के पहले सपोर्ट ग्रुप 'मंचेस्टर ट्रान्ससेक्सुअल ग्रुप' की स्थापना की। यूके के 'एफ टी एम' (फिमेल टू मेल) नेटवर्क की स्थापना की और ट्रान्सजेंडर्स, ट्रान्ससेक्सुअल्स के प्रश्नों को उठाने के लिए, उन्हें हल करने के लिए, नीति बनाने के लिए 'प्रेस फॉर चेंज' नामक दबाव संगठन की स्थापना की। 1992 में स्थापित ये दल जल्द ही, 1994 में यूके में 'जेंडर रिअसाइन बिल' पास नहीं करा पाया, पर ब्रिटिश पार्लियामेंट के ऐसे सांसदों ने 'ट्रान्सजेंडर्स और उनकी परिस्थिति' जैसे आज तक उपेक्षित विषय पर पार्लियामेंट में लगभग चालीस मिनट बहस की। ये कामयाबी छोटी नहीं थी।

उसके दस साल बाद, 2004 में ब्रिटेन में 'जेंडर रिकग्निशन एक्ट' पास हो गया और स्टीफन और उसकी पार्टनर सारा रूदरफोर्ड पति-पत्नी हो गये। कृत्रिम गर्भधारण की वजह से उनके चार बच्चे भी हुए। स्टीफन को इन बच्चों के कानूनी पिता का दर्जा मिले, इसलिए विटल्स ने 'यूरोपियन कोर्ट ऑफ ह्यूमन राइट्स' में बड़ी लड़ाई लड़ी। आज भी उनका केस ट्रान्सजेंडर्स के अभिभावकत्व के हक के लिए मील का पत्थर है। ट्रान्सजेंडर्स को मानवीय हक दिलाने के लिए किये गये काम के बदले स्टीफन को ह्यूमन राइट्स अॅवार्ड, ऑफिसर ऑफ द ऑर्डर ऑफ द ब्रिटिश एम्पायर (ओबीई) अॅवार्ड, वर्जीनिया प्रिन्स लाइफटाइम अचीवमेंट अॅवार्ड, सिल्विया रिवरा अॅवार्ड जैसे बहुत से पुरस्कार मिले हैं। अभी स्टीफन मैंचेस्टर मेट्रोपोलिटन यूनिवर्सिटी में 'इक्वालिटीज़ लॉ' विषय का प्राध्यापक है। ट्रान्सजेंडर्स से सम्बन्धित कानून और नीति, इन विषयों पर बार-बार बोलनेवाले स्टीफन ने इस विषय पर काफी कुछ लिखा भी है। 'द मार्जिन्स ऑफ द सिटी : गे मेन्स अर्बन लाइव्ज' ये उसकी सम्पादित किताब है। 'द ट्रान्सजेंडर डिबेट' वगैरह और भी कई किताबें उसने लिखी हैं। बहुत-सी किताबों में और जर्नल्स में इन विषयों पर लेख लिखे हैं। 2007 में उसने डॉ. लुईस टर्नर के साथ काम करके 'एंजेंडर्ड पेनल्टीज़ : ट्रान्ससेक्सुअल एण्ड ट्रान्सजेंडर पीपल्स एक्सपीरियन्स ऑफ इनक्वालिटी एण्ड डिस्क्रिमिनेशन' जैसे विषय पर अनुसन्धानात्मक काम किया है, प्रकाशित किया है और उसके आधार पर 'कमीशन फॉर इक्वालिटीज़ एण्ड ह्यूमन राइट्स' की कक्षा में ट्रान्सजेंडर्स का समावेश किया है।

ॲमस्टरडॅम के इसी दौरे में मुझे तैवान विश्वविद्यालय के राष्ट्रीय केन्द्र में 'सेंटर

ऑफ स्टडीज़ फॉर सेक्सुॲलिटीज़' की समन्वयक जोसेफाइन हू मिली। समलिंगी लोगों के अधिकारों के लिए लड़नेवाली जोसेफाइन तैवान के एलजीबीटी मूवमेंट की 'गॉडमदर' समझी जाती हैं। तैवानी लिंग भावना और लैंगिकता पर उन्होंने बहुत शोधकार्य किया है। उनके इस शोधकार्य के पन्द्रह से ज्यादा खंड प्रसिद्ध हुए हैं। न्यायालय में लड़कर उन्होंने लैंगिकता पर बात करने और उसकी जानकारी पाने की स्वतन्त्रता हासिल की है। युद्ध के विरोध में चलनेवाला अभियान, भूमंडलीकरण के विरोध में चलनेवाले अभियान में भी उन्होंने सक्रिय सहयोग दिया है। उनसे मिलकर मुझे एक विद्वान व्यक्ति से मिलने का सुख मिला।

ॲमस्टरडॅम में मुझे एक और अच्छी सहेली मिली... सुजन ऑक्सनार। ॲमस्टरडॅम की अमीर औरत... वहाँ के लॉईड होटल की मालकिन... सच्ची कलाकार... समाज के अलग-अलग लोगों के लिए उसने अपनी कला का इस्तेमाल किया है। मानसिक दृष्टि से विकलांग बच्चों के लिए भी उसने अपनी कला के प्रयोग किये हैं। नीदरलैंड्स के बहुत से प्रदर्शनों की, बहुत से इवेंट्स की वो क्यूरेटर है। तरह-तरह की कल्पनाओं को उसने कला के क्षेत्र में पेश किया है वहाँ उसने सिर्फ औरतों के लिए 'सुपर क्लब' रेस्टॉरेंट शुरू किया है। और डच और जापानी आर्किटेक्चर के मिलाप से उसे नयनाभिराम सौन्दर्य सौंपा है।

ऐसी वो सुजन मुझे मिली और पहली ही मुलाकात में हम दोनों एक-दूसरे के हो गये... जैसे सोल मेट्स। वो मुझे ॲमस्टरडॅम में बहुत-सी जगहों पर ले गयी। वहाँ की पवन चक्कियाँ दिखाईं। कला के क्षेत्र के बहुत से लोगों से जान-पहचान करायी।

समाज सेवा और कला जैसे अलग-अलग क्षेत्रों में अपनी छाप छोड़ने वाले और एक ही विषय के अलग-अलग पहलुओं पर सोचनेवाले एवं काम करनेवाले ये लोग अद्‌भुत ही हैं। उनका पहाड़ जैसा काम देखकर मैं दंग रह गयी। क्या ये सब हम अपने देश में कर सकते हैं, इतनी बड़ी चुनौती सामने है, इसका एहसास मुझे हुआ... और अपने देश में अपनी कम्युनिटी के नकारे गये सारे मूलभूत और मानवीय अधिकारों को दिलाने के लिए मैं जी-जान से कोशिश करूँगी, ऐसी प्रतिज्ञा करके ही मैं ॲमस्टरडॅम से लौटी।

लौट तो आयी, पर ॲमस्टरडॅम मेरा पीछा नहीं छोड़ रहा था...

एक और व्यक्ति मुझे वहाँ मिली थी... क्रिस।

ट्रान्समैन था वो। पुरुष बनी औरत। उससे पहले मैं, स्टीफन और बाकी लोग मिलने गये... जिन्दगी में मैं पहली बार पुरुष हुई औरत देख रही थी... अचम्भे में आकर। हमें पुरुष होते हुए भी औरत होने की इच्छा थी, लेकिन इन्हें औरत जन्म मिलने के बाद भी पुरुष होना था... क्यों लगता होगा ऐसा इन औरतों को...? मेरी समझ में ही नहीं आ रहा था। ऐसा होता ही क्या है पुरुषों की जिन्दगी में जिसकी वजह से किसी औरत को पुरुष होना अच्छा लगता है और वो पुरुष हो जाती

है...? बहुत से सवाल मेरे सामने खड़े हो रहे थे, पर उनके जवाब नहीं मिल रहे थे। सेक्सुॲलिटीज़ की ये गुत्थी मुझे हजम नहीं हो रही थी... मुझे पुरुष होने के बाद भी औरत होना चाहिए, ऐसा लगना जितना 'नॉर्मल' था, उतना ही किसी औरत को पुरुष होना चाहिए, ऐसा लगना 'नॉर्मल' हो सकता है, ये अपनाने के लिए मुझे दो दिन लगे।

मुझे क्रिस मिला, तो एक पुरुष बनकर ही। पुरुषों के ही जैसा, बिल्कुल 'नॉर्मल' बर्ताव करनेवाला। मुझे देखते ही वो मुझसे प्यार करने लगा और मैं उससे...। 'बिटवीन द लाइन्स' का शो था, उस पर चर्चा हो रही थी और उसके बाद 'दिवाली' नामक थिएटर में एक लेक्चर था। उसके खत्म होने के बाद पार्टी थी। 'बिटवीन द लाइन्स' का शो और उस पर चर्चा अच्छी हुई। मुझे जैसा लगता था, वो बातें मैंने यहाँ रखीं। सभी ने मेरी बातें सुनीं, मेरे विचार ॲप्रिशिएट किये। थिएटर का लेक्चर खत्म होने के बाद हम बाहर आये और यह एहसास हुआ कि काफी सर्द हवाएँ चल रही हैं... केट बोस्टन ने मुझसे पूछा, ''क्या लोगी? बहुत ठंड है...'' मैंने कहा, ''वोदका...'' और गिलास मेरे सामने आ गया। केट, मैं और दो-तीन और लोग वोदका पीते-पीते किसी गम्भीर विषय पर बातें कर रहे थे। दूर से क्रिस मेरी तरफ लगातार देख रहा था... उसकी नजर जैसे मेरा पीछा कर रही थी। मैंने उसे पास बुलाया।

थोड़ी देर बाद हम पार्टी के लिए निकले। पार्टी की जगह तक ले जाने के लिए गाड़ी थी... वहाँ पहुँचने तक क्रिस के हाथों में मेरे हाथ थे। जहाँ पार्टी थी, उस होटल के सामने ही एटीएम था। गाड़ी से उतरते हुए क्रिस ने कहा, "तुम आगे चलो, मैं एटीएम में जाकर आता हूँ।" मैंने कहा, "मैं भी आती हूँ।"

वो एटीएम से जाकर वापस आया और हम वहीं पास में जो तालाब था, वहाँ गये... थोड़ी-सी बारिश हुई थी। मैंने लाल रंग का घाघरा-चोली पहनी हुई थी और उस पर जालीवाला दुपट्टा था। हवा में काफी ठंड थी। मुझे ठंड लग रही थी। मैं ठंड से काँप रही थी... ये देखकर क्रिस ने झट से अपना शर्ट निकाला और मुझे ओढ़ा दिया। मैं उसकी तरफ देखती ही रह गयी... ''वॅट अबाऊट यू?'' मैंने उससे पूछा। वो मुस्कुराया... धीरे से उसने मुझे नजदीक खींच लिया... उसके और मेरे होंठ मिलने ही वाले थे कि तभी उसने पूछा, ''डू यु नो लक्ष्मी, हू ॲम आय...?'' उसके इस सवाल से मैं थोड़ी देर के लिए विचलित हुई... ये ऐसा क्यों कह रहा है? ये पुरुष है... औरत है... या पुरुष बनी औरत है... मुझे उससे क्या? मैं उससे प्यार करती थी... इस प्यार को लैंगिकता के साथ क्यों जोड़ूँ?

पल-भर में ये सारी बातें मेरे दिमाग में आकर चली गयीं। पर वो कोई भी हो मुझे इससे कुछ फर्क नहीं पड़नेवाला था। मैंने उसकी छाती पर सिर टिकाया और वहीं मुझे 'टी' (T) का निशान दिखाई दिया... सर्जरी करके ब्रेस्ट निकाल दिये गये थे। मुझे जो लग रहा था, वो सही था... ये औरत है... पुरुष बनी हुई। अब पुरुष होगी, पर थी असल में औरत ही... मैं एक औरत के साथ... मैं थोड़ी देर के लिए विचलित हुई,

पर पल-भर में ही खुद को सँभाला। मुझे क्या लग रहा है, ये क्रिस को पता नहीं चल सका और खुली संस्कृति में पले-बढ़े उसे क्या लग रहा है, ये मैं नहीं जान सकी। उसे मैं जैसी भी थी, वैसी ही पूरी चाहिए थी। और मुझे खुद को किसी के भी कब्जे में नहीं जाने देना था। मेरी जिन्दगी पर मेरा ही नियन्त्रण होना चाहिए ना...

सुजन ऑक्सनर के साथ... सोलमेट्स। हम मिले और मार्क ने हमें कैमरे में कैच किया।

दूसरी ओर वो कह रहा था—हम दोनों ही अलग-अलग संस्कृति से आये हैं। हमें थोड़ा वक्त चाहिए एक-दूसरे को समझने के लिए...

मैं गुस्सा हो गयी। मैं पहली ही नजर में उससे प्यार करने लगी थी और ये कह रहा है, हमें वक्त देना चाहिए...? किसलिए...? क्या हासिल होगा इससे...? आखिर इसे चाहिए क्या...? कभी ऐसे, तो कभी वैसे... उसकी कोई भी बात मुझे जँच नहीं रही थी, अच्छी नहीं लग रही थी। उसके बाद मैं वहाँ तीन-चार दिनों तक रही। पर गुस्से में ही रही, बदले की भावना में ही रही। क्रिस को टालती रही ... उसे अपने नजदीक भी नहीं आने दे रही थी... उससे बात करने का तो सवाल ही नहीं था।

मैं भारत लौटने के लिए निकली तो क्रिस मुझे छोड़ने एयरपोर्ट तक आया... और मैं वहाँ उसके पास बैठकर बहुत रोयी। मुझे क्या हो रहा है ये मेरी ही समझ में नहीं आ रहा था...

चेकइन किया, सामान का वजन किया तो वो ज्यादा था। मैंने उसमें से कुछ सामान क्रिस को घर पर रखने के लिए दे दिया। अन्त में पूरी प्रक्रिया खत्म कर क्रिस से विदा लेकर मैं हवाई जहाज में बैठ गयी। तब मुझे बार-बार ऐसा लग रहा था कि मेरा कुछ पीछे रह गया है।

मैं भारत लौट आयी और क्रिस का बार-बार फोन आने लगा... हर दिन...

लगातार... कुछ दिनों के बाद मैं बाबा चिश्ती के उर्स के लिए अजमेर गयी हुई थी कि क्रिस उसी वक्त ठाणे के मेरे घर आ धमका। मुझे फोन मिला तो मैं अजमेर का सारा काम झटपट खत्म करके घर लौट आयी।

घर आयी तो भी मैं नाराज ही थी। मैं इस इनसान से पहली नजर में ही प्यार करने लगी थी और ये मुझसे दूर हो गया था। अब उसके नजदीक क्यों जाऊँ? वो यहाँ आया है, इसलिए...? वो मुझे लगातार मना रहा था। मैं उसकी बात सुनूँ, ऐसी उसकी इच्छा थी। पर मैं ठहरी माँ-बाप की भी गलत बातें ना सुननेवाली ... उसकी क्यों सुनूँ? मैंने उसकी एक न सुनी। उससे थोड़ा कटकर ही रही। वो मेरा मेहमान है, इसलिए दीपक उसे तरह-तरह की जगह दिखाने के लिए ले जा रहा था। लेकिन मैं नहीं गयी... रात को क्रिस मेरे पास ही सोया पर मैंने अपना हाथ तक स्पर्श नहीं करने दिया। मैं अभी नींद में ही थी, जब वो तड़के ही उठा और अपना सामान लेकर चला गया।

मुझे बुरा लगा, पर इसमें मैं कुछ नहीं कर सकती थी। मेरे दोस्त प्रवीण और दीपक मुझसे काफी खफा थे। मैंने जिस तरह का बर्ताव क्रिस के साथ किया था, वो उन्हें बिल्कुल पसन्द नहीं आया था। उन्होंने मुझसे कहा, "वो सिर्फ तुम्हारे लिए इतनी दूर से आया था और तुमने उसके साथ ऐसा बर्ताव किया।"

उसके बाद मैं जब-जब ॲमस्टरडॅम गयी, तब-तब क्रिस मुझसे मिला। एक बार उसके दोस्त भी मुझसे मिले थे। सभी का एक ही कहना था—क्रिस ऐसा ही है। उसे समझना बहुत मुश्किल है।

'ॲमस्टरडॅम इंडिया फेस्टिवल' में हम गये, तब भी वो हमारे साथ था। हमारी मदद कर रहा था। हमारा की-बोर्ड खराब होने पर उसने अपने घर का की-बोर्ड लाकर दिया था... एक बार उसके लिए मेरे मन में सॉफ्ट कॉर्नर तैयार भी होने लगा था...

उसके बाद एक बार फिर क्रिस भारत आया था। पर उसने अपना काम किया और चला गया। मैं आ रहा हूँ, ये उसने मुझे बताया तक नहीं। लेकिन वो दीपक से मिला, मुझसे नहीं... मेरी इच्छा का उसने मान रखा। वो मुझसे सच में प्यार करता था।

इस सबसे मुझे एक बात का एहसास हो गया—प्यार सेक्सुॲलिटी से बहुत ऊपर की चीज है।

क्रिस एक वजह थी, पर ॲमस्टरडॅम एक और बात के लिए मुझे याद रहा। उस बात का मेरी सेक्सुॲलिटी के साथ भी कोई ताल्लुक नहीं था। उसका सम्बन्ध था मेरी कला के साथ।

'बिटवीन द लाइन्स' देखकर मैं डांसर हूँ, ये बात वहाँ सबको पता चल गयी थी। इस ट्रान्सजेंडर फिल्म फेस्टिवल में ॲमस्टरडॅम के 'स्कूल फॉर न्यू डांस डेवलपमेंट', 'एस.एन.डी.ओ.' के छात्र आये थे, संचालक भी आये थे। उन्होंने मेरा डांस देखा और मुझसे कहा, "हमारे यहाँ, 'इंडियन डांस' सिखाने के लिए आओ।" एस.एन.डी.

ओ. में एक अलग तरह का और अलग धरती का डांस सिखाया जाता है। असल में वो एक 'थिएटर डांस स्कूल' है। यहाँ पर डांस करते समय आपके शरीर का 'कॉम्पोजिशन' और उससे तैयार होनेवाला संवाद इस पर ध्यान दिया जाता था। वहाँ के गोनी हे गेन, गॅब्रिएल स्मिट्स मुझसे मिले। उन्होंने मुझे डांस सिखाने लिए आने का न्योता दिया, और मैंने झट से हाँ कर दी।

भारत आने के बाद भी 'ॲमस्टरडॅम' मेरा पीछा कर रहा था। मई 2007 में मैं पहली बार ॲमस्टरडॅम गयी और उसके साल-भर बाद ही, मई 2008 को दोबार गयी। एस.एन.डी.ओ. के वर्कशॉप में डांस सिखाने के लिए। अपनी भारतीय अभिजात नृत्यकला मैंने वहाँ सिखायी, सेमी क्लासिकल सिखाया, लोकनृत्य सिखाया और 'नाचे मयूरी' का बॉलीवुड डांस भी सिखाया। वर्कशॉप के उन चार दिनों में नीदरलैंड्स की उस नृत्यशाला के तीसरे-चौथे साल के छात्रों को मैंने भरतनाट्यम् का 'पगपादन' सिखाया और 'मेरा अस्सी कली का लहँगा' भी। बच्चे खुश थे। ये नृत्य उनके लिए नया था। बहुत ही अलग तरह का था। अपनी क्लास में सिखाने की आदत तो मुझे थी ही, पर अपने यहाँ के बच्चों की तुलना में ये डांस काफी अलग था।

वहाँ होनेवाले डांस वर्कशॉप में पूरी दुनिया के छात्र आते थे। खास करके यूरोप से। उनका शरीर सख्त... स्टिफ... पर सब दिल से सीखते थे। सिर्फ व्यायाम और हाव-भाव ही सीखते हैं, ऐसा नहीं है। उन्हें हमारी नृत्यकला, वो जिस संस्कृति से आयी है वो संस्कृति, ऐसा सब जानना होता है। बहुत-सी बातें करते हम इस विषय पर। बहुत-सी चर्चा भी होती। तहे-दिल से वो सब सीखते हैं। वर्कशॉप के खत्म होने तक उनका सख्त शरीर लचीला हो जाता है। मौज-मजे की बात छोड़ दें तो यहाँ सिखाने का एक अलग ही अनुभव मुझे मिला।

इस दूसरी ट्रिप में सुजन ऑक्सनार और मैं काफी नजदीक आ गये थे। एक-दूसरे से मिले, बातें कीं, बहुत सारी बातें कीं... कला से लेकर खाने तक की बहुत-सी चीजों पर। ऐसी बातें करते वक्त एक बार सुजन ने मुझसे कहा, "मुझे यहाँ कुछ अलग करना है। यहाँ पर 'ॲमस्टरडॅम इंडिया फेस्टिवल' होता है। उसमें हरिप्रसाद चौरसिया, शिवकुमार शर्मा, हुसैन आते हैं। इस साल भी ये फेस्टिवल होनेवाला था। ये कलाकार भी आनेवाले थे। पर उनकी कला यहाँ के लोगों ने देखी है, सुनी है। मुझे उससे परे का भारत दिखाना है..."

पता नहीं सुजन के दिमाग में क्या चल रहा था... वो मुझे फेस्टिवल के संचालकों के पास लेकर गयी, उनसे मेरी जान-पहचान करा दी। उराने उनसे कहा, "मेरे लिए इंडिया यानी लक्ष्मी... बहुत अच्छी डांसर है वो।" संचालकों से हमने थोड़ी देर बात की। मेरा आना तय हुआ और हम निकले।

सुजन को लगा था, मैं यहाँ अपना डांस-ग्रुप लेकर आऊँगी। पर मेरे दिमाग में कुछ अलग ही बातें घूम रही थीं। सुजन से मैंने वहाँ कुछ नहीं कहा, पर एक अलग

नशा लेकर मैं भारत आयी।

बहुत सोचने के बाद यहाँ आने पर मैंने एक दिन सुजन को फोन किया—"मैं हिजड़ों को लेकर आऊँ तो चलेगा क्या?"

बिना पल-भर भी सोचे सुजन ने कहा, "हाँ चलेगा।" उसे मुझ पर काफी भरोसा था। मैंने जो-जो उससे कहा, उसे वो हाँ करती गयी। मैंने जो-जो माँगा, वो-वो उसने मुझे दिया। मुझ पर भरोसा करके मेरा आत्मविश्वास बढाती गयी... मई महीना खत्म होनेवाला था और फेस्टिवल था नवम्बर में। मतलब मेरे हाथों में तैयारी के लिए सिर्फ पाँच महीने थे, और उतने समय में मुझे नीदरलैंड में पूरा भारत खड़ा करना था।

सबसे पहले मुझे हिजड़ों को तैयार करना था। वहाँ जाकर उन्हें नाचना था। फेस्टिवल में क्या-क्या पेश करना है, इसका नक्शा मेरे दिमाग में था। पर हिजड़ों को तैयारी करानी चाहिए। कुछ बातें फिर से सिखाना जरूरी था। और एक बात महत्त्वपूर्ण थी। आज तक एक भी हिजड़ा विदेश नहीं गया था... किसी भी कारण से नहीं। मैं उन्हें उनकी कला को पेश करने के लिए लेकर जा रही थी, वो भी यूरोप में। अलग देश में, अलग माहौल में। हवाई जहाज का सफर। सुजन की वजह से मैं अपनी कम्युनिटी को वो दुनिया दिखानेवाली थी...

पासपोर्ट से लेकर उन सबकी पूरी तैयारी करनी जरूरी थी... जैसी मैंने टोरांटो जाते समय की थी, वैसी ही। पर अब मुझे उस तैयारी का अनुभव था। पासपोर्ट के लिए क्या-क्या जरूरी है, वो कैसे मिलेगा, ये भी जानती थी। उस हिसाब से मैं काम करती गयी। सभी के पासपोर्ट तैयार हुए। सिमरन, मानसी, पद्मिनी, याना... मंगेश मोकाशी ऊर्फ मानसी मेहँदी रचानेवाली कलाकार थी। और मेरे साथ चार म्यूजिशियन्स थे। एक औरत, एक पुरुष दो गायक थे, और एक पुरुष नर्तक भी था। इन सबसे मैंने प्रैक्टिस करायी। पर सिर्फ प्रैक्टिस ही जरूरी नहीं थी। इतना बड़ा फेस्टिवल विदेश में करना है तो सभी को उसका ठीक से प्रशिक्षण देना जरूरी था। 'इंडिया फेस्टिवल' था वो। मतलब हम भारत का प्रतिनिधित्व करनेवाले थे। जरा-सी भी गड़बड़ हुई तो भारत की छवि खराब होनेवाली थी। मैंने ठाणे के 'गडकरी रंगायतन' में सभी को ट्रेनिंग देनी शुरू की...

सभी का भारत के बाहर का ये पहला सफर था। हवाई अड्डे पर कैसे जाना है, क्या करना है, यहाँ से ॲमस्टरडॅम में हवा कैसी होगी, किस तरह के कपड़े चाहिए होंगे, वहाँ कैसे बर्ताव करना है, कैसे बोलना है... वहाँ के मैनर्स, एटिकेट्स... क्या करना है और क्या नहीं करना है, इसकी लम्बी-चौड़ी सूची थी। सभी बातें मैंने उन्हें बार-बार समझायीं। जो बस में था, वो खुद करके दिखाया, उनसे करवा के लिया। इसके साथ ही डांस की प्रैक्टिस भी शुरू थी... महाराष्ट्र की लावणी से लेकर राजस्थान के लोकनृत्यों तक और गुजरात के गरबा से लेकर बॉलीवुड के आयटम नम्बर तक सबकुछ। पूरा भारत दिखाना था ना हमें।

निकलने से पहले मैंने ढेर सारी चीजें खरीदी थीं। 'ॲमस्टरडॅम इंडिया फेस्टिवल' जहाँ होनेवाला था, वो पूरा होटल सजाना था। वहाँ जैसे भारत ही जा पहुँचा है, ऐसा दिखाना था। सजानवट के लिए मैंने बहुत-सी चीजें ली थीं। फूलों की रंगीन मालाएँ, खास इंडियन एथानिक कलर्स की बहुत-सी चीजें... बहुत-सी साड़ियाँ, दुपट्टे... एकेक चीज खरीदते समय मेरी आँखों के सामने उनसे सजा हुआ होटल खड़ा हो रहा था...

वहाँ मेरा 'सलोन' रहनेवाला था। भारतीय पद्धति का मेकअप, हेअरस्टाइल्स, मेहँदी... इस सलोन में आनेवाले लोगों के मैं साक्षात्कार लेनेवाली थी। वहाँ आनेवाले लोगों को गिफ्ट देने के लिए मैंने गणपति की छोटी-छोटी मूर्तियाँ ली थीं। एलिफेंट गॉड... विदेश में उसे लोग बहुत सराहते हैं।

आखिर तक खरीदारी और पैकिंग जारी थी। अन्त में सब सामान लेकर तैयारी के लिए मैं पहले गयी। बाकी हिजड़े बाद में आनेवाले थे। थोड़ी तैयारी की और वो आनेवाले थे, उस दिन उनको लेने मैं ॲमस्टरडॅम एयरपोर्ट पर गयी। विदेश की उस जमीन पर पैर रखते ही सिमरन, याना, मानसी, पद्मिनी... इन्हें आसमान जैसे उनकी अपनी मुट्ठी में है, ऐसा लगने लगा था। उनका सपना सच हो गया था। भारत के पाँच हिजड़ों के पैर यूरोप की सरजमीं को चूम रहे थे।

अगला महीना कैसे खत्म हुआ, ये पता ही नहीं चला। हमने छह शोज़ तैयार किये हुए थे। एक था 'महाराष्ट्र की लोकधारा' जिसमें हम पूरे महाराष्ट्र की लोक-संस्कृति दिखानेवाले थे। 'लावणी'[1] से लेकर 'जोगवा'[2] तक के सभी प्रकार उसमें थे। 'वाट पाहते मी गं येणार साजण माझा' (बाट/राह देख रही हूँ मैं। आनेवाला है साजन मेरा) जैसे गीतों पर भी हमने नृत्य प्रस्तुति दी। दूसरा शो सिर्फ लावणी का था। उसमें लावणी के अलग-अलग प्रकार दिखाये गये थे। तीसरा था मुजरे का। चौथा था राजस्थानी नृत्य, पाँचवाँ था गुजराती नृत्य और छठा था बॉलीवुड। उसमें तो अनेक वॅरायटीज थीं।

भारतीय नृत्य के ये अलग-अलग पहलू देखकर ॲमस्टरडॅम के लोग खासे पागल हो गये थे। सभी शोज़ को उन्होंने सिर-आँखों पर बिठाया। लावणी के शो में तो हमने धूम ही मचा दी थी। इस फेस्टिवल में भारत के फैशन डिजायनर मनीष अरोरा का फैशन शो भी था। भारत के हिजड़ों पर जिसने बहुत काम किया है, बेल्जियम के उस फोटोग्राफर मार्क के फोटो की प्रदर्शनी भी थी। भविष्य बतानेवाला एक ज्योतिषी भी था... भारत से सम्बन्धित 'एनिथिंग एण्ड एवरीथिंग' ऐसा स्वरूप इस फेस्टिवल का था।

बीबीसी ने हम पर स्टोरी बनायी। खबर सभी तक पहुँची। भीड़ बढ़ती गयी।

---

1. महाराष्ट्र के लोकनाट्य 'तमाशा' में किया जानेवाला नृत्य-प्रकार।
2. देवी के नाम पर माँगी जानेवाली भिक्षा।

लोग हमसे काफी खुश थे।

फेस्टिवल का आखिरी दिन था। लोग मिलने के लिए आ रहे थे... हमारा अन्तिम परफार्मेंस था... सुजन ऑक्सनार और उसका कल्चरल सेक्रेटरी विन्सन, दोनों आये थे। परफॉर्मेंस हुआ और मेरी आँखें भर आयीं। एक तरफ तो मुझे यह बेचैनी थी कि फेस्टिवल के इतने अच्छे दिन खत्म हुए, तो दूसरी तरफ अपने समाज के लिए मैं कुछ कर सकी, इसका गर्व था। फेस्टिवल खत्म हुआ और हमने पैकअप किया। अब मुझे भारत में आने की जल्दी थी।

ॲमस्टरडॅम इंडिया फेस्टिवल में हमने खूब धूम मचायी—छायाचित्र : मार्क।

जब मैं ॲमस्टरडॅम में थी, तभी शशि को लड़का हुआ था। पता चलने पर लग रहा था कि कब जाके उसे देखूँ। ॲमस्टरडॅम से आते ही, मैं अपने 'अंश' को, अंशुमन को देखने के लिए भागी। इतना-सा प्यारा-सा बच्चा था... मेरी तरफ टुकुर-टुकुर देख रहा था।

ॲमस्टरडॅम की तीनों मुलाकातों में सुजन मेरी बहुत करीबी दोस्त बन गयी थी। आज भी हम एक-दूसरे के सम्पर्क में रहते हैं। हमें ॲमस्टरडॅम इंडिया फेस्टिवल से आये अभी साल-भर भी नहीं हुआ था कि सुजन का फिर फोन आया... उसे नीदरलैंड्स फाउंडेशन फॉर विज्युअल आर्ट्स डिजाइन एण्ड आर्किटेक्चर की ओर से बहुप्रतिष्ठित 'बेनो प्रेमसेला ॲवॉर्ड' मिला था। वह उसे 4 दिसम्बर, 2009 को प्रदान किया जानेवाला था। उसी के लिए वो मुझे ॲमस्टरडॅम बुला रही थी। "उस वक्त मैं तुम्हें यहाँ चाहती हूँ, हर हाल में... तुम्हारे आने-जाने का टिकट मैं भेज रही हूँ। चाहे जो हो, मैं कुछ नहीं सुननेवाली। बैग उठाओ और यहाँ चली आओ..." उसने मुझसे कहा। इस कार्यक्रम के लिए उसने अपने परिवार और खास दोस्तों को ही

बुलाया था। उसमें उसने मुझे भी शामिल किया था... मेरा जी भर आया... मैं एक हिजड़ा... वो इतने दूर देश की औरत... मुझसे इतना प्यार करती है, मुझे इतना मान देती है... अपनी जिन्दगी में एक महत्त्वपूर्ण व्यक्ति, 'खास' व्यक्ति के रूप में मुझे देख रही है... मेरे समाज के बाकी लोगों को अपने ही लोगों से कब इतना प्यार मिलेगा? कब इतना सम्मान मिलेगा?

मेरे पास जवाब नहीं था। सुजन से मैं सहेली के तौर पर बहुत प्यार करती थी। कलाकार के तौर पर मुझे उस पर बहुत अभिमान था... मैं उसे मना नहीं कर पायी...। साल-भर में ही फिर एक बार उस पारिवारिक कार्यक्रम के लिए मैं ॲमस्टरडॅम गयी। पुरस्कार का कार्यक्रम बहुत अच्छा रहा। नीदरलैंड के बहुत-से बड़े-बड़े लोग वहाँ आये थे। मैं बिल्कुल सामने की कतार में बैठकर इस सबकी गवाह बनी।

उसके बाद मैं नवम्बर, 2010 में फिर एक बार ॲमस्टरडॅम गयी, एक बार फिर एस.एन.डी.ओ. के डांस वर्कशॉप के लिए। काफी ठंड थी वहाँ... पापा के गुजर जाने के बाद मैं पहली बार देश से बाहर जा रही थी। इस वजह से बहुत रिलॅक्सिंग रहा ये टूर। वहाँ के डांस वर्कशॉप का अनुभव तो हर बार नया ही था... बहुत से देशों से छात्र डांस सीखने के लिए आये थे। इतने फैण्टास्टिक थे सब... बहुत मन लगाकर सीख रहे थे। स्वयं को भारतीय नृत्य आना चाहिए, इसलिए दिल से कोशिश कर रहे थे।

हाँ, इस बार क्रिस भी आया था डांस सिखाने के लिए। पर अब वो मुझसे बिल्कुल सहज होकर बात कर रहा था, एक अच्छे दोस्त की तरह मेरी भावनाओं का उसने सम्मान रखा था...

मेरे जाने पर वो मुझे एअरपोर्ट पर लेने आया था। पर मैं उसकी गाड़ी में बैठी ही नहीं। डांस स्कूल के कुछ छात्र मुझे लेने आये थे। उनकी गाड़ी से मैं गयी। क्रिस की गाड़ी हमारी गाड़ी के पीछे-पीछे चल रही थी... फिर जरा रिलैक्स होने के बाद क्रिस ने मुझसे पूछा, "मैं भी आऊँ तुम्हारे सेशन में डांस सिखाने के लिए...?" मैंने 'हाँ' कर दी, और वो आया...

इस बार के टूर में मैं सुजन के साथ रही। काफी पुराने दोस्तों से मिली। फोटोग्राफर मार्क से मिली, अपनी चेला अलकनन्दा से मिली... बर्फीली ठंडी भी थी। एक अच्छी आउटिंग की तरह मैंने ये टूर एन्जॉय किया।

कला और एक्टिविज़्म, दोनों को अपनी जिन्दगी में मैंने समान महत्त्व दिया। कुछ समय तक एक्टिविज़्म में ज्यादा रागय देने की वजह से कला-साधना थोड़ी-सी पीछे रही होगी, पर वो दिल से पीछे नहीं रही। मेरे दिमाग में, मेरे दिल में थी वो, कैसे जाती...?

असल में मैं ऐसा नहीं मानती कि कला, उसका परफॉर्मेंस और एक्टिविज़्म दोनों पूरी तरह से अलग हैं। वो मुझे एक जैसी ही लगती हैं। दोनों में व्यक्ति की

भावनाओं, विचारों का सम्प्रेषण है, एक्प्रेशन है... देने के लिए एक सन्देश भी है, 'मैसेज' है... कला और एक्टिविज़्म, दोनों से कुछ-ना-कुछ प्राप्त होता है... वो हमें दिखाता है या होने का एहसास कराता है... दुनिया एक रंगमंच है। उस पर कुछ घटनाएँ मनोरंजन के लिए शुरू होती हैं, तो कुछ समस्याओं को साथ लेकर चलती हैं। 'कला' में मनोरंजन बहुत होता है, लेकिन 'एक्टिविज़्म' में समस्याएँ, इशूज़ होते हैं, मनोरंजन नहीं होता। अपने खुद के लिए भी मैं एक एक्टिविस्ट ही हूँ... खुद की समस्या खुद हल करनेवाली।

कैसे और कहाँ से मुझमें ये एक्टिविज़्म आया, पता नहीं, पर उसी ने मुझे बनाया... गिरते-गिरते सँभाला... और दुनिया भी दिखाई। मुम्बई कामाठीपुरा देखकर मैं हिल गयी थी, बेचैन हुई थी। धक्का लगा था मुझे और गुस्सा भी आया था इस समाज पर। कामाठीपुरा से निकलते वक्त मैंने मन-ही-मन सोचा था—इन सेक्स वर्कर्स को अपनी परिस्थिति खुद ही सुधारनी है। मुझे जैसे-जैसे मौका मिलता गया, वैसे-वैसे मैं सेक्स वर्कर्स को तो इसका एहसास कराने ही लगी, पर अलग-अलग कॉन्फ्रेंसेस, वर्कशॉप्स, सेमिनार्स में भी उनकी परिस्थिति को लोगों के सामने रखने लगी। उनके मानवीय अधिकारों के बारे में बात करती रही। टोरांटो में मैं एड्स कॉन्फ्रेंस में गयी थी, वहाँ भी सेक्स वर्कर्स के एक जुलूस में मैं सम्मिलित हुई थी। मैंने कामाठीपुरा के सेक्स वर्कर्स को देखा था, बार में भी अपनी मर्जी से सेक्स वर्क करनेवाली लड़कियाँ देखी थीं, और जिनके पास और कोई चारा नहीं था, ऐसी सेक्स वर्कर्स लड़कियों और औरतों को भी देखा था। वो जो कर रही हैं, वो सही है या गलत, अच्छा है या बुरा... ये सवाल ही नहीं था... शरीर बेच रही हैं, फिर भी वे इनसान हैं और उन्हें मूलभूत मानवीय अधिकार मिलने चाहिए, वो स्वतन्त्र देश की नागरिक हैं, उन्हें स्वतन्त्रता मिलनी चाहिए। वो समाज का एक हिस्सा हैं, उन्हें आम जनता की तरह सामाजिक और नागरी जिन्दगी जीनी आनी चाहिए। ऐसी मेरी सीधी और स्पष्ट भूमिका थी। और इसे मैं सभी जगह आवेश के साथ रख रही थी। ये सब देखकर 'एशिया पैसिफिक नेटवर्क फॉर सेक्स वर्कर्स' ने मुझे उसका सदस्य बना लिया। उनकी मीटिंग्ज़ के लिए मैं जाने लगी। मेरे काम करने के तरीके और आत्मविश्वास को देखकर सेक्स वर्कर्स के लिए काम करनेवाली मीन शेंषू, मलेशिया की कार्तिनी, एंड्रयू हंटर, इन सबने मुझे 'सिविल सोसायटी टास्क फोर्स' में 'एशिया पैसिफिक नेटवर्क फॉर सेक्स वर्कर्स' की प्रतिनिधि के तौर पर भेजने का निश्चय किया। यूनाइटेड नेशन्स जनरल असेम्बली के अध्यक्ष ने ये टास्क फोर्स गठित करने की प्रार्थना की थी। उस हिसाब से वो तैयार हुआ और उसमें मैं थी। वैश्विक स्तर पर एच.आई.वी. एड्स के सन्दर्भ में कुछ जरूरी निर्णय लेने के लिए समाज के अलग-अलग स्तरों पर काम करनेवाली संस्थाओं, संघटनाओं का सहयोग जरूरी था। उसके हिसाब से अलग-अलग जगहों का प्रतिनिधित्व करनेवाले ये टास्कफोर्स थे।

युएनगॅस (UNGASS), मतलब 'यूनाइटेड नेशन्स जनरल असेम्बली स्पेशल सेशन्स' एच.आई.वी. / एड्स पर होनेवाली थी। कुछ हाई लेवल की मीटिंग्ज़ होनेवाली थीं। पर इतना सब मुझे कहाँ पता था...?

एक दिन मुझे 'युएनगॅस' का ईमेल आया! वो यूएन जनरल असेम्बली प्रेसिडेंट ऑफिस से आया था। मैंने देखा और वैसे ही रख दिया... मेरी समझ में नहीं आया कि उसमें उस इंटरनेशनल भाषा में क्या लिखा है। उसी बीच अनिता खेमका मेरे पास आयी थी। उसने वो मेल देखा और पूछा, ''इसमें जानेवाली हो या नहीं?''

'क्या है वो?'

''अरे! न्यूयॉर्क में हाई लेवल मीटिंग है सिविल सोसाइटी टास्क फोर्स की। तुम्हें जाना ही है उस मीटिंग में। बड़ा मौका है। बहुत ऊपर जानेवाली हो, बड़ा सोचनेवाली हो...'' मेरे साथ बात करते-करते ही उसने उस मेल को रिप्लाइ कर दिया, "मैं आ रही हूँ...।"

"आ रही हूँ', यह जवाब उन्हें चला तो गया, पर मेरे पास अमेरिका का वीसा नहीं था। अमेरिका का वीसा मिलने के नियम बहुत सख्त हैं, आसानी से वो नहीं मिलता, ऐसा मैंने सुना था। मुझे बहुत टेंशन हो गया।

प्रेसिडेंट ऑफिस ने मुझे जी फोर वीसा का फॉर्म भेज दिया था। मैं उसे लेकर गयी, तो कौन्सुलेट के बाहर लम्बी कतार थी। पर जी फोर वीसा के लिए कतार में नहीं खड़ा रहना पड़ता, सीधे काउंटर पर जा सकते हैं, ऐसा मुझे बताया गया था।

मेरा एक्टिविज़्म... टी.वी. चैनेल को बाइट देते समय।

मैंने वो फॉर्म सबमिट किया, इंटरव्यू दिया और हाजी मलंग का जो उर्स था, उसमें चली गयी। वहाँ गयी, फिर भी मन में डर रही थी... कि क्या होगा? वीसा मिलेगा क्या? मैं कैसे जाऊँगी? पर दूसरे ही दिन मुझे फोन आया। तुम्हें वीसा मिल गया है। ये सब उस 'जी फोर' का जादू था। हाजी मलंग से मैं सुबह लौट आयी... जल्दी निकलना था। जल्दी-जल्दी मैंने पैकिंग की और न्यूयॉर्क के लिए निकली... जरा-सा टेंशन था, थोड़ी-सी जिज्ञासा थी। आम भारतीय को अमेरिका जाने को लेकर जो होता है, वैसा ही। एक तरफ डर लग रहा था कि अमेरिका के लोग कैसे होंगे? वे मेरे साथ कैसे बर्ताव करेंगे? वहाँ के फ्री माहौल के बारे में मैंने सुना था। इसीलिए दूसरी ओर तसल्ली मिल रही थी... खुद वहाँ पहुँचने के बाद ही पता चलनेवाला था... कि वो क्या है....

न्यूयॉर्क एयरपोर्ट पर उतरने के बाद बाहर जाने के लिए लम्बी कतार थी। उसमें खड़े होने से पहले मैं जरा लिपस्टिक लगा रही थी कि एक औरत मुझे ढूँढ़ते हुए आयी-लक्ष्मीनारायण त्रिपाठी... 'जी फोर' वीसा है ना? उनकी वहाँ अलग कतार है... ऐसा उसने मुझसे कहा। उस कतार में दो-चार लोग ही थे... मैं झट से बाहर आ गयी... खुद पर ही खुश हो रही थी। ऐसा क्या जादू है इस 'जी फोर' में...? अचानक अमेरिका के लिए मेरे मन में और प्यार उमड़ आया। मुझे लगा 'जी फोर' के 'जी' का 'गे' से जरूर कुछ सम्बन्ध है!

मैं होटल में गयी। हम ग्यारह लोग थे वहाँ। किरण डेल्ली थी। उसे मैंने न्यूयॉर्क के हवाई अड्डे का किस्सा बताया तो वो हँसने लगी... कहने लगी, "अरे, 'जी फोर' का 'गे' से कोई लेना-देना नहीं है। वो 'डिप्लोमैटिक स्टेटस' है!!"

उसके साथ मैं भी हँस पड़ी, परन्तु मन भर आया। भारत के एक हिजड़े को अमेरिका में 'डिप्लोमैटिक स्टेटस' मिला था।

सिविल सोसायटी टास्क फोर्स पर मैं पहली ही ट्रान्सजेंडर थी। कॅरेबियन से जमेका के 'एमएसएम' सेक्टर के, मतलब समलिंगी सम्बन्ध रखनेवाले पुरुषों की कम्युनिटी के रॉबर्ट कार थे, ड्रग यूजर्स के नेटवर्क के बेल्जियम के स्टिंग गूसन्स थे। एच.आई.वी. के साथ जीनेवाले नेटवर्क के युगांडा से आये लिलियन एयवारेको रोलके ओडेटोयिंबो थे। औरतों और बच्चों के साथ काम करनेवाली चिली की क्लॉडिया आहुमदा थी...

दूसरे दिन हम यूनाइटेड नेशन्स बिल्डिंग में गये। वहाँ हमें जनरल असेम्बली में ले जाया गया। संयुक्त राष्ट्र संघ के जो-जो सदस्य थे उन सब देशों के झंड़े वहाँ लगाये गये थे। भारत का तिरंगा भी लहरा रहा था... मैं आगे बढ़ी और उसे हाथ लगाया... मेरी आँखें भर आयीं। जनरल असेम्बली में भारत के बैठने का स्थान खोज निकाला... मुझे बहुत अच्छा लग रहा था। कहाँ से कहाँ आ गयी थी मैं। हिजड़ा होकर रह रही थी वहाँ खारीगाँव की गोशाला में... और आज यह न्यूयॉर्क

की यूनाइटेड नेशन्स जनरल असेम्बली!! मुझे उस वक्त खुद पर गर्व महसूस हो रहा था, पर उसके साथ ही बड़ी जिम्मेदारी का एहसास भी हुआ। मैं यहाँ अपने देश का प्रतिनिधित्व कर रही थी... अपने देश की संस्कृति, वहाँ के एटिकेट्स, वहाँ के सौ करोड़ लोगों का प्रतिनिधित्व कर रही थी... मैं अब सिर्फ लक्ष्मी नहीं थी, 'भारत' के रूप में लोग मुझे देख रहे थे। विदेश में कहीं भी जाऊँ, लेकिन मैं हमेशा साड़ी ही पहना करती थी। सिविल सोसायटी टास्क फोर्स की मीटिंग्ज के लिए पहले दो बार गयी थी, तब तो सिर्फ काम और काम ही किया। अमेरिका के बारे में इतनी जानकारी होने के बावजूद, उसे देखने के लिए बहुत बेचैन होने के बावजूद मैंने कुछ नहीं देखा। अमेरिका पर हुए आतंकवादी हमले का स्मारक 'ग्राउंड जीरो' भी नहीं। एक तो भारत के कार्यकर्ताओं ने मुझ पर भरोसा रखकर मुझे यहाँ काम करने भेजा था, और इसलिए मुझे वह जिम्मेदारी लगती थी। दूसरी तरफ भारत से आकर मैं पूरे एशिया पैसिफिक के स्त्री-पुरुषों का, ट्रान्सजेंडर्स और सेक्स वर्कर्स की कम्युनिटीज़ का प्रतिनिधित्व कर रही थी। कुछ भी हुआ तो उसका इल्जाम मेरे देश पर आयेगा, मेरी कम्युनिटी पर आयेगा... मैं वो कभी होने नहीं दूँगी, कभी नहीं। इस वजह से दो बार, पहले न्यूयॉर्क जाने के बाद भी, मुझे अमेरिका जाने का ज्यादा 'फील' आया ही नहीं।

पर इसी काम के लिए जैसे-जैसे वहाँ जाना पड़ा, वैसे-वैसे मुझे न्यूयॉर्क का सिर्फ 'फील' ही नहीं, 'हैंग' भी आने लगा। इतना बड़ा शहर इनसान को निगल ही लेता है। वहाँ आप कुछ भी करें, कोई आपसे नहीं पूछता। कोई आपकी तरफ देखता भी नहीं। हर कोई एक-दूसरे की स्वतन्त्रता का ख़याल रखता है। अमेरिका के कानून की नजर में सब समान हैं। कानून ने ही उन्हें समाज में यह सब दिया है।... पर ये सब मिलने के पीछे एक बड़ा इतिहास है...

अमेरिका के एक दौरे में मैं न्यूयॉर्क शहर के पास के एक गाँव में गयी थी... ग्रीनवीच विलेज। लेस्बियन्स, गे, बाइसेक्सुअल्स और ट्रान्सजेंडर्स यानी 'एलजीबीटी' के अधिकारों के लिए जहाँ से आन्दोलन की शुरुआत हुई, वे 'स्टोनवॉल राइट्स' इसी गाँव के हैं। इस आन्दोलन में जिन्हें जान देनी पड़ी, उनका स्मारक भी यहीं है... वो हम एलजीबीटी की 'मक्का' ही है।

ऐसा क्या हुआ था वहाँ पे?

दूसरे महायुद्ध का अमेरिका पर जैसा राजनीतिक असर हुआ, वैसा ही सामाजिक तौर पर भी हुआ। समाज में उथल-पुथल मच गयी थी और महायुद्ध से पहले समाज में मिल-जुलकर रहनेवाले समलिंगी लोगों को बाद में एहसास होने लगा कि यहाँ का कानून अब हमारे हक में नहीं रहा। न्यूयॉर्क के पास ग्रीनवीच गाँव का खुशनुमा माहौल था। सहज ही बहुत-से गे, लेस्बियन्स इस गाँव में रहते थे। 'स्टोनवॉल इन' नामक रेस्टोरेंट इसी गाँव में था। 1950, 1960 के दशक में समलिंगी लोगों को कोई

खड़ा नहीं करता था... लेकिन कुछ रेस्टोरेंट में इन्हें पनाह मिलती थी...'स्टोनवॉल इन' एक ऐसा ही रेस्टोरेंट था। एक माफिया का, गरीब गे लोगों में खासा प्रसिद्ध।

28 जून, 1969 का दिन... वैसे अभी दिन की शुरुआत नहीं हुई थी। तड़के का समय था। 'स्टोनवॉल इन' में कुछ 'ड्रैगक्वीन्स' लोग बैठे थे और पुलिस ने रेस्टोरेंट पर छापा मारा। वहाँ के लोगों ने विरोध किया। उस समय ऐसे रेस्टोरेंट पर पुलिस का छापा मारना लोगों के लिए नया नहीं था। वो हमेशा की ही बात हो गयी थी। कुछ लोगों को पुलिस पकड़कर ले जाती थी और किस्सा खत्म हो जाता था। लेकिन 'स्टोनवॉल इन' के बारे में वैसा हुआ नहीं। उन लोगों के मना करने पर पुलिस का परिस्थिति पर निमन्त्रण नहीं रहा। रेस्टोरेंट के ड्रैगक्वीन्स, गे, ग्रीनवीच गाँव के कई और लोग भी आकर जुड़ गये और हालात ने दंगे का रूप ले लिया। इन लोगों ने बहुत उग्र प्रदर्शन किये। दूसरे दिन शाम को भी यही हुआ। पुलिस और ग्रीनवीच गाँव के लोगों में काफी तनाव बढ़ गया। तनाव और हिंसाचार का चक्र जारी ही था। उसके बाद अनेक रातों तक ये होता रहा... समलिंगी लोगों के समूह प्रदर्शन करते थे और पुलिस उन पर गोलियाँ बरसाती थी... इसमें बहुत से गे मारे गये।

माहौल थोड़ा ठीक होने पर इन गे लोगों के कुछ दल तैयार हो रहे थे, ताकि अपना सेक्सुअल ओरिएंटेशन निडर होकर कह सकें, ऐसी जगह गे और लेस्बियन्स के लिए तैयार करने को उनका आन्दोलन शुरू हुआ। आन्दोलन कैसा, लड़ाई ही थी वो। स्टोनवॉल राइट्स के बाद न्यूयॉर्क शहर में गे और लेस्बियन्स लोगों को बहुत-सी मुसीबतों का सामना करना पड़ा। अगले छह महीनों में ही न्यूयॉर्क में गे और लेस्बियन्स के अधिकारों पर काम करनवाली दो संस्थाएँ तैयार हुईं। कुछ सालों में ही पूरे अमेरिका में और दुनिया-भर समलिंगी लोगों की संस्थाएँ तैयार हुईं। 28 जून, 1970 में स्टोनवॉल राइट्स को एक साल पूरा हुआ और उसे ध्यान में रखते हुए लॉस एंजेलिस, शिकागो और न्यूयॉर्क जैसे शहरों में सबसे पहले 'गे प्राइड मार्चेस' निकले। उसके बाद बाकी शहरों में भी वो निकाले गये। अब तो जून महीने के अन्त में हर साल 'स्टोनवॉल राइट्स' की याद ताजा रखने के लिए 'गे प्राइड मार्चेस' निकाले जाते हैं। ऐसे ग्रीनवीच गाँव में मैं गयी, वहाँ का 'स्टोनवॉल मेमोरियल' देखा... मेरी आँखें भर आयीं। इतने लोगों को अपनी जान गँवानी पड़ी, तब जाकर दुनिया-भर के ट्रान्सजेंडर्स को थोड़ा-बहुत अपनाया गया... अमेरिका में आज सरकारी कार्यालयों में ट्रान्सजेंडर्स काम कर रहे हैं, मल्टिनेशनल कम्पनियों में काम कर रहे हैं, उन कम्पनियों में वे बड़े-बड़े ओहदों पर हैं... चालीस साल पहले वो लड़े और अब उन्हें उनके अधिकार मिल गये। आज वो समाज में सम्मान के साथ जिन्दगी बसर कर रहे हैं। वहाँ उनके परिवार हैं। पर 'अजि मी ब्रह्म पाहीले' (अरे, मैंने भगवान का रूप देख लिया) जैसी आश्चर्य भरी दृष्टि और टालने की दृष्टि से उनकी तरफ किसी ने नहीं देखा। अच्छा लगा मुझे ये सब देखकर। हमारे देश में

ऐसी परिस्थिति कब आयेगी...?

'सिविल सोसायटी टास्क फोर्स' की वजह से मैं बहुत बार अमेरिका गयी। वैसे ही थाइलैंड में भी। जिस संस्था के प्रतिनिधि के तौर पर मैं टास्क फोर्स में थी, उस 'एशिया पैसिफिक नेटवर्क फॉर सेक्स वर्कर्स' का मुख्यालय मलेशिया में था, लेकिन उसकी भी मीटिंग्स अलग-अलग देशों में जब-जब होती हैं, तब-तब मैं वहाँ जाती हूँ। बैंकाक जाना तो मुझे बहुत अच्छा लगता है। लेकिन उसकी वजह काफी अलग है, और उसके साथ एक इतिहास भी जुड़ा है...

सन् 2008 की बात है। 'सिविल सोसायटी टास्क फोर्स' की हाई लेवल मीटिंग्स थी और उसकी तैयारी के लिए 'आयकॅसो' ने एक मीटिंग्स बैंकाक में रखी थी। मैं जाने के लिए निकली तो सही, पर जाते समय हवाई जहाज में ही मुझे गले का इंफेक्शन और बहुत बुखार हो गया। हमारे रहने की व्यवस्था वहाँ के 'विंडसर कॅसल' होटल में थी। मैं जैसे-तैसे होटल पहुँची और दिन-भर बुखार में ही लेटी रही... 'आयकैसो' संस्था की एक कार्यकर्ती मिस धो उस होटल में थी। उसने मेरे बारे में पूछा। मेरी तबीयत खराब है, यह पता चलने पर होटल के मेरे कमरे में आकर वो मुझे डॉक्टर के पास ले गयी। डॉक्टर की दवाइयाँ लेने के बाद मुझे थोड़ा अच्छा लगा।

मीटिंग खत्म हुई। जिस दिन जाना था, उस दिन मैं अपनी बुआ के लड़के से मिलने गयी। वह बैंकाक में ही रहता था। बुआ की देवरानी भी बैंकाक में ही रहती थी। उससे भी मिली। ऐसे ही बातें करते-करते उसने कहा, ''राजू क्या तुम्हें पता है कि तुम्हारी मौसी यहाँ बैंकाक में रहती है... सगी मौसी!''

ये मुझे पता नहीं था। मम्मी की शादी होने के बाद यानी लगभग चालीस सालों में दोनों बहनों ने एक-दूसरे को देखा तक नहीं था। मौसी का परिवार बैंकाक में सेटल हुआ और उनसे सम्पर्क ही टूट गया... पर अब मेरे जरिए वो फिर से स्थापित हो सकता था। मैंने मौसी के घर का फोन नम्बर खोज लिया। मैं कौन हूँ, किसलिए फोन किया है, ये बताने के बाद मौसी को झटका ही लगा। फिर भी उसने घर आने की जिद की। मुझे भी दिल से मौसी से मिलना था, पर उस दिन मुझे वापस आना था।

"वो मैं नहीं जानती। मैं नरेन को—लड़के को भेजती हूँ तुम्हें लाने के लिए।" यह सुनने के बाद मैं तैयारी में लग गयी... सच तो ये है कि किया हुआ मेकअप उतारने लगी। साड़ी उतारकर जीन्स और टी-शर्ट पहनी। चेहरे का मेकअप साफ किया... अब मैं मम्मी के 'लड़के' की तरह उनकी बहन के पास जा रही थी...

जैसा तय हुआ था, नरेन आया और मुझे लेकर घर गया... मैं अपनी अनदेखी मौसी से मिली... मौसी की आँखों से आँसू बह रहे थे। मेरी भी आँखों में पानी था। मौसी के थोड़ा सँभलने पर मैंने वहीं से भारत में मम्मी को फोन लगाया और दोनों बहनों की फोन पर बात करा दी... जितनी देर फोन चालू रहा, उसके आधे

समय दोनों रोती ही रहीं... बीच में चालीस साल गुजर गये थे, जैसे उसका हिसाब आँसुओं से चुकाने की कोशिश कर रही थीं दोनों।

मौसी का पूरा परिवार मेरे पास बैठा था। ये मेरा छोटा लड़का नरेन (दुबे), इसकी पत्नी अंजनी और उनका छोटा बच्चा राम... नरेन का बड़ा भाई श्याम। बहुत प्यारे, बहुत बातें करनेवाले थे सभी। क्या-क्या हुआ है, किसका क्या चल रहा है, यह जानने के लिए उत्सुक। मेरे बारे में उनके मन में जिज्ञासा थी, पर बेहूदा जिज्ञासा नहीं थी। थाइलैंड जैसे सेक्स इंडस्ट्री वाले देश में बड़े हुए लड़के थे वो। उनको मेरी भारत की जिन्दगी समझनी थी... पूरे परिवार के बारे में हमने ढेर सारी बातें कीं। और भी बहुत कुछ बोलना था, पर वक्त ही नहीं था। मुझे निकलना था। मैंने उनका एक फैमिली फोटो खींचा, यहाँ सबको दिखाने के लिए। और वहाँ से निकल पड़ी... नरेन मुझे एयरपोर्ट तक छोड़ने आया था। चेकइन करके 'सिक्युरिटी चेक' की अनाउन्समेंट होने तक हमने और बातें कीं। अन्त में अनाउन्समेंट हुई... नरेन ने मुझे गले लगाया और कहा, 'बाय सिस्टर, टेक केयर...'

मैं अचम्भित हुई। सिस्टर...? हाँ, उसने मुझे 'सिस्टर' कहा! मेरे रिश्तेदारों में से किसी ने भी मुझे लड़की नहीं माना था। हिजड़ा होने के बाद भी उनके लिए मैं राजू या राजूभैया ही रही थी। इस परिवार ने लेकिन मेरी भावनाओं की कदर की थी। सच तो यह है कि उनकी भावनाओं का मान रखने के लिए ही मैंने साड़ी उतारकर शर्ट-पैंट पहनी थी। पर सामनेवाले इनसान को जानने में वे मुझसे काफी अच्छे साबित हुए थे। आज भी वो तीनों भाई मुझे बहन मानते हैं, उनके बच्चे मुझे 'बुआ' कहते हैं।

बैंकाक की उस पहली ट्रिप में मैं बीमार होने के कारण ज्यादा कुछ नहीं देख सकी... पर मम्मी को उसकी बहन से मिलाया और उसके परिवार को अपने परिवार के सभी मामा-मौसियों के साथ जोड़ दिया। अब मैं जब-जब बैंकाक जाती हूँ, मौसी के परिवार से व्यस्तता के बावजूद मिलती जरूर हूँ। बहुत प्यार करते हैं वो मुझसे, मेरा काफी ख़याल रखते हैं। अच्छा लगता है मुझे वहाँ जाने पर...

थाइलैंड में काफी कुछ भारत जैसा ही है। आखिरकार एशिया खंड का ही देश है वो। वहाँ के परिवार, उनके मूल्य, संस्कृति... बहुत कुछ हमारे जैसा ही है, इसका एहसास वहाँ जाने के बाद होता है। अलग है तो वहाँ की सेक्स इंडस्ट्री, बिल्कुल खुली। 'सेक्स और जेंडर' से सम्बन्धित बहुत-सी बातें वहाँ हमें अचम्भित करती है। वहाँ के 'कथॉय' (Kathoy) देखे और उनके बारे में सब पता होने के बावजूद मैं आश्चर्यचकित हुई। 'कथॉय' वहाँ के 'लेडी बॉईज' हैं। वहाँ के ट्रान्सजेंडरर्स। बचपन से ही 'क्रॉस ड्रेसिंग' करनेवाले, मतलब लड़कियों के जैसे ही हाव-भाव रखनेवाले लड़के। कोई उन्हें अलग तरीके के पुरुष मानते हैं, कोई अलग तरीके की औरत, तो कोई 'थर्डजेंडर'। 'कथॉय' शब्द का उनकी भाषा में अर्थ ही 'परी' या 'रानी'

होता है, और उसी तरह उन्हें समाज में माना जाता है। घूमते-फिरते हमें ये कथॉय बिल्कुल सहज नजर आते हैं... स्कूल-कॉलेजों में। दुकानों में, रेस्टॉरंट्स में, ब्यूटीपार्लर्स में काम करनेवाले, सीखनेवाले, कारखानों में काम करनेवाले और बड़ी संख्या में एंटरटेनमेंट और टूरिस्ट सेंटर में... अर्थात सेक्स वर्कर्स के रूप में भी। ये 'कथॉय' सिर्फ शहरों में ही नहीं, गाँव-गाँव में भी दिखाई देते हैं। वहाँ के समाज ने उन्हें इतना सहज अपनाया है कि औरतों की सौन्दर्य-प्रतियोगिता के साथ-साथ वहाँ इन 'कथॉय' लोगों की भी सौन्दर्य-प्रतियोगिता होती है। उन सौन्दर्य प्रतियोगिताओं को गाँव-गाँव में होनेवाले मेलों का ही एक हिस्सा बना लिया है। कुछ कथॉय पुरुषों के ही कपड़े पहनते हैं, पर मेकअप और हाव-भाव औरतों जैसे होते हैं। लेकिन कुछ लोग औरतों के ही कपड़े पहनते हैं। काफी लोगों की 'हार्मोन रिप्लेसमेंट थेरपी' की जाती है, 'ब्रेस्ट इम्प्लांट' किये जाते हैं, 'जेनिटल रिअसाइनमेंट सर्जरी' की जाती है।'

थाइलैंड में सामाजिक स्तर पर इन 'कथॉय' लोगों को मान्यता मिलने के बावजूद, किसी लड़के ने 'कथॉय' बनने का निश्चय किया तो पारिवारिक स्तर पर उसे इतनी जल्दी गान्यता नहीं दी जाती। उसका निर्णय बदलने की कोशिश की जाती है। इसकी वजह है... 'कथॉय' मतलब ट्रान्सजेंडर्स को यहाँ सामाजिक मान्यता मिली है। लिंग बदलने की शल्यक्रिया कराई हो, फिर भी कानूनी तौर पर वो लिंग नहीं बदल सकते। कागजातों में, सरकारी दस्तावेजों में उनकी गणना 'पुरुष' के रूप में ही की जाती है। इसी वजह से नौकरी की जगहों पर उन्हें भेदभाव का सामना करना पड़ता है। उन पर बहुत बार रोक लगायी गयी, पर वो हमेशा के लिए नहीं लग सकी। इतना सब होने के बावजूद बहुत-से 'कथॉय' ने कला से लेकर खेलों तक बहुत से क्षेत्रों में अन्तरराष्ट्रीय स्तरों पर जीत हासिल की है। अब पासपोर्ट और बाकी सरकारी कागजों पर 'थर्ड सेक्स' के रूप में उन्हें दर्ज किया जाए इसके लिए उनका संघर्ष जारी है।

बैंकाक का ही एक एक्टिविस्ट है एंड्रयू हंटर। 'एशिया पैसिफिक नेटवर्क ऑफ सेक्स वर्कर्स' और 'स्कारलेट अलाइन्स' का संस्थापक। पिछले बीस सालों से वो बैंकाक शहर और बाकी पैसिफिक देशों में सेक्स वर्कर्स और अन्य वंचित समाज के घटकों के लिए काम करता है। उन्हें इकट्ठा करने के लिए, उनके सामने अलग-अलग विषयों को रखने के लिए कला, आधुनिक माध्यम और आधुनिक तकनीक का ज्यादा से ज्यादा उपयोग हो, ये उनका पैशन है। बहुत से विकासशील देशों में एच.आई. वी. पाज़ीटिव सेक्स वर्कर्स के साथ उसने काम किया है।

मलेशिया की कार्तिनी स्लामा तो कहती ही है, "Every person must have the right to decide their gender expression and indentity." यानी "अपनी लैंगिकता को अपने हिसाब से अभिव्यक्त करने और अपने व्यक्तित्व का निर्माण करने का अधिकार हर किसी को होना चाहिए।"

कार्तिनी मलेशिया जैसे मुस्लिम देश में 'ट्रान्सजेंडर' के रूप में खुलकर सामने आयी पहली व्यक्ति है। परिवार में रहनेवाला, घर की पूरी जिम्मेदारियाँ अच्छी तरह पूरी करनेवाला ये एक मुस्लिम लड़का है। पर रात में वो क्वालालम्पुर के रास्तों पर वेश्यावृत्ति व्यवसाय करता था। मलेशिया में समलिंगी सम्बन्ध कानूनी तौर पर गुनाह ही हैं, लिंग बदलने की शल्यक्रिया तो दूर की बात है। कार्तिनी ने नौकरी करने का प्रयास किया, पर उसकी लैंगिकता की वजह से नौकरी नहीं मिलती थी। अब वह क्या करे, ये समझ में नहीं आ रहा था। उसे लड़के के रूप में 'कम्फर्टेबल' नहीं लगता था। मलेशिया का कानून 'क्या नहीं करना चाहिए' यह तो बता रहा था, पर 'क्या करना चाहिए' इस पर चुप था। उस सनातनी देश के कानून से ये अपेक्षा भी नहीं की जा सकती थी... उसका दम घुटने लगा था...

अन्त में कार्तिनी ने ऐलान कर दिया कि मैं ट्रान्सजेंडर हूँ। सन् 1997-98 की वो बात थी। आज भी मलेशिया में लिंग बदल-शल्यक्रिया पर कानूनन रोक है। 'भगवान ने जो दिया है, उसे इनसान को बदलना नहीं है।' इस्लामिक तत्व के अनुसार ये रोक लगायी गयी थी। पर वो सिर्फ मुसलमानों के लिए ही थी, बाकी लोगों के लिए नहीं। मलेशिया में ट्रान्सजेंडर्स में मुसलमान और गैर-मुसलमानों की संख्या लगभग 50-50 प्रतिशत है। इन सभी को नौकरी मिलने में मुश्किलें आती हैं, और फिर जीने के लिए शरीर बेचने के अलावा उनके पास दूसरा चारा नहीं होता।

कार्तिनी-जैसे मलेशिया के बहुत-से मुस्लिम ट्रान्सजेंडर धर्मभिरू हैं। पर धर्म उनके सभी सवालों का जवाब नहीं दे पाता, उनकी सभी समस्याओं का हल नहीं दे पाता।

अब देश का कानून उन्हें समझे, इसलिए ये ट्रान्सजेंडर्स कोशिश कर रहे हैं। कार्तिनी एक्टिव है। बाकी ट्रान्सजेंडर्स की वो काउन्सिलिंग करती है। 'एशिया पैसिफिक नेटवर्क ऑफ सेक्स वर्कर्स' की वो सचिव है और अब सन् 2009 में तो उसने आगे बढ़कर 'एशिया पैसिफिक ट्रान्सजेंडर्स नेटवर्क' की भी स्थापना की है। थाइलैंड, मलेशिया, सिंगापुर इन पैसिफिक देशों के साथ ही भारत, पाकिस्तान, बांग्लादेश, नेपाल आदि एशियाई देशों को भी उसमें सम्मिलित किया है। मैं भी इस नेटवर्क के संस्थापकों में से एक हूँ।

'एशिया पैसिफिक नेटवर्क ऑफ सेक्स वर्कर्स' की स्थापना सन् 1994 में हुई थी। एशिया और पैसिफिक देशों में सेक्स वर्कर्स का शोषण कम हो, इसके लिए वहाँ के कानून में तब्दीली लाने का काम तो ये करता ही है, पर सेक्स वर्कर्स में से ही उनके नेता का निर्माण हो, यह कोशिश भी करता है। एच.आई.वी. से सुरक्षा और मानवीय अधिकारों के सन्दर्भ में उन्हें प्रशिक्षण देता है।

'एशिया पैसिफिक ट्रान्सजेंडर्स नेटवर्क' संस्था भी इसी तरह ट्रान्सजेंडर्स के स्वास्थ्य, कानून और सामाजिक अधिकारों के लिए काम करती है। अब तक अन्तरराष्ट्रीय स्तर पर ट्रान्सजेंडर्स को 'एमएसएम' के रूप में ही जाना जाता था। पर अब अलग

नेटवर्क स्थापित करके 'हम पुरुष नहीं हैं, हम अलग हैं और हमारी जरूरतें भी अलग हैं,' ऐसा निश्चयपूर्वक कह सकते हैं। पूरी दुनिया में अलग लैंगिकता वाले लोगों के बारे में जागरूकता बढ़ रही है। इस जमाने में स्थापित इस नेटवर्क के आगे भी काफी चुनौतियाँ हैं और उन्हें हल करते हुए ही आगे बढ़ना है।

मेरा एक्टिविज़्म जारी है ही, जारी रहेगा भी... ये कार्य ऐसे हैं, जिनका होना तो जरूरी है ही, पर लोगों के सामने आना भी उतना ही, या उससे भी अधिक महत्त्वपूर्ण है। हमारा हिजड़ा समाज है ही ऐसा, जो अलग लगता है, पर अलग जाना नहीं जाता। उसे लोग उसी की तरह जानने लगें, इसलिए बाकायदा कोशिश करनी पड़ेगी...

जैसे-जैसे मुझे इसका एहसास होने लगा, वैसे-वैसे मैं उस दिशा में प्रयास करने लगी।

सबसे महत्त्वपूर्ण बात ये थी कि हिजड़ों को बिना दिक्कत समाज के सामने आना चाहिए, उनसे हिल-मिलकर रहना चाहिए। स्वयं कोशिश करनी चाहिए, ऐसा मैंने तय किया। एक कलाकार, डांसर के रूप में इससे पहले मैं सहज ही लोगों के सामने जाती थी। पर अब मैं हिजड़ा थी। मेरी कला मेरे साथ थी ही, पर उसके साथ ही समाज में रहकर हिजड़ों के लिए काम भी करना था। सिर्फ कला पूरी पड़ने वाली नहीं थी, उसके साथ एक्टिविज़्म को जोड़ना जरूरी था। उस तरह से मैंने शुरुआत की थी। धीरे-धीरे मेरी कला पीछे रह गयी, एक्टिविज़्म आगे आ गया। पर मैंने उसे पीछे नहीं धकेला... वैसे ही रहने दिया...

टी.वी. स्क्रीन पर मैं सबसे पहले दिखाई दी थी 'बुगी-बुगी' शो में, दर्शकों में बैठी हुई। बाद में मॉडल कोऑर्डिनेशन का काम शुरू करने पर ग्लैमर वर्ल्ड में बहुत लोगों से जान-पहचान हुई। उसी से मुझे एक फिल्म में एक भूमिका मिली। कीर्तिकुमार फिल्म बनानेवाले थे... पर उसकी हवा तैयार होते-होते ही खत्म हो गयी। आगे कुछ नहीं हुआ। मैंने फिर से अपने डांस पर ध्यान केन्द्रित किया। 'ना रे बाबा ना' पंजाबी म्यूजिक में ये अल्बम मैंने किया। जोजो खान जी की कोरिओग्राफी थी। 'एक्सझोनजो' धारावाहिक, 'आशिक' फिल्म में मैंने छोटी-छोटी भूमिकाएँ कीं और फिर मुझे बड़ा ब्रेक मिला वैशाली सामन्त के 'लावणी ऑनफायर' में। यहाँ तक मेरा नृत्य, मेरी कला मुझे लोगों के सामने ला रही थी। पर मैं हिजड़ा हुई, 'दाई वेलफेअर सोसायटी' में काम करने लगी और...

सन् 2001-2002 में कभी 'डिस्कवरी ट्रैवल एण्ड लिविंग' चैनेल के लोग 'दाई' में आये और उन्होंने 'सिक्स डिग्री प्लेनेट' मुम्बई पर डॉक्यूमेंटरी के बारे में बताया। मुम्बई में रहनेवाले अलग-अलग सामाजिक घटकों के बारे में ये डॉक्यूमेंटरी थी। उसमें मैंने काम किया था। अब भी कभी-कभी ये डॉक्यूमेंटरी 'डी.डी.' पर दिखाते हैं। उसके बाद मैंने अनिता खेमका के साथ 'बिटवीन द लाइन्स' की।

डॉक्यूमेंटरीज़ का ये सिलसिला यहीं खत्म नहीं हुआ। सन् 2005-2006 की बात है। बार-बालाओं का संघर्ष जारी था। मेरा कोर्ट में आना-जाना लगा रहता था। वीकोर्ट में एक दिन मुझसे निष्ठा जैन और स्मृतिजी मिलीं... फिल्ममेकर। थोड़ी-सी जान-पहचान हुई, बातें हुईं और दूसरे दिन निष्ठा मुझसे फिर मिलीं। मैं उस दिन थोड़ी-सी नाराज थी... क्यों, पता नहीं... मेरा मूड देखकर वो मुझे घुमाने ले गयी। हम शान्त बैठे थे, बातें कीं... अलग-अलग विषयों पर... खाने से लेकर घुमाने तक, और मुम्बई से लेकर सेक्सुअॅलिटी तक। निष्ठा को 'काला घोड़ा' फिल्म फेस्टिवल के लिए एक फिल्म बनानी थी। लेकिन विषय नहीं सूझ रहा था। मेरे साथ बातें करते-करते उसे वो मिला शायद... एकदम से बोली, ''लक्ष्मी, मैं तुम पर ही फिल्म बनाती हूँ'', और उसने वो बनायी भी। एक सख्त, पर उतने ही संवेदनशील हिजड़े की कथा। मध्यमवर्गीय जिन्दगी और उनकी नैतिकता का पर्दाफाश करनेवाली। स्त्रीत्व की, उसकी ताकत की पहचान करानेवाली... शूटिंग खत्म हुई, पर निष्ठा को फिल्म के लिए नाम नहीं सूझ रहा था। हम दोनों सोच रहे थे... 'कॉल इट स्लट!' मैंने कहा और यही नाम फिल्म के लिए निश्चित हुआ।

उसके बाद सन् 2007 में कार्तिकेय नारायण सिंहनी ने प्रसार भारती के लिए 'बंबैया' नामक फीचर डॉक्यूमेंटरी बनायी। मुम्बई के लोगों के सेक्सुअल एटिट्यूड्स, सेक्स के बारे में उनकी पसन्द, ना-पसन्द, परम्परा आदि अलग-अलग पहलुओं से मुम्बई और सेक्स के बीच का रिश्ता खोलकर रखनेवाली फिल्म थी ये। एक फिल्ममेकर, एक हॉकी खिलाड़ी और एक हिजड़ा—इन तीनों के इर्द-गिर्द ये फिल्म घूमती है... मैंने अपनी ही भूमिका की थी उसमें... लक्ष्मी की, एक ट्रान्सजेंडर एक्टिविस्ट की।

तब तक 'एक्टिविस्ट' के रूप में मैं अच्छे से 'एस्टॅब्लिश' हो गयी थी। बार-बालाओं की लड़ाई लड़ ही रही थी, ट्रान्सजेंडर्स ग्रुप्स के लिए काम करती थी, 'एलजीबीटी' की लड़ाई में सहयोग ले रही थी... जब-जब इस बारे के इशूज़ होते थे, तब-तब अलग-अलग टीवी चैनेल्स मुझे चर्चा के लिए बुलाते थे, कभी टॉक शोज़ के लिए, तो कभी साक्षात्कार के। अपने विचार, अपनी भूमिका मैं इन कार्यक्रमों में बिल्कुल खुले तरीके से साफ तौर पर रखती थी। 'महाचर्चा' में तो मेरा सामनेवाले इनसान के साथ झगड़ा ही हो गया था। निखिल वागळे जी के 'आमने-सामने' में गयी थी, तब भी ऐसा ही हुआ था। वहाँ झगड़े होते थे... कार्यक्रम होने के बाद कुछ दिनों तक अनजाने लोग भी रास्ते में रोकते थे... आप लक्ष्मी हैं ना? आपका कार्यक्रम देखा, बहुत अच्छा लगा... बहुत अच्छी बातें कीं आपने।

मुझे अचम्भा लगता था, उसके साथ ही खुशी भी होती थी। लोग इस बहाने से मुझसे 'नॉर्मल' बात करने लगे थे। ठाणे में मेरा फ्रेंड सर्कल काफी बड़ा था। हम मजाक-मस्ती करते थे। जान-पहचान के लोग भी मुझसे बात करते थे, चर्चा करते थे। पर बाकी लोगों की तो नजरें ही अलग होती थीं... सभी की नजर में मैं

'हिजड़ा' हूँ, इसलिए तिरस्कार नहीं होगा। शायद। पर नहीं बाबा, इनके रास्ते में कौन आये...' ऐसा भाव जरूर दिखाई देता था। इसी वजह से कोई अनजान व्यक्ति मुझसे खुद-ब-खुद बात करने नहीं आता था। डांसर के तौर पर, कलाकार के तौर पर मुझे जो सम्मान मिल रहा था, वो कला के, ग्लैमर के क्षेत्र में। बाकी लोगों को भी वो पता था, पर इस वजह से उनकी नजरों के भाव बदले नहीं थे...

इस रिॲलिटी टीवी-स्क्रीन ने तो जादू कर दिया था। समाज का देखने का नजरिया बदल रहा था। इन माध्यमों की ताकत का मुझे पता चला था। किसी बड़े, सेलिब्रिटी स्टेटस वाले व्यक्ति से यह सुनकर अच्छा लगता था कि आपका कार्यक्रम देखा था, अच्छा लगा। अनेक लोग मुझसे ऐसा कहने लगे थे। मुझे खुशी मिलती थी इसी बात से।

और फिर मैंने तय किया, इन ताकतवर माध्यमों का, रिॲलिटी टीवी का उपयोग मुझे अपने समाज की 'विजिबिलिटी' बढ़ाने के लिए करना है। हिजड़े जितने सहज दिखेंगे, जितना उनसे संवाद होगा, उतनी ही उनके बारे में गलतफहमी दूर होगी। उसी समय अलग-अलग चैनेल्स पर रिॲलिटी शोज शुरू हुए। 'सोनी' पर सलमान खान कर रहा था एक शो-'दस का दम'। सवाल-जवाब का शो था वो। पहले राउंड में दो लोगों से सर्वे पोल पर सवाल पूछे जाते थे और उसके पर्सेंटेज पूछे जाते थे। जिनके पर्सेंटेज ज्यादा आते थे, वो अगले राऊंड में जाता था। दूसरा आउट हो जाता था। पहले राउंड में खेलूँ तो भी बहुत है, लोगों के सामने तो जाऊँगी... ऐसा मैंने सोचा और उसमें हिस्सा लेने का निश्चय किया। सन् 2008 के मार्च-एप्रिल महीने की ये बात थी। मैंने ऑडिशन दिया। सिलेक्ट हुई। शूटिंग की तारीख तय

सलमान खान के साथ 'दस का दम'। यह शो मुझे समाज के सामने लाया।

हुई... 4 मई! प्रॉब्लेम!!

4 मई को ही मुझे अमेरिका जाने के लिए निकलना था। 'सिविल सोसायटी टास्क फोर्स' की छह तारीख से न्यूयॉर्क में मीटिंग थी और उसके एक दिन पहले न्यूयॉर्क में मीटिंग थी, और उसके एक दिन पहले, 5 तारीख को हम इस टास्क फोर्स के सभी सदस्य यूएनगॅस के अध्यक्ष से मिलनेवाले थे। उनके सामने कम्युनिटीज़ का प्रश्न रखनेवाले थे, उनसे उस पर चर्चा करनेवाले थे। अपना ये कार्यक्रम मेरे लिए बदलना नामुमकिन था।

वहीं 'दस का दम' का शेड्यूल तय था। निर्माता कह रहा था, 4 तारीख को शूटिंग करो, 5 तारीख को जाओ। ये टिकट कैन्सल करा के अगले दिन जाने की व्यवस्था करता हूँ। मैं सुनने को तैयार नहीं थी। खुद सलमान खान का फोन भी आया। पर मुझ पर कम्युनिटी की जिम्मेदारी थी, वो भी अन्तरराष्ट्रीय स्तर की। उसे निभाने के लिए जाना था... जाना ही था। 6 तारीख को न्यूयॉर्क पहुँचती तो युएनगॅस के अध्यक्ष के सामने मैं कभी भी अपनी कम्युनिटी के प्रश्न रख नहीं पाती। मैंने अपना कार्यक्रम नहीं बदला।

अन्त में उन्होंने 4 तारीख की मेरी शूटिंग तय की, और मैं उसे जल्दी खत्म करके अमेरिका गयी। अमेरिका से आने के बाद ये एपिसोड टेलिकास्ट हुआ और लोगों का भरपूर रिस्पांस मिला। असल बात तो ये है कि मैं पहले राउंड में ही आउट हुई थी। फिर भी रास्ते पर रोककर लोग पूछते थे, 'आप ही थीं ना परसो दस का दम में?' कार्यक्रम अच्छा लगा... लोगों की नजर में मैं आ गयी थी... मेरा अन्देशा सही था। अच्छा लग रहा था।

बीच में दिल्ली उच्च न्यायालय ने धारा 377 का फैसला सुनाया... समलिंगी सम्बन्ध कानूनन जुर्म नहीं है। हम 'एलजीबीटी' लोगों की ये बड़ी जीत थी। उस वजह से 'एलजीबीटी' के सवाल, उनके मानवीय अधिकार के बारे में सभी चैनेल्स पर चर्चा हुई, बहस हुई। मैंने भी जोश के साथ उसमें हिस्सा लिया।

और उसके साथ मैंने किया 'सच का सामना'। किसी व्यक्ति की उसके करीबी लोगों से पूरी जानकारी लेनी थी, उसकी जिन्दगी की अच्छी-बुरी, गलत घटनाओं को समझकर उनके जरिए उस व्यक्ति को उसके नजदीकी दोस्तों के सामने ये सवाल पूछकर कि ये सच है या झूठ, बताने के लिए कहना था। उसका 'लाय डिक्टेक्टर टेस्ट' करना था। जवाब ईमानदारी से दिया गया है या नहीं, वो देखते थे और फिर फैसला सुनाते थे। 'स्टार प्लस' के 'सच का सामना' कार्यक्रम का स्वरूप ऐसा था। अपनी जिन्दगी से जुड़ी बहुत-सी बातें मैंने बहुत-से लोगों से और कुछ सभी से छिपायी थी। वो अब सबके सामने आनेवाली थीं... कुछ लोगों को इससे दुख पहुँचने वाला था, कुछ लोग हमेशा के लिए दूर जानेवाले थे, पर ये कीमत चुकाने के बावजूद मैंने 'सच का सामना' करने का निश्चय किया। इसकी भी कुछ वजह थी।

एक तो जैसा मैंने पहले कहा, वैसे मुझे समाज की 'विजिबिलिटी' बढ़ानी थी। लोगों के सामने आना था। दूसरी बात, परिवार ने अपना कहा, सहारा दिया तो हिजड़े भी अपने माता-पिता के साथ रह सकते हैं, संयुक्त परिवार में भी रह सकते हैं, ये मुझे सभी को दिखाना था। और तीसरी बहुत जरूरी बात, 'हिजड़ा' कम्युनिटी हमेशा सभी बातें छिपा कर रखती है, इसी बात के लिए वह प्रसिद्ध है। पर एक हिजड़ा पूरे देश के सामने जाहिरा तौर पर और निडरता से सच का सामना कर सकता है, ये मुझे सिद्ध करना था। समाज की गलतफहमियाँ दूर करनी थीं।

जब मैंने 'सच का सामना' किया, तब मेरे सामने मेरे माता-पिता थे, मेरी भाभी सपना थी, मेरा बेटा दीपक था और मेरी चेला शाहीन थी। शुरुआत के सीधे सवालों के मैंने ईमानदारी के साथ सही-सही जवाब दिये। बाद में दूसरे पड़ाव में बहुत-से चकमा देनेवाले, मुश्किल में डालनेवाले सवाल पूछे गये थे। तब भी मैंने सत्य को स्मरण करते हुए ही जवाब दिये। 21 में से पहले 15 सवालों के सही जवाब दिये और 10 लाख रुपये जीत गयी। सत्य हमेशा मेरे साथ था। और...

एक सवाल पर मैं अटक गयी, उलझन में पड़ गयी, बल्कि फँस गयी।

"किसी औरत के साथ तुमने कभी सेक्स किया है क्या?" मुझसे पूछा गया।

काफी देर तक मैंने सोचा। जन्म से मैं लड़का थी। पर कभी औरत का आकर्षण मुझे नहीं हुआ... पर क्या ये सच है ...? या हुआ है मेरा सम्बन्ध किसी औरत के साथ...? और मुझे याद आया तभी, हिजड़ा होने के बाद मुझे एक औरत से प्यार हुआ था। मुझे उसके साथ रहना अच्छा लगता था। एक बार ऐसे ही मैं उसके घर गयी थी, और... हम दोनों ने...पर थोड़ी देर में ही मुझे होश आ गया था। मैं हिजड़ा हूँ, वो औरत है। औरत के साथ सम्बन्ध रखना हिजड़ों के लिए निषिद्ध माना गया है। और ये मैं क्या कर रही हूँ...? मैं झट से उससे दूर हो गयी और ज्यादा कुछ होने से पहले ही वहाँ से चली गयी।

अब उसे 'सेक्स' कहना सही होगा या नहीं...? हमने 'वो' नहीं किया था। पर वहाँ तक पहुँचे तो थे... फोर प्ले... हमारी एक-दूसरे के प्रति जो भावनाएँ थीं... वो भी सेक्स का ही एक हिस्सा है ना! एक बार मुझे लगा था... पर तभी ख़याल आया, नहीं। इसे शारीरिक सम्बन्ध नहीं कह सकते...

नहीं कैसे? शरीर तो थे ही हम दोनों के उसमें...

मैं कन्फ्यूज़ हुई... आखिर में मैंने कहा, "हाँ, किया है सेक्स एक औरत के साथ।"

और वहीं मैं झूठी साबित हुई। सेक्स और सेक्सुअॅलिटी का पाठ पढ़ानेवाली मैं 'सेक्स' शब्द के सही अर्थ में ही उलझ गयी। फिर आम जनता का, कच्ची उम्र के बच्चों का क्या होता होगा? मेरे मन में ख़याल आया।

'सच का सामना' से आखिर मैं बाहर आयी। फिर भी उस कार्यक्रम से बहुत-सी बातें हासिल कीं। बहुत-से सवालों के जवाब मिले। कई सारी उलझनें सुलझ गयीं।

हम परिवार के बारे में, समाज के बारे में क्या और कैसी सोच रखते हैं, ये लोगों को पता चला। परिवार हमारे साथ खड़ा हुआ तो हम क्या विचार कर सकते हैं और क्या-क्या पा सकते हैं, इसका जीता-जागता सबूत देखने को मिला।

माँ और पापा ने इस पूरे शो में बहुत अच्छे से बात की... असल में उन्हें जो लगता था, वो उन्होंने ईमानदारी से हमारे सामने रखा... बिल्कुल सहज। पर वह शो एक टिपिकल पद्धति से विचार करनेवालों की आँखें खोलनेवाला था।

"तुम घर का बेटा थीं। अब हिजड़ा हो गयी हो। एक स्त्री के रूप में घरवालों ने तुम्हें अपनाया है क्या?" इस प्रश्न पर मैंने 'नहीं' जवाब दिया। और ये सच ही था। घर के लिए मैं लड़का थी और लड़का ही रहनेवाली थी... पापा ने भी वही कहा—लक्ष्मीनारायण त्रिपाठी मेरा बड़ा लड़का है और मैं जब तक जिन्दा हूँ, तब तक लड़का ही रहेगा। ठाणे से लेकर उत्तर प्रदेश तक मेरे जितने भी घर हैं, जमीन है, उसके वारिस के रूप में पहला नाम लक्ष्मीनारायण ही रहेगा और बाद में शशिनारायण—मेरे छोटे लड़के का।

"माता-पिता का अपमान होगा, इस डर से कभी पहले तुमने उनके साथ बाहर जाने में आनाकानी की है?" इस सवाल का भी मैंने 'हाँ' में जवाब दिया। और था भी वैसा ही। "ये आपका 'लड़का' है...?" ऐसा सवाल अगर माँ-पापा से किसी ने ताना देने के लिए पूछा तो उन्हें कैसा लगेगा, इस बात का डर मुझे हमेशा लगा रहता था। इसलिए मैं कभी भी उनके साथ बाहर नहीं जाती थी। पर उन्हें मेरे साथ बाहर जाना कभी अपमानजनक नहीं लगा, उन्हें शर्म भी महसूस नहीं हुई। मेरे हिजड़ा होने पर उन्होंने मुझे घर से नहीं निकाला, उल्टा शशि की शादी में दूल्हे के बड़े भाई का मान दिया। बड़े भाई के रूप में की जानेवाले रस्में मैंने निभाईं। शशि की शादी से पहले मेरे एक चचेरे भाई ने मम्मी से कहा था, राजू को उसके बाल कटवाकर शादी में लाना, माँ ने ही मुझे यह बताया था। अर्थात् उसे भी सही नहीं लगा था, और मुझे तो सही लगने का सवाल ही नहीं था। मैंने उससे कहा कि शादी गाँव में है, जाने दो। मैं यहीं रहता हूँ। माँ ने तब मुझसे कहा था—मेरे बेटे की शादी में कोई और नहीं आये तो चलेगा, पर तू मुझे वहाँ चाहिए... जैसे भी हो, वैसे ही। मैंने ये सब स्क्रीन पर कहा।

पापा से जब इस बारे में पूछा गया तब उन्होंने कहा, "अपने ही बेटे को मैं घर से बाहर क्यों निकालूँ? मैं बाप हूँ उसका, मुझ पर जिम्मेदारी है उसकी। और ऐसा किसी के भी घर में हो सकता है। ऐसे लड़कों को घर से बाहर निकालकर क्या मिलेगा? उनके सामने तो हम फिर भीख माँगने के अलावा और कोई रास्ता ही नहीं छोड़ते हैं। लक्ष्मी को घर से बाहर निकालने का सवाल ही नहीं पैदा होता। अपने सभी बच्चों को मैंने कुछ बातें हमेशा बतायी हैं... जैसे, ईमानदारी सबसे ऊँचा मूल्य है। जो जिन्दगी जीनी है, वो ईमानदारी से जियो। और दूसरा, कोई भी

काम करने में कभी आनाकानी मत करो। मेरे बच्चे वैसे जी रहे हैं या नहीं, ये मैं देख रहा था, बस।" मुझसे पूछा गया अगला सवाल था, "तुम्हें हिजड़ा बनकर नहीं पुरुष बनकर जीना है, ऐसी तुम्हारे माँ-बाप की आखिरी इच्छा हो, तो तुम पुरुष बनकर रहोगे क्या?"

ये सवाल संवेदनशील था। सामने माँ-पापा दोनों बैठे थे। फिर भी मुझे जो लग रहा था, वो मैंने ईमानदारी से बताया, ''पुरुष बनकर मैं कभी नहीं जिऊँगी।''

राजीव ने पापा की तरफ देखा। पापा धीरे से मुस्कुराये। कहने लगे, "आप बी.ए., एल.एल.बी. हैं। पिछले पन्द्रह सालों से वकील के रूप में प्रैक्टिस कर रहे हैं। अचानक आप से एक दिन किसी ने कहा कि कल से आपको डॉक्टर बनकर प्रैक्टिस करनी है। करोगे? या किसी ने कहा, कल से इंजीनियर बनकर काम करना है, करोगे? हो सकता है क्या ऐसा? और किसलिए हो ऐसा? जिसे जो करना है, वो ईमानदारी से उसे करने देना है। वैसे ही मैं अपने लड़के को उसे जैसे चाहिए, वैसे जीने दे रहा हूँ। उसकी जिम्मेदारी है मुझ पर, पर इसीलिए मुझे उसकी व्यक्तिगत जिन्दगी में दखलन्दाजी करने का कोई अधिकार नहीं है।"

राजीव देखता रह गया। मेरी आँखें भर आयीं। पापा के इसी भरोसे ने मुझे यहाँ तक पहुँचाया था।

कुछ भी हो, सच का इस तरह सामना करना मैंने एन्जॉय किया। असल में सच का होना और मैं सच्चा हूँ, ऐसा समझना, इसमें कितना फर्क होता है। हम अनजाने में ही खुद को आसानी हो, इस हिसाब से सच को घुमाते हैं। पर सत्य हमेशा निर्मल होता है... सम्पूर्ण सत्य। उससे किसी को फायदे का, या नुकसान का सवाल ही नहीं पैदा होता। 'सच का सामना' के जरिए इस 'सच' का भी मैंने 'सामना' किया।

उसके बाद आया 'बिग बॉस'... पापा के गुजर जाने के बाद की ये बात थी। बड़े बेटे के रूप में आयी घर की जिम्मेदारी और पापा का ना होना... मुझे बहुत टेंशन हुआ था। मेरा शराब पीना भी बढ़ गया था। एक दिन कहीं जा रही थी तभी, 'एन्डेमॉल' से मुझे किसी का फोन आया। 'एन्डेमॉल' बिग बॉस प्रोडक्शन हाउस था। वो किसी एडवोकेट लक्ष्मी को खोज रहे थे। मैंने कहा, ''मैं कोई एडवोकेट नहीं हूँ, आय ॲम जस्ट लक्ष्मी...'' उन्होंने मुझसे पूछा, ''बिग बॉस में आओगी क्या?'' मैंने कहा, ''सोचकर बताती हूँ।'' मेरे साथ सारा और मेरा चेला रतन थे। उन दोनों ने मुझसे कहा, ''इतना बड़ा मौका हाथ से मत जाने देना। एक ही वक्त में लाखों दर्शकों तक तुम पहुँच सकती हो और वो भी काफी दिनों के लिए।'' बिग बॉस के घर में तीन महीनों तक रहना था। बाहर की दुनिया से सम्पर्क किये बिना। जो उस घर में होंगे, उन्हीं लोगों के साथ हर वक्त रहना था... कैसे रह पाऊँगी मैं तीन महीनों तक? तीन महीने... ये छोटा समय नहीं है। यहाँ बाहर क्या हो रहा है, मुझे कुछ भी पता नहीं चलेगा... माँ है, मेरे चेले हैं,... क्या करूँ? पर लोगों के सामने आने की

मेरी चाहत प्रबल हुई और बिग बॉस में सम्मिलित होने के लिए मैंने हाँ कर दी।

वहाँ जाना है तो तैयारी करना जरूरी था... मेरी खुद की तैयारी और तीन महीनों तक मेरी वजह से किसी का काम न रुके, कुछ गड़बड़ ना हो, इसलिए सब व्यवस्था करनी थी। सारी तैयारी करते समय मैं सोच रही थी कि... मैं वहाँ लक्ष्मी बन के जाऊँ या अपनी हिजड़ा कम्युनिटी का प्रतिनिधि बनकर? कम्युनिटी की प्रतिनिधि बनकर गयी तो मुझ पर कुछ बंदिशें आयेंगी क्या? पर कैसी बंदिशें? मैं जैसा बर्ताव करूँगी वो लक्ष्मी के रूप में होगा और उसके साथ ही हिजड़े के रूप में भी... पर हिजड़े के रूप में गयी तो हमारी कम्युनिटी असल में है क्या, उसकी तरह बात करना, चलना, बर्ताव करना, सोचने की पद्धति क्या है, वो दर्शकों के सामने आयेगा। सच तो यह है कि हमारा कुछ अलग नहीं होता, हमारी बोल-चाल, बर्ताव आपस में अलग-अलग हो सकता है, पर हमारी भावनाएँ, सोचने का तरीका बिल्कुल आपके जैसा ही नॉर्मल होता है, यही मुझे दिखाना था। 2 अक्टूबर, 2007 को अपना बैग लेकर बिग बॉस के घर में दाखिल होते समय मैंने निर्णय लिया—लक्ष्मीनारायण त्रिपाठी को हिजड़ा कम्युनिटी की सदस्य के तौर पर ही बिग बॉस के घर में रहना है।

जैसा तय किया था, वैसे ही मैं उस घर में गयी। वहाँ शक्ति कपूर था। पूजा बेदी, पूजा मिश्रा, महक चहल, विरा समदझाई, जुही परमार, मनदीप बहलवी, रागेश्वरी आदि चौदह लोग थे। संजय दत्त और सलमान खान उसके होस्ट थे। आज तक पूरी दुनिया की आँखें मेरे लिए कैमरा थीं। लेकिन अब सचमुच का कैमरा हम पर नजर रखनेवाला था। शुरुआत के दो-चार दिन तो मजे में गये, लेकिन बाद में एक-एक ने अपना रंग दिखाना शुरू कर दिया। असल में रंग दिखाया, ये कहना भी उचित नहीं होगा। 'बिग बॉस' की स्क्रिप्ट पहले से ही लिखी हुई होती है, ऐसा लोग कहते हैं। पर वैसा नहीं है। वहाँ अलग-अलग परिस्थितियाँ बनायी जाती हैं और उस वक्त में आप कैसा बर्ताव करते हैं, कौन-सी और कैसी प्रतिक्रियाएँ देते हैं, इस पर आपको परखा जाता है। उस वक्त उस परिस्थिति में कौन कैसा बर्ताव करेगा, कुछ कहा नहीं सकजा। लोग भी इतना अलग बर्ताव करते हैं... ये घर भी इतनी निगेटिव एनर्जी दे सकता है, इस पर मुझे विश्वास नहीं हो रहा था। पर उस वक्त मैंने उसका अनुभव किया। इसमें असल में क्या हुआ, पता नहीं। इसके अलावा संजय दत्त और सलमान खान दोनों मुझसे जैसे पेश आये, उसका क्या कहना। जिस दिन मैं बिग बॉस के घर से बाहर आयी, उस दिन हमने साथ में लंच किया... उस वक्त खूब बातें हुईं... सीधे-सीधे कहूँ तो सलमान के व्यवहार पर मैं रीझ गयी। उनके व्यक्तित्व से मुझे प्यार हो गया। व्यक्ति से नहीं, व्यक्तित्व से। अच्छा इनसान होने से, दोस्त के रूप में वो मुझे अच्छा लगा। बिग बॉस के फिनाले में भी उसने मुझे सम्मान दिया। उसकी और संजय, दोनों की बातों की शुरुआत 'लक्ष्मी जी...' से होती थी। इस वजह से मुझे लगा कि हम मजाक करने के लिए

नहीं बने हैं, हमारे साथ भी गम्भीरता से बात की जा सकती है, हम भी नॉर्मल हैं। बाकी लोगों के साथ जैसा बर्ताव करते हैं, वैसा ही हमारे साथ करना चाहिए। ये मैसेज समाज तक पहुँचा। उसके बाद मैं जहाँ गयी, वहाँ तो लोगों का बहुत प्यार मिलता ही था, पर हमारे समाज की तरफ देखने का उनका दृष्टिकोण भी बदल रहा था, इसका मुझे एहसास होने लगा। बिग बॉस में मैंने पैसे नहीं जीते, पर पूरे भारत का दिल जीता। अपनी कम्युनिटी को मैंने लोगों तक पहुँचाया। बिग बॉस के घर में मैंने सती-जैसा बर्ताव नहीं किया और भावनाओं में भी नहीं बही। मैं हँसी, रोई, झगड़ा किया... सबने जो किया, वही मैंने किया; अलग कुछ नहीं। कैसे कुछ अलग करती? वही लोग हैं हम भी...?

बिग बॉस के घर से बाहर आते ही मीडिया ने मुझे घेरा... पर बिग बॉस में मेरे जाने से पहले एक घटना घटी थी। मेरे जीवन पर बना हुआ मराठी चित्रपट शुरू हुआ था—'आम्ही तीसर' (हम क्यों तीसरे?) नाम का।

8 अगस्त, 2011... पापा को गुजरे एक साल बीत गया था और उसी दिन पूना में पारू नाइकजी की किताब 'मी का नाही?' (मैं क्यों नहीं) का प्रकाशन हुआ था। पारू नाइक, प्रसिद्ध लेखक रणजीत देसाईजी की बेटी। मुझसे और मेरे काम से प्रभावित होकर उन्होंने ये उपन्यास लिखा था। एक एक्टिविस्ट हिजड़े की बात उसमें थी। प्रकाशन के लिए प्रमुख अतिथि अभिनेत्री अलका कुबल-आठल्ये आयी थीं। उनको पुस्तक बहुत पसन्द आयी और उन्होंने मुझसे कहा—"मुझे इस पर फिल्म बनानी है।" मैंने पहले इस पर ज्यादा ध्यान नहीं दिया। बहुत-से लोग ऐसा कहते हैं, किन्तु बाद में... पर अलका दीदी उनके जैसी नहीं थीं। उन्होंने ये फिल्म बनाने का निश्चय किया। उसके लिए उनके फोन आने लगे। उसी समय मेरी बिग बॉस की भागदौड़ जारी थी। मेरे पास बिल्कुल समय नहीं था। तो भी समय निकालकर हम दो-तीन बार मिले, चर्चा की। बिग बॉस के घर जाने के पहले दिन मैं निर्माता समीर आठल्ये और दिग्दर्शक रमेश मोरे जी से मिली। कथानक के कुछ ब्योरों के बारे में हमने बातचीत की। मेरे साथ हमेशा रहनेवाले चेले अन्नु और शाहिन थे। इन्हें सब पता है। कुछ अड़चन हो तो उनसे पूछना, ऐसा कहकर मैं उनको उनके हवाले कर बिगबॉस में चली गयी।

फिर जब बिग बॉस के घर से 12 नवम्बर को मैं बाहर आयी तो साक्षात्कार शुरू हुए। बयालीस दिन तक मैं अन्दर थी, पर आज कौन-सा दिन है, क्या तारीख है, वहाँ ये मालूम ही नहीं होता था। बाहर आयी तब पहला सवाल मैंने यही पूछा था—आज क्या तारीख है? मुझे अन्दर गये हुए छह सप्ताह हो गये थे और उन दिनों में 'आम्ही का तीसर' की शूटिंग शुरू हो गयी थी। मैं साक्षात्कारों में फँसी थी, मुझे जाने के लिए समय ही नहीं मिल रहा था। वो दबाव कम होने के बाद, समय निकालकर मैं एक दिन एरसेल स्टूडियो में शूटिंग देखने गयी। फिल्म में हिजड़े की भूमिका

करनेवाला मिलिंद गवी मुझे मिला। हमारी बातें हुईं। इस भूमिका को करने के लिए उसने क्या और कैसी तैयारी की, वो उसने मुझे बताया। मुझे बहुत अच्छा लगा।

फुरसत से चित्रपट रिलीज हुआ। थिएटर में काफी दिनों चला नहीं, पर अलग-अलग चित्रपट-महोत्सव में उसे सम्मान मिले। इस फिल्म की वजह से अलका दीदी और मेरी बहुत अच्छी दोस्ती हो गयी। बिल्कुल बहन जैसी।

बहस का और मेरा कोई पुराना रिश्ता था शायद। नहीं तो बॉम्बे जिमखाना की उस पार्टी में वो बहस छिड़ने की जरूरत क्या थी? मुम्बई, दिल्ली के बहुत-से फाइव स्टार, सेवन स्टार होटल्स की पार्टी में नहीं जाती हूँ क्या, और क्या वहाँ से मुझे बाहर निकाला जाता है?

'टेडेक्स मुम्बई' की कॉन्फ्रेंस थी। विषय था 'सेक्सुअॅलिटी'। मैं उसमें वक्ता थी। कॉन्फ्रेंस के पहले दिन शाम में प्री-कॉन्फ्रेंस डिनर था... बॉम्बे जिमखाना में। स्वाभाविक है, मुझे उसका निमन्त्रण था।

उसी समय बान्द्रा में शुरू हुआ मेरी फिल्म (यानी निष्ठा जैन की) 'कॉल इट स्लट' का प्रदर्शन। उससे पहले कबी नाम की मेरी सहेली ने बान्द्रा में ही अपने घर में एक छोटी-सी पार्टी रखी थी। मैं, मेरी मानी हुई बहन सारा और अथर्व तीनों वहाँ गये थे। पार्टी हो गयी, फिल्म हो गयी, उस पर चर्चा भी हो गयी और हम बॉम्बे जिमखाना की पार्टी के लिए निकले। थके हुए थे, ऊब गये थे। मेरी पहचान के वहाँ ज्यादा कोई नहीं थे। माहौल कैसा होगा, ये भी मालूम नहीं था। मैंने सारा और अथर्व से कहा—"किसी तरह आधा घण्टा रुकेंगे और निकलेंगे..."

बॉम्बे जिमखाना पहुँचे तो वहाँ रिसेप्शन में कुछ औरतें खड़ी थीं... एलिट क्लास की। प्यारी-सी मुस्कान के साथ, शेक हैंड करके, गले लगाकर उन्होंने मेरा स्वागत किया। मुझे बहुत अच्छा लगा। मुम्बई जैसे शहर में इतनी एलिट क्लास की ये औरतें एक हिजड़े का दिल से स्वागत करती हैं... मैं मुस्कुरायी। मैं उन्हें अपना परिचय दे रही थी, उनका परिचय पूछ रही थी। उतने में पार्टी के होस्ट, अजय हट्टंगड़ी और परवेश आये और मुझे ऊपर के हॉल में ले गये। वहाँ पार्टी जारी थी। अजय ने शीला और महेश मथाथ की जोड़ी से मेरी पहचान करवा दी। मुम्बई के 'ब्लू फ्रॉग' डायमंड रेस्टॉरेंट के ये मालिक थे। दूसरे दिन टेडेक्स कॉन्फ्रेंस 'ब्लू फ्रॉग' में ही होनेवाली थी। मस्त कपल था वो... बहुत खुले विचारों का। अलग-अलग विषयों पर हम चर्चा कर रहे थे। चर्चा बहुत अच्छी चल रही थी। बीच-बीच में कोई न कोई आकर मिलते थे। फलाँ-फलाँ समारोह अच्छा था, पसन्द आया, ऐसा बता रहे थे... मैं बीच-बीच में 'मुझे निकलना है' की रट लगा रही थी और महेश-शीला मुझसे रुकने का अनुरोध कर रहे थे। आखिरकार शीला ने कहा, "तुम्हें सच में जल्दी है तो तुम जाओ, पर थोड़ा खाककर तो जाओ...।" उसने ऑर्डर दिया और मेरी प्लेट तैयार होकर आयी। चर्चा करते-करते ही मेरा खाना शुरू हुआ। अब अजय हट्टंगड़ी हमारे साथ आ

गये थे। पार्टी-हॉल के दरवाजे की तरफ मेरी पीठ थी। अचानक बॉम्बे जिमखाना के सीईओ ब्रिगेडियर आर. के. बोस अन्दर आये और उन्होंने अजय को बाजू में बुलाया...

हमारी चर्चा जारी रही। होगा कुछ-न-कुछ।

पर अजय ब्रिगेडियर बोस को जरा दूर लेकर गये। उनका चेहरा उतरा हुआ... "क्या हुआ?" मैंने पूछा। पर महेश-शीला ने कहा, "कुछ नहीं, तुम खाना खाओ।" मैंने फिर से खाना खाना शुरू किया।

पर अब अजय और बोस के बीच की खुसुर-फुसुर बढ़ी... उसकी जगह आर्ग्युमेंट्स ने ले ली थी...

कुछ गड़बड़ हो गयी है, ये मेरे ध्यान में आया। मैं उठ खड़ी हुई और पीछे देखा... अजय हट्टंगडी मेरे पास ही आ रहे थे... उनकी आँखों मे आँसू थे। मेरे चेहरे पर बहुत बड़ा प्रश्नचिह्न देखकर उन्होंने मुझे सब बातें बतायीं...

ब्रिगेडियर आर. के. बोस ने अजय जी से कहा था, "लक्ष्मी को पार्टी में मत आने दो, उसे बाहर निकालो।" पर अजय हट्टंगड़ी राजी नहीं हुए। वे होस्ट थे, मैं गेस्ट थी, ये अलग बात है। असल में उन्हें ऐसा भेद-भाव ही मान्य नहीं था। भारत के सभी नागरिक समान हैं, ऐसा अपने देश का संविधान कहता है। ये बड़े लोगों की संस्थाएँ प्रवेश के अधिकार अपने पास आरक्षित रखती हैं। पर उसके बल पर वो किसी को ऐसे-कैसे बाहर निकाल सकते हैं..? ये संविधान, कानून के मुताबिक नहीं था। अजय ब्रिगेडियर बोस के साथ बहस करने लगे तो उन्होंने अन्तिम अस्त्र निकाला—लक्ष्मी गयी नहीं तो आपकी बॉम्बे जिमखाना की मेम्बरशिप रद्द करनी पड़ेगी।" तब भी अजय तैयार नहीं हुए। आज भी यहाँ सेक्सुअॅलिटी के आधार पर भेदभाव किया जाता है, इसका उनको बहुत बुरा लगा, और उनकी आँखों में पानी आ गया।

मुझे यह सब जानने के बाद बहुत भारी धक्का लगा। क्या सच में हम इक्कीसवीं सदीं में हैं? सिर्फ मेरी सेक्सुअॅलिटी अलग है, इसीलिए बॉम्बे जिमखाना में मुझे नहीं होना चाहिए? ऐसा मैंने क्या किया है? कोई गलत बर्ताव तो नहीं किया...? क्या शरीर को खुला रखनेवाले कपड़े पहने थे...? उल्टे तो मैंने साड़ी पहनी थी उस दिन, तब भी ऐसा क्यों...? मेरी समझ में कुछ नहीं आ रहा था... चिढ़ हो रही थी... बुरा लग रहा था... अपमान हुआ था, इसलिए...

पर मैंने खुद को सँभाला। मेरी वजह से पार्टी क्यों बेरंग हो? मैं पार्टी में हूँ, इसलिए अजय हट्टंगड़ी का बॉम्बे जिमखाने का सदस्यत्व रद्द क्यों हो जाए? मैंने वहाँ से जाने का निर्णय लिया।

पर पार्टी के होस्ट और पार्टी में आये बाकी लोगों ने मुझे ऐसा करने नहीं दिया। ये सिर्फ लक्ष्मी का ही अनादर नहीं, हम सबका अनादर है। किसी को ऐसे

बाहर निकालना गैर-कानूनी है, ऐसा कहकर सभी बाहर आये। पार्टी भी खत्म हो गयी। विश्व में मुझे कहीं भी ऐसा अनुभव नहीं हुआ था, जैसा बॉम्बे जिमखाना जैसी जानी-मानी पुरानी संस्था में हुआ। मैंने तय किया कि, अब शान्त नहीं बैठना है।

अपने कुछ पत्रकार मित्रों को मैंने फोन किया और जो कुछ भी घटा था, वो बता दिया। दूसरे दिन मुझे 'मुम्बई मिरर' के विश्वास का फोन आया—"लक्ष्मी, इस घटना के बारे में और किसी से कुछ मत कहो। मैं अच्छा कवरेज दूँगा, तुम्हें न्याय मिलेगा।" मैंने उसे ज़ो-जो घटा था, वो ब्योरेवार बताया। उस दिन पार्टी में मौजूद कुछ लोगों के नम्बर्स दिये। उसी दिन 'एलजीबीटी' पार्टी थी, वहाँ भी ये अनुभव मैंने सभी को बताया। सभी को सुनकर अचम्भा हो रहा था। बाकी जगहों पर मुझे मिलनेवाला मान-सम्मान सभी को मालूम था। फिर बॉम्बे जिमखाना में मेरे साथ ऐसा बर्ताव हो? सबको झटका लगा था। गुस्सा आया। इसके खिलाफ कुछ करना चाहिए, ऐसा सबको लगने लगा। बहुतों ने तो वैसा कहा भी। इसके बारे में क्या किया जा सकता है, इसकी हमने थोड़ी चर्चा की और सब लोग चले गये।

दूसरे दिन सुबह-सुबह मेरी नींद खुली मोबाइल के बजने से। 'मुम्बई मिरर' ने बॉम्बे जिमखाना की उस घटना को प्रमुखता से छापा था और उसे पढ़कर लोग फोन कर रहे थे। इस घटना की निन्दा कर रहे थे। अक्षरशः पूरे विश्व से मुझे फोन, ई-मेल आ रहे थे। प्रेस के लोगों के ऐसे समर्थन की वजह से मुझे हमेशा ही सहारा मिलता रहता है, क्योंकि मैं लोगों में घुल-मिल जाती थी... उनके साथ बोलती थी। पूरी हिजड़ा कम्युनिटी को मेरा यही कहना था... आज भी है... बी विजिबल, दो ट्रीटेड ॲज इनविजिबल... लोग आपको अनदेखा करते हैं... आपको देखा ही नहीं ऐसा दिखाते हैं... फिर भी हमेशा उनकी नजरों में रहो... उनसे बातें करो... हिजड़ों के बारे में समाज में जो गलतफहमी है, डर हैं, ये इसी से दूर होंगे।

अलग-अलग सामाजिक प्रश्नों पर काम करनेवाले 'लॉयर्स कलेक्टिव' नामक वकीलों के संगठन के आनन्द ग्रोवर को मैंने फोन लगाया और उनसे चर्चा करके मानव-अधिकार आयोग के पास न्याय माँगने का फैसला किया। उसके अनुसार, मेरे मानव-अधिकारों का हनन करनेवाले बॉम्बे जिमखाना को प्रेस के सामने माफी माँगनी चाहिए।

इस घटना की सुनवाई जारी थी। उसी समय पापा की बीमारी भी जारी थी। मुझे वहाँ जाने के लिए समय ही नहीं मिलता था। असल में बॉम्बे जिमखाना का व्यवस्थापन इसमें कुछ सुलह करने के लिए तैयार था। पर फिर पापा गुजर गये और मैं गाँव चली गयी। मैं समय ही नहीं दे सकी। बाद में उस मानसिकता में मेरी वो केस लड़ने की इच्छा ही नहीं रही। मुझसे ही जब कुछ रिस्पांस नहीं मिला तो वो केस बन्द हो गया।

उसके साथ ही मैंने अपनी कम्युनिटी के मर्जादी और बाकी चार दोस्तों के साथ

हमें हमारे मूलभूत मानव-अधिकार दिये नहीं जाते, ऐसी शिकायत सीधे सरकार के खिलाफ की। कोई भी सरकारी अर्जी लगाते समय आप स्त्री हैं या पुरुष, ये पहले लिखना पड़ता है। वैसा कॉलम ही रहता है। उसमें स्त्री और पुरुष, सिर्फ यही दो पर्याय रहते हैं और सही पर्याय पर ही निशान लगाना पड़ता है। पर हम हिजड़े न तो खुद को स्त्री मानते हैं और न ही पुरुष... इसलिए वो कोई भी सरकारी फॉर्म नहीं भर पाते। इसकी वजह से उन्हें पासपोर्ट, राशनकार्ड तो मिलता ही नहीं, शिक्षा, रोजगार जैसे मूलभूत अधिकार भी नहीं मिलते या मिलने नहीं दिये जाते। शिक्षा नहीं, रोजगार नहीं, फिर वो क्या खाएँ? वो भीख माँगते हैं... धन्धा करते हैं... इस दुष्चक्र से कम्युनिटी को बाहर निकालने के लिए ही मैंने ये शिकायत की थी। 'मेल', 'फिमेल' के साथ फॉर्म में 'अदर' जैसा पर्याय भी दीजिए, ऐसा हमारा कहना है। ये सब हक हिजड़ों को मिले, इसके लिए आवश्यक कार्यवाही करने के आदेश आयोग ने सरकार को दिये हैं। लेकिन आज तक उस पर अमल हुआ नहीं है। वो हो गया तो हिजड़ों को शिक्षा मिलेगी, रोजगार मिलेगा। किसी भी फॉर्म पर स्त्री, पुरुष के साथ 'तृतीयपन्थी' ऐसा भी एक पर्याय होगा, इसलिए तृतीयपन्थियों का अलग कार्ड सरकार के पास तैयार होगा। उससे फिर उनको जरूरत के हिसाब से राशनकार्ड्स और बाद में मतदान का अधिकार भी मिल सकेगा।

ऐसी अगर-मगर की बातें बहुत हैं। ये अगर प्रत्यक्ष रूप में लागू हों तो हिजड़ों की जिन्दगी बहुत सुसह्य हो जाए। पर ऐसी बातें इतनी जल्दी, इतनी सहजता से नहीं होतीं। उसके लिए भारी संघर्ष करना पड़ता है। अपना इतिहास यही तो बताता है... समाज में हर बड़ा बदलाव किसी बड़ी लड़ाई के बाद ही आता है। अर्थात् ये लड़ाई सामाजिक है, वैचारिक है, हम भी ऐसी ही लड़ाई लड़ रहे हैं... हौसले के साथ, निराश न होकर लड़ रहे हैं और हमें जो चाहिए, वो हासिल करने की कोशिश कर रहे हैं।

और हमें ऐसा लग रहा है, धीरे-धीरे पर निश्चित रूप से समाज में बदलाव हो रहा है। उससे ही कम्युनिटी को आत्मविश्वास मिल रहा है। सही रास्ते पर चलें, सब मिलकर लड़ें तो समाज में परिवर्तन होता है, ये साफ दिखाई देता है...

हिजड़ों को समाज के सामने लाने के लिए, उनका आत्मविश्वास बढ़ाने के लिए एक समारोह करने की कल्पना अनेक वर्षों से मेरे दिमाग में थी... आम स्त्रियों के लिए, बल्कि आजकल तो पुरुषों के लिए भी जगह-जगह सौन्दर्य-प्रतियोगिताएँ होती हैं। 'मिस इंडिया' होती है, 'मिस यूनिवर्स' होती है... हिजड़ों के लिए भी वैसी प्रतियोगिता हो, ऐसी मेरी हार्दिक इच्छा थी। हिजड़े उस वजह से स्टेज पर आते। उन्हें अपनी प्रतिभा दिखाने का मौका मिलता... हम सिर्फ तालियाँ नहीं बजाते, स्टेज पर भी धूम मचाते हैं, ये उन्होंने समाज को दिखा दिया होता...

प्रतियोगिता के सभी विवरण मेरे दिमाग में तैयार थे। ब्यूटी कॉन्टेस्ट करने के

लिए बहुत सारे लोग मेरे पास आते भी थे, पर उनकी अजीब कल्पनाएँ थीं। मैं उन्हें सीधे-सीधे मना करती थी। पर मेरे दिमाग से ये कल्पना नहीं गयी। जब-जब मौका मिलता था, तब-तब मैं उसे अलग-अलग लोगों के सामने रखती थी।

सन् 2009 था शायद। अपने एक माने हुए भाई की बर्थ डे पार्टी के लिए मैं पूना गयी थी। पार्टी जारी थी और मुझे पराग सावके का फोन आया। हमारे एरिया के विकी सावके का भाई है पराग। विकी मेरा बहुत अच्छा दोस्त है। बहुत ही सभ्य और दूसरों को समझनेवाला। जब खोपट से यहाँ शास्त्री नगर में रहने आये, तब इस एरिया में जिससे मेरी पहली बार जान-पहचान हुई थी, वो विकी से। अनिल, अण्णा, प्रवीण, मेरे एरिया के ये कुछ और दोस्त हैं। तो विकी के भाई पराग का फोन आया। वो 'वी केयर' नाम की कम्पनी में नौकरी करता था। कम्पनी का कोई कार्यक्रम था और 'वी केयर' के संचालक सुनील सालडाणा जी की इच्छा थी कि मैं उस कार्यक्रम में प्रमुख अतिथि के रूप में आऊँ।

संयोग से उनके कार्यक्रम वाला दिन मेरे लिए खाली था। मैंने झट से 'हाँ' कर दी।

तय किये हुए समय पर मैं कार्यक्रम के लिए गयी। 'वी केयर' क्रिश्चियन धर्म के अनुसार चलने वाली... जरूरतमन्द, बीमार लोगों की मदद करनेवाली, उनकी सेवा करनेवाली... उनका ख़याल रखनेवाली संस्था थी। कार्यक्रम के बाद सुनील सालडाणा और मैं बातें कर रहे थे। आस-पास बहुत से हिजड़े मैंने देखे... ये यहाँ कैसे? वैसे खास हिजड़ों के लिए 'वी केयर' में कुछ काम नहीं था, फिर...?

पूछने पर पता चला कि इन हिजड़ों के ब्यूटी कांटेस्ट का आयोजन गणेश नाम के एक कार्यकर्ता ने किया था... 'नज़ाकत' नाम से। मैं उसे जानती थी। उससे सम्बन्धित लोग मेरे पास भी आये थे मेरी मदद के लिए, पर मैंने मना कर दिया था। ब्यूटी कांटेस्ट करना है तो मैं अपने तरीके से करूँगी, उनको जैसा चाहिए, वैसा क्यों करूँ, ऐसा मुझे लग रहा था। 'नज़ाकत' के स्पॉन्सर भी 'वी केयर' वाले थे। कार्यक्रम में बहुत-से हिजड़े दिखाई दे रहे थे, इसलिए मैंने सुनील जी से कहा, "मैं भी हिजड़ों का ब्यूटी कांटेस्ट लेना चाहती हूँ..." सुनील जी ने झट से कहा, "ले लो। वी केयर को खुशी होगी आपकी मदद करने में, पैसों की बिल्कुल भी फिक्र मत करो... चार करोड़ रुपये देता हूँ पूरे भारत में इस प्रतियोगिता के लिए।"

प्रतियोगिता, यानी क्या करना है, इस बारे में मैंने कभी सोचा नहीं था। मेरे दिमाग में प्लान तैयार था। 'ट्वेल्व नून एंटरटेनमेंट' नामक कम्पनी की स्थापना मैंने रणजीत और अमित के साथ मिलकर अभी-अभी की थी। उससे इस प्रतियोगिता का आयोजन करेंगे, ऐसा मैंने तय किया। प्रतियोगिता का नाम भी निश्चित किया... 'इंडियन सुपरक्वीन।' जल्दी-जल्दी सब प्लानिंग किया। भारत के दस शहरों में ऑडिशन लेना, उसके बाद मुम्बई में सेमीफाइनल और फिर फाइनल। अनिता खेमका को ऑफिशियल फोटोग्राफर के रूप में नियुक्त किया। 12 जनवरी, 2010

को मुम्बई में 'इंडियन सुपरक्वीन' की पत्रकार परिषद सम्पन्न हुई। फिर मेरी कम्पनी के दो-तीन लोग और दो-तीन चेले इन सबके साथ भारत के दस शहरों के दौरे पर निकले... मुम्बई, दिल्ली, कोलकाता, अहमदाबाद, बेंगलुरू, हैदराबाद, जयपुर, चेन्नई, भोपाल और भुवनेश्वर...

भारत के हिजड़ों की पहली सौन्दर्य प्रतियोगिता मैं कर रही थी। बात करते समय जो हिजड़े सामनेवाले की आँखों से आँखें नहीं मिलाते थे, उन हिजड़ों को रैम्पवॉक करने को कह रही थी मैं। बहुत से हिजड़े जिन्दगी में पहली बार स्टेज पर खड़े हो रहे थे... एक अलग ऊँचाई से दुनिया को देख रहे थे।

पूरे भारत में इस प्रतियोगिता को अच्छा रिस्पांस मिला था। दिल्ली जैसे कुछ शहरों में शुरुआत थोड़ी लड़खड़ाते हुए हुई, पर बाद में प्रतियोगी खुलने लगे। जैसे-जैसे उनमें आत्मविश्वास आने लगा, वैसे-वैसे 'इंडियन सुपरक्वीन' सिर्फ प्रतियोगिता न रहकर हिजड़ों की अभिव्यक्ति का एक मंच बनता गया...

समाज में हमें कोई पूछ रहा है, ये भावना ही हिजड़ों के लिए काफी महत्त्वपूर्ण थी। यहाँ वे सिर्फ देख ही नहीं रहे थे, बल्कि हिजड़े स्वयं ही 'टॉक ऑफ द टाऊन' थे... जो हिजड़े पहले स्टेज पर आने से डरते थे, हड़बड़ाते थे, अब उन्हीं में आत्मविश्वास की झलक दिखाई दे रही थी... मेरे लिए ये बहुत बड़ी चीज़ थी। अपनी कम्युनिटी की 'कपैसिटी बिल्डिंग' का जो सपना मैंने देखा था, कुछ हद तक वो अब सच हो रहा था।

इस समय मेरी बहुत भागदौड़ हो रही थी। अनिता खेमका, अथर्व नायर, अन्नु हिजड़ा मेरे साथ पूरे भारत में घूम रहे थे। मेरा ख़याल रखते थे। मुझे अस्थमा था, इसलिए मुझसे बहुत भागदौड़ सहन नहीं होती थी। मौसम के बदलने पर तकलीफ होने लगती थी। पर इन लोगों ने मुझे तकलीफ ही नहीं होने दी। शाहीन, कमल ये मेरे चेले भी मेरे पीछे अडिगता से खड़े थे, इसीलिए 'इंडियन सुपरक्वीन' अच्छी तरह से सम्पन्न हुआ। पूरा अनुभव अविस्मरणीय था...

पर इन सबकी बहुत बड़ी कीमत मुझे चुकानी पड़ी। 'वी केयर' के सुनील सालडाणा जी ने मुझे पूरी मदद करने का आश्वासन दिया था। तीन-चार करोड़ देने की बात हुई थी। व्यावहारिक तौर पर उन्होंने हमारे सामने शर्तें रखी थीं, और कोई भी अन्य प्रायोजक नहीं लेने दिया था। मेरे मन में थोड़ा डर था, पर कम्युनिटी के लिए कुछ अच्छा हो रहा है, इसलिए मैंने वो सारी बातें मान ली थीं...

'इंडियन सुपरक्वीन' के ऑडिशन शुरू हुए। मैंने अलग-अलग शहरों में घूमना शुरू किया। कोलकाता, हैदराबाद में अच्छा रिस्पांस मिला था। हम खुश थे। जयपुर में ऑडिशन था। उसे पूरा करके हम जयपुर हवाई अड्डे पर आये और मुझे मेरे ऑफिस से फोन आया... उस तरफ से मेरी सहयोगी बोल रही थी—''सुनील सालडाणा जी का फोन आया था। तीन-चार करोड़ नहीं दे सकते। डेढ़ करोड़ रुपयों

में ही पूरी प्रतियोगिता पूरी कीजिए।"

मैं सन्न रह गयी। फोन पर मैं क्या सुन रही हूँ, वो भी मेरी समझ में नहीं आ रहा था... सब तैयारी हो गयी थी और बजट को ध्यान में रखकर ही हम सब कुछ कर रहे थे... डेढ़ करोड़ में क्या हो सकता है...? क्या-क्या कम करें, उसमें से जो अब हो गया है? क्या प्रतियोगिता ही बन्द करनी पड़ेगी...? दो सेकेण्ड में इतनी बातें मेरे दिमाग में घूमने लगीं। अब मुझे हार्ट अॅटैक ही आयेगा क्या, ऐसा लगने लगा... प्रतियोगिता करने से क्या होगा और बन्द करने से क्या होगा, इसका चित्र मेरी आँखों के सामने घूम गया...

एक बार उठाया हुआ कदम पीछे लेना मेरे स्वाभाव में नहीं था। मैंने और अथर्व ने चर्चा की। मैं पीछे हटनेवाली नहीं थी, पर अब ऑडिशन्स को यहीं रोकने का हमने फैसला किया। इससे इन्दौर, भुवनेश्वर के ऑडिशन्स का खर्चा कम होनेवाला था। उसके बदले में मुम्बई का सेमी फाइनल और फाइनल धूमधाम से करना था। डेढ़ करोड़... बस्स, उतने में ही सब खत्म करना था। जैसा कि तय किया था, वैसा ही सब कुछ किया। सेमी फाइनल के लिए सीमा विश्वास परीक्षक थी और फाइनल...?

21 फरवरी, 2010 को सहारा एयरपोर्ट के पास के 'ग्रैंड मराठा' होटल में फाइनल हुआ। प्रतियोगिता की शुरुआत से ही मेरे साथ रहनेवाली सेलीना जेटली, सुप्रसिद्ध आरजे मलिका और लिजेंडरी जीनत अमान... और तो और, 'हमसफर'

'इंडियन सुपरक्वीन' के फाइनल के परीक्षक अशोक राव कवि, सेलीना जेटली और जीनत अमान के साथ।

का फाउंडर, मेरा गुरु अशोक रावकवि, मलेशिया की पहली ट्रान्सजेंडर कार्तिनी... परीक्षकों की यह फौज ...और सामने चियर करनेवाली ऑडियन्स थी... बीच-बीच में डांस और म्यूजिक के परफॉरमेन्सेस थे... मिस इंडिया की ही धरती पर हमारी 'इंडियन सुपरक्वीन' हो गयी।

प्रतियोगिता खत्म हुई और मुझ पर बधाई की बौछार होने लगी। मेरे फोन को आराम मिलना मुश्किल हो गया था। कार्यक्रम रात में खत्म हुआ था और सुबह तक लगातार फोन आते रहे। मैं उन्हें सुनते-सुनते एकदम थक गयी थी। बीते हुए तीन-चार महीनों की भागदौड़ थी। काम के वक्त वो समझ में नहीं आयी। 'वी केयर' के पैसे कम देने का कारण तंगी थी। अब प्रतियोगिता ठीक से होगी या नहीं, इस बात का काफी टेंशन था और उस समय पापा की बीमारी भी बनी हुई थी।

पापा को मुँह का कैंसर डिक्लेयर हुए छह महीने हो गये थे। ठाणे के ही डॉ. सतीश कामत के पास उनका ऑपरेशन हुआ था और उसके बाद की केमोथेरपी जारी थी। सब कुछ समझ रही थी, पर चाहकर भी मैं पापा को समय नहीं दे पा रही थी। उनके पास बैठकर उनको हौसला भी नहीं दे सकती थी। जब भी मुम्बई के बाहर निकलती तो मेरे पैर निकलने का नाम नहीं लेते थे... लगता था, सब कुछ छोड़कर पापा के पास ही बैठी रहूँ। उन्होंने पिता होने की अपनी जिम्मेदारी खूब निभायी थी। अब बेटे की हैसियत से मेरी जिम्मेदारी थी...

पर अपनी कम्युनिटी के प्रति भी मेरी कुछ जिम्मेदारियाँ थीं और उसके लिए ही मैंने भागदौड़ करके 'इंडियन सुपरक्वीन' का आयोजन किया था। मेरा वहाँ होना जरूरी था। घर में मैं नहीं हूँ, तो भी पापा को देखने के लिए शशि था। लेकिन यहाँ पर शुरू से लेकर आखिर तक मुझे ही सब कुछ करना था, और उसमें से कुछ बातों का सभी को पता नहीं था। मेरा वहाँ न रहना ठीक नहीं था।

परिवार और कम्युनिटी के बीच में से न चाहते हुए भी कुछ दिनों के लिए मैंने कम्युनिटी का ही चुनाव किया और पूरी ईमानदारी से पूरा समय 'इंडियन सुपरक्वीन' को दिया। इसी बीच पापा की तबीयत भी और ज्यादा खराब होती गयी...

दीपक और शाहीन की मदद से शशि पापा का सब कुछ कर रहा था। डॉक्टर के पास ले जाता था, दवा-दारू के साथ-साथ उन्हें क्या चाहिए, क्या नहीं, ये सब देख रहा था, पापा और माँ को भी धीरज बँधा रहा था... इसी समय मन्दी की वजह से उसकी नौकरी छूट गयी थी। पर उसने पापा का ख़याल रखने के लिए दूसरी नौकरी ढूँढ़ने की जल्दी नहीं की। शशि पूरी जिम्मेदारी के साथ अच्छी तरह से सब कुछ सँभाल रहा था, जबकि ये सब मुझसे नहीं हो रहा था... सिर्फ कर्तव्य के तौर पर नहीं तो पापा का ख़याल रखना मेरी अपनी भी जरूरत थी...

पापा ने मुझे बनाया था, बढ़ाया था, जबकि समाज ने छोड़ा था। तब पापा... चंद्रदेव चंडीनाथ त्रिपाठी पूर्व उत्तर प्रदेश के गोरखपुर के पास के 'भिता'

गाँव के ब्राह्मण थे। हमारा खानदान पूरे इलाके में प्रसिद्ध था। घर के हर आदमी को मान-सम्मान दिया जाता था। उसकी वजह भी वैसी ही थी। मेरे परदादा जी विद्वान पंडित थे। चार वेद, उपनिषद उन्हें कंठस्थ थे। उनका धर्मशास्त्र का अध्ययन था। आसपास के गाँवों में उनको खूब मानते थे। परदादा जी थे, तब तक हमारे घर में खुशहाली थी... घर इनसानों से, धनधान्यों से, पैसों से भरा हुआ था। घर की हालत काफी अच्छी थी, पर आनेवाली पीढ़ी ने उसकी कीमत ही नहीं समझी।

असल में परदादा जी ने अपने पांडित्य की दीक्षा मेरे दादा जी को भी दी थी। वो भी आसपास के गाँव में पंडिताई या पुरोहिती करते थे। वो इसके लिए प्रसिद्ध थे। फिर भी परदादा जी के जाने के बाद हालत खराब होने लगी। पैसा गया। वो दादा जी का समय था। सभी भाई एक-दूसरे को नीचा दिखाने की कोशिश करते थे... एक-दूसरे से झगड़ा करने लगे थे... उनके आगे की, यानी मेरे पापा की पीढ़ी को फिर शायद लगने लगा था कि ऐसा ही जीना पड़ता है, ऐसा ही बर्ताव करना होता है। पापा भी कुछ कम नहीं थे। लड़ाई, झगड़ा... एक तो पहले ही उत्तर प्रदेश, उस पर घर का माहौल ऐसा। दादा जी गुस्सा करते थे, चिल्लाते थे, पापा को मारते भी थे। फिर भी ये लड़का सुधरता नहीं, यह देखकर उन्होंने उन्हें 16 बरस की उम्र में ही घर से निकाल दिया। कुल के लिए अभिशाप है ये... जाने दो घर से बाहर, ऐसा उनका मानना था।

पापा वहाँ से निकले तो सीधे मुम्बई चले आये। एक रिश्तेदार की पहचान से ठाणे के जे.के. फाइल्स में नौकरी की। यहाँ पूरी ईमानदारी के साथ और जिम्मेदारी से काम करने लगे। पैसे कमाने लगे और उसे सहेजकर गाँव भी भेजने लगे। यहाँ-वहाँ बिखरे हुए परिवार के सभी सदस्यों को वो नजदीक लाये और घर को सँभाला। पूरे गाँव ने ये देखा था और इसी वजह से सिर्फ घर में ही नहीं, पूरे गाँव में पापा को आदर मिलने लगा था।

मेरी माँ भी उत्तर प्रदेश की ही थी। उसका गाँव 'बन्हवा' था। खाते-पीते घर की थी। उसकी और पापा की शादी हुई, यानी चंद्रदेव चंडीनाथ त्रिपाठी और विद्यावती चंद्रदेव त्रिपाठी की गृहस्थी शुरू हो गयी। उनके सात बच्चों में से हम तीन ही बचे थे। हमारी परवरिश करते समय माँ-पापा ने हमें अच्छा खिलाया-पिलाया, अच्छा पहनाया-ओढ़ाया, अच्छी शिक्षा दी, अच्छे संस्कार दिये, हम पर पूरा भरोसा रखा और उससे ही हम में आत्मविश्वास आने लगा। इन सबके आगे जानेवाली एक और बात माँ-पापा ने की। अपने बर्ताव से, बातों से उन्होंने कुछ मूल्य हमारे मन में बोये और हमें जिन्दगी-भर उनसे बावस्तगी रही। ज्ञान से भी ज्यादा उनके जीने ने हमें दिखा दिया था। बचपन में बहुत कुछ समझ में नहीं आया, पर जैसे-जैसे बड़ी होती गयी, समाज से अनुभव मिलता गया, वैसे-वैसे माँ-पापा की देन की कीमत समझती गयी। कभी भी झूठ नहीं बोलना, झूठा बर्ताव नहीं करना... किसी को झाँसा नहीं

देना, किसी के बारे में बुरा नहीं सोचना... हर काम करते समय बाकी लोगों के बारे में सोचना, कोई भी दुखी न हो, इसका ख़याल रखना... कोई भी काम निःसंकोच करना। जो भी करना है वो ईमानदारी से करना है... लोगों की मदद के लिए झट से आगे बढ़ना है, अगर कोई मुसीबत में हो तो झट से उसकी मदद करनी है। सिर्फ माँ-पापा ही नहीं, हम सभी ऐसा बर्ताव करते थे... खुद ईमानदार रहकर इन्हीं मूल्यों के आधार पर अपने और परिवार के फैसले लेते थे। इसी वजह से इन फैसलों के बारे में हमें कभी पछताना नहीं पड़ा। हम में से किसी ने भी कभी अपनी नींद नहीं गँवायी।

माँ रोज सुबह पाँच बजे उठकर घर के काम में लग जाती थी। पापा छह-साढ़े छह बजे ही घर से बाहर निकल जाते थे। उनके जाने के बाद माँ हमें तैयार करके स्कूल भेजती थी। पापा बीच की छुट्‌टी में खाना खाने घर आते थे। खाना खाने के बाद वो हमें स्कूल में डिब्बे ले जाकर देते थे और फिर काम पर चले जाते थे।

स्कूल से आने के बाद हमारी पढ़ाई, ट्यूशन्स... माँ हमें कुछ न कुछ खिलाकर भेजती थी। लेकिन हम पढ़ाई कर रहे हैं या नहीं, इस पर पापा की पैनी नजर रहती थी।

मैं बचपन से ही माँ का लाड़ला था। उससे ही खुलकर बातें करता था। पापा और मुझमें वैसे ज्यादा बातचीत नहीं होती थी। उनके बारे में आदर था, डर था... शायद इसी वजह से हम उनके साथ कभी खुलकर बातें नहीं कर पाये।

शशि बचपन से ही बहुत बदमाश। स्कूल से आते समय हमें हाइवे क्रॉस करना पडता था। वो पकड़ा हुआ अपना हाथ छुड़ा लेता और भागता... मेरा जी घबराता था... उसे कुछ कहने या थप्पड़ लगाने पर हाथ में जोर से काटता था। मैं रोते हुए माँ के पास जाता और माँ कहती थी, “जाने दो, बच्चा है वो।” मैं बहुत तिलमिला उठता था। घर का छोटा बच्चा कितना भी बड़ा हो तो भी हमेशा छोटा ही रहता है और बड़ा बच्चा छोटे भाई-बहनों के रहते जल्दी बड़ा बन जाता है। अपने यहाँ मैं वैसी ही बड़ी हुई और शशि हमेशा छोटा ही रहा... आज भी।

गाँव में हुई एक पूजा के दौरान शशि ने हमारे पड़ोसी गाँव की सपना को देखा। वो उसे पसन्द आयी और रिश्ते की बात चलायी गयी। लेनदेन की बात हुई और शशि और सपना की शादी हो गयी। सपना अपने छह भाई-बहनों में तीसरी थी, तो भी हमारे घर में छोटी ही थी। और फिर शशि-सपना का अंशुमन... बकबक, उसका खेलना, उसके सवाल... उसकी मासूमियत... यही उनकी बड़ी ताकत होती है ना? घर में कभी झगड़ा हुआ, तो अंश की तरफ देखकर सभी का गुस्सा शान्त हो जाता था। कभी थककर लौटने और उसके साथ पाँच मिनट खेलने पर थकान गायब हो जाती थी। अभी-अभी कल-परसों तक शशि हमारे घर का छोटा बच्चा था। अब उसकी जगह अंश ने ले ली थी।

दीदी हम दोनों से बड़ी थी। उसकी दादागिरी अलग ही थी। हम कहाँ जा रहे हैं, किसके साथ जा रहे हैं, क्या करते हैं, पढ़ाई करते हैं या नहीं, स्कूल में अच्छे अंक लाते हैं या नहीं, इस पर उसकी पैनी दृष्टि होती थी। जरा-सी भी कुछ गड़बड़ देखती तो कहर बरपा देती थी।

दीदी ने ही मुझे सिनेमा के गानों पर नाचने के पहले स्टेप्स सिखाए थे, पर बाद में मेरी नाचने की आदत देखकर, मैं औरतों जैसा नाच रहा हूँ, यह ध्यान में आते ही बाद मेरे घुँघरू फेंक दिये थे।

भाई-बहन के तौर पर हम बहुत झगड़ते थे, फिर भी मैं दीदी के काफी नजदीक था। पर विंग कमांडर जीतेंद्र दत्त मिश्रा के साथ उसकी शादी हुई और वो बहुत दूर आसाम चली गयी... जीजू का जहाँ तबादला होता था वो उनके साथ जाती थी, घूमती थी... कभी पास ही पूना में तो कभी दूर मलेशिया में। दीदी का बड़ा लड़का विश्वेश, सबका लाड़ला था। घर का पहला नाती। उससे छोटी कृति। उसके समय दीदी को कॉमिप्लकेशन्स थे। इस वजह से घर में टेंशन था... पर 31 दिसम्बर, 2009 को उसका प्रसव ढंग से हुआ और हमने वो न्यू इयर धूमधाम से मनाया।

दीदी की शादी मेरे हिजड़ा होने से पहले ही हो गयी थी। मैं हिजड़ा हो गया हूँ, माँ को पता चला तो उन्हें जो टेंशन था, उसमें दीदी के ससुरालवाले क्या कहेंगे, ये भी था। शुरुआत में जीजू ने भी दीदी को ताने मारे। मुझ पर भी गुस्सा हुए। कुछ दिनों तक हमने बोलचाल भी बन्द रखी। पर धीरे-धीरे उन्होंने इसको स्वीकार कर लिया। अब तो...

दीदी के परिवार के एक और व्यक्ति का जिक्र करना चाहिए। वो हैं यानी दीदी के ससुर, अनिरुद्ध मिश्रा। बहुत ही समझदार, बड़े दिलवाले। इस बात का पता चलने पर शुरू-शुरू में वो भी नाराज थे। पर मुझसे पहले की पीढ़ी के होने के बावजूद उन्होंने मुझे इतनी जल्दी और अच्छी तरह समझ लिया कि बाद में हर समय वे मेरा साथ देते थे... पापा के गुजर जाने के बाद भी।

पापा का जाना हमारे परिवार पर बहुत बड़ा आघात कर गया था। उनकी बीमारी, उनकी तकलीफें, सब कुछ...

2009 के जून-जुलाई में मेरे सीने में इन्फेक्शन हुआ था, मेरा ट्रीटमेंट, अस्पताल में जारी था, तभी पापा के होठों पर अन्दर की तरफ एक छोटी गाँठ दिखाई दी थी। जल्दी से हमने उनका टेस्ट कराया और डॉक्टरों का अन्देशा सच साबित हुआ। पापा तम्बाकू का सेवन करते थे... अब चक्कर शुरू हुए... हजारों टेस्ट, बायोप्सी... ऑकॉलॉजिस्ट के पास दौड़ना... फिर से टेस्ट्स... ऑपरेशन... कीमोथेरपी... उसकी तकलीफ... इतना सब कुछ होने के बाद भी उनकी तबियत और गम्भीर होने लगी। इस बीच पूरी तरह मेरे ठीक होने के बाद मेरे काम शुरू हो गये थे। लगभग डेढ़ महीने तक कुछ न करने की वजह से रुके हुए काम का बोझ, उस पर जब-तब होते

विदेशी दौरे, बेचैनी... किसी को कुछ बता भी नहीं सकती थी और न रो सकती थी। मैं उनका बड़ा बेटा था ना। मुझे जिम्मेदारी से, गम्भीरता से बर्ताव करना जरूरी था। पापा की बीमारी के समय एक बार मुझे बैंकॉक एक कॉन्फ्रेंस के लिए जाना था। जाने का मन नहीं कर रहा था। एक दिन पापा की तबीयत बहुत खराब हुई। डॉक्टर के पास ले जाने के बाद उन्होंने कहा, "अब दवाइयों का ज्यादा फायदा नहीं होगा। कभी भी कुछ भी हो सकता है।" असल में तो पापा की बीमारी का पता चलने पर ही हमें इस बात का अन्देशा हो गया था... दिन-ब-दिन गिरता स्वास्थ्य देखकर उसका भी यह अन्देशा बढ़ रहा था। पर अब डॉक्टरों के मुँह से सब कुछ सुनने के बाद... बैंकॉक जाने को लेकर दुविधा बढ़ रही थी।

आखिर जैसे-तैसे जाने के लिए तैयार हुई। दिमाग में लगातार वही बातें चल रही थीं... पापा और उनकी बीमारी... जो मेरे हाथ में था, मुझसे जितना हो सकता था, उतना सब कुछ मैंने किया... फिर भी कुछ ठीक नहीं हो रहा था... अब और क्या करूँ...? मैं हार गयी हूँ, ऐसा लगता था।

बैंकॉक की कॉन्फ्रेंस में एक सेशन जारी था। मैं सामने बैठी थी। पर वहाँ होकर भी मैं वहाँ नहीं थी। मुझे सहन नहीं हो रहा था। मैं बाहर आयी और वहीं खड़े होकर जोर-जोर से रोने लगी। मुझे अचानक से बाहर आते देखकर 'हमसफर' का विवेक मेरे पीछे बाहर चला आया। देखता है कि, मैं रो रही हूँ... उसने मुझे शान्त किया, समझाया। पहले तो नहीं, पर बैंकॉक के इस ट्रिप में मेरी नींद उड़ गयी थी... दिमाग में विचारों की भीड़ थी... लगातार घर पर फोन... कैसे हैं? कहाँ हैं? घरवाले दिलासा दे रहे थे। फोन रखने पर दिमाग में फिर से विचार शुरू हो जाते थे... इस पर भी नींद आती तो बुरे सपने आते और मैं तड़के साढ़े तीन-चार बजे ही हड़बड़ाकर जाग जाती थी। इसी कॉन्फ्रेंस में मुझे बहन माननेवाले मानवेन्द्र सिंह भी आये थे। बैंकॉक से भारत आते समय वो भी मेरे साथ थे। मेरी बेचैनी का उन्हें एहसास था... मुझे भारत जाने की कितनी जल्दी है, ये वो देख रहे थे। हवाई जहाज छूटने में थोड़ी देर थी और उसी समय मेरी आँख लग गयी... जितनी जल्दी मैं सोयी, उतनी ही जल्दी उठी और पास में बैठे मानवेन्द्र सिंह से पूछा, "पहुँच गये हम मुम्बई?" उन्होंने आश्चर्य से मेरी तरफ देखा। वे हँसे और मेरे सिर पर हाथ रखकर कहा, "बी कूल सिस्टर..."

बैंकॉक से लौटी, तो मेरे आगे बार्सिलोन के पहले इंटरनेशनल ट्रान्सजेंडर कांग्रेस की तारीखें खड़ी थीं। उसकी तरफ से भी अनदेखा करके नहीं चल सकता था। असल में वहाँ जाने को लेकर भी मेरी जान पर बन आयी थी। एक मन कहता था—मत जाओ बार्सिलोन... सिर्फ बैठी रहो पापा के पास। इससे उनको भी अच्छा लगेगा। पर तभी दूसरा मन कहता था—पापा को समय देना चाहिए, ये ठीक है, पर तुम्हारा बार्सिलोन जाना भी उतना ही महत्त्वपूर्ण है। ये कॉन्फ्रेंस कई तरह महत्त्वपूर्ण है। उसका आयोजन

करने में जो लोग आगे आये थे, उनमें से मैं भी एक थी और अगर मैं ही नहीं गयी तो... वैश्विक स्तर पर अलग-अलग देशों में ट्रान्सजेंडर्स के बारे में जो नीति निश्चित होती है, उसमें अपनी बात किस तरह और कैसे रखी जाय, इस पर वहाँ विस्तृत चर्चा होनेवाली थी। भारतीय उपमहाद्वीप की सभी हिजड़ा कम्युनिटी की दृष्टि से ये कॉन्फ्रेंस सचमुच महत्त्वपूर्ण थी।

हाँ-ना करते-करते आखिरकार मैं वहाँ भी गयी... इसके पहले मैं जहाँ-जहाँ गयी थी, वहाँ से घर के हर सदस्य के लिए कुछ-ना-कुछ लाती थी। बार्सिलोन में बहुत चीजें दिखाई दे रही थीं, पर पापा के लिए क्या लूँ, वो मेरी समझ में नहीं आ रहा था। एक-एक वस्तु को मैं हाथ में लेती और वापस रख देती... पापा का तकलीफ भरा चेहरा आँखों के सामने आ जाता था। क्या करेंगे वे इन वस्तुओं का? इसके बदले उनको उस बीमारी से कुछ ठीक करे, ऐसा कुछ मिले। तो... मेरी नजर ऐसा ही कुछ ढूँढ़ रही थी... पापा को ठीक करनेवाली जादू की कोई छड़ी...

घूम-घूमकर, थककर होटल पर आयी और फिर एक बार फूट-फूटकर रो पड़ी... घर से दूर... अकेली...

उस सबका ही परिणाम तो था, बार्सिलोन में मैं बीमार पड़ गयी। एक दिन सुबह उठी तो मुझे साँस लेने में भी तकलीफ हो रही थी। जी घबरा रहा था। लगा, अब मैं मर जाऊँगी... जैसे-तैसे रिसेप्शन को फोन लगाया और डॉक्टर को बुलाने के लिए कहा। जल्दी ही एम्ब्युलेंस आयी और मुझे अस्पताल में लेकर गयी। वहाँ पापा की वैसी तबीयत और... मैंने घरवालों को कुछ नहीं बताया। सिर्फ दीपक को फोन किया... उससे कहा—किसी को बताना मत।

चार-पाँच दिन मैं वहीं अस्पताल में रही। ठीक होकर लौट भी आयी, पर पापा की तबीयत अधिक से और अधिक बिगड़ती गयी।

अब थी विएना की अन्तरराष्ट्रीय एड्स कॉन्फ्रेंस। मेरी वही भावना थी, न जाने की। पर वहाँ तो 'ग्लोबल विलेज' का उद्घाटन मेरे ही हाथ से होनेवाला था। एक हिजड़े के हाथ से उद्घाटन... ये पूरी हिजड़ा कम्युनिटी को मिलनेवाला सम्मान था। मैं गयी, पर वहाँ रुकी नहीं, काम होते ही लौट आयी...

पापा को एकाध-दिन ठीक लगता था, परन्तु दूसरे ही दिन रात में उनकी तकलीफ बढ़ जाती। हम सब रात-भर जागते... कभी सुबह तीन बजे सोते थे, कभी पाँच बजे। पापा की तकलीफ देखी नहीं जा रही थी। पर वो जानेवाले हैं, ऐसी कल्पना भी नहीं कर पाते थे...

लेकिन 7 अगस्त की रात ऐसी ही थी...

शनिवार था वो। वीकेण्ड। मैं बाहर थी। माँ का फोन आया, "जल्दी घर आओ, पापा की तबीयत बहुत ही खराब है। 'मॉफिन पंच' लगाया है, फिर भी ठीक नहीं लग रहा..." माँ के इस वाक्य से मेरे दिमाग में खतरे की घंटी बजने लगी। मैं घर

आयी। सब पापा के सिरहाने और पाँवों के पास बैठे थे। शाहीन भी थी। मेरे चेले थे, इसीलिए मैं इतने दिन बाहर जा सकी। माँ को चेलों से काफी सहारा मिलता था। दीदी भी उसी समय रहने के लिए आयी थी। वो और उसकी छोटी कृति। हम सभी पापा के पास थे... धीरे-धीरे उनको ठीक लगने लगा। नींद आयी। मैं थोड़ी रिलैक्स हुई, पर मॉफिन जैसी सबसे स्ट्रांग दवाई से भी पापा को ठीक नहीं लग रहा था, इस बात ने मुझे हिला दिया था। मतलब, डॉक्टर ने जो कहा था, वो समय आ गया था क्या...

विएना कॉन्फ्रेंस की चर्चा।

मेरे कुछ दोस्त मेरे साथ ऊपर आये थे... पापा को थोड़ा ठीक लगने पर हम नीचे आये... सीधे बार में गये। मेरी बेचैनी, मेरी जिम्मेदारी मुझे नॉर्मल होने ही नहीं दे रही थी। रात को लगभग तीन बजे मैं घर आयी। दीदी और कृति मेरे पास ही सोती थीं।

तीन बजे थे, फिर भी कृति की मस्ती जारी थी, उसे सोना ही नहीं था... मैं उसके साथ खेलने लगी...

दूसरे दिन रविवार था... गटारी अमावस्या थी। सुबह उठकर फ्रेश होकर मैं माँ के पास चाय पीने जाने ही वाली थी कि उतने में ही माँ ने मुझे चिल्लाकर आवाज लगायी। मैं दौड़ी। पापा के मुँह से घर-घर की आवाज आ रही थी। माँ उनके सीने पर हाथ फेर रही थी, शशि नली हिलाकर देख रहा था... शाहीन नीचे नेब्युलायजर

लाने के लिए दौडी। मैंने जल्दी डॉक्टर को फोन लगाया। बताया कि क्या हो रहा है। यह भी पूछा, "मैं लेकर आऊँ क्या उनको आपके पास?"

डॉक्टर ने कहा, "सच बताऊँ लक्ष्मी तुम्हें, उनको अब शान्ति से जाने दो। उन्हें तकलीफ मत दो। देखो, तुम्हें तय करना है... क्या करना है वो?"

मैंने तय किया नहीं तकलीफ देनी है पापा को। धीरे-धीरे पापा शान्त हो रहे थे... मैं उनके सिरहाने बैठी थी। वो मेरी तरफ देख रहे थे... जैसे मुझे बता रहे हों, देख राजू, मैं चला... अब तुझ पर ही घर की सारी जिम्मेदारी है...

मैंने उनका हाथ अपने हाथ में लिया। उनको अच्छा लगा। आपका भरोसा राजू नहीं तोड़ेगा। उन्होंने धीरे से आँखें बन्द कर लीं।

मैंने फोन करके दीपक को बुला लिया था। वो दौड़कर आया। उसने पापा को देखा और मुझे बाहर लेकर गया। ''लक्ष्मी, पापा गये...'' उसने मुझे बताया। मैं समझी। पर अब घर में सबको कैसे बताएँ? माँ को? इस कमरे से उस कमरे में मैं चक्कर काट रही थी।

फिर दीपक ने ही फोन करके डॉक्टर को बुला लिया।

थोड़ी देर बाद डॉक्टर मिश्रा आये। उन्होंने जाँचकर कहा, "ही इज़ नो मोर..." झट से उन्होंने डेथ सर्टिफिकेट भी बना दिया।

मुझे तो कुछ सूझ ही नहीं रहा था। हमें रिश्तेदारों को, दोस्तों को फोन करने चाहिए थे। शशि ने वो सब किया। आस-पड़ोसवालों को खबर मिली। एक-दूसरे को खबर मिलती गयी। एक-एक करके सब आने लगे और हमारा घर भर गया... हमारे इलाके के जीतेन्द्रकुमार इंदिसे, मेरा दोस्त विकी सावके, उनका भाई पराग, अनिल, चंद... मदद के लिए खड़े थे सभी, शिवा ने एंबुलेंस बुलायी। पापा के बड़े भाई, चचेरे भाई, उनके बच्चे... मेरी बुआ की बेटियाँ सभी आये थे।

घर का मूल सहारा चला गया था। जिसने शून्य से हमारा घर खड़ा किया था, वो इनसान गया था। जिसने हमें जन्म दिया, परवरिश की, वो पिता गया था। जिसने हम पर भरोसा किया, वो दोस्त गया था... बहुत ही खाली-खाली लग रहा था। जी भर-भर आ रहा था। जोर-जोर से रोने का मन हो रहा था। पर मैं घर का बड़ा बेटा था ना... कैसे रो सकती थी? मुझे ही आगे बढ़कर सब ठीक करना था।

काम बाँट दिया और लोग बिखर गये। माँ ने रो-रो कर आकाश-पाताल एक कर दिया। उसे सँभालने के लिए मैं घर पर ही रुकी। शशि ऊपर-नीचे कर के सभी तैयारियों पर नजर रख रहा था। पापा के बड़े चचेरे भाई, हमारे काका जी आये थे। उनसे ही मैंने क्या-क्या करना होता है, सब समझा।

हमारे यहाँ जो अग्नि देता है, वो ग्यारह दिनों तक, सूतक खत्म होने तक कुछ नहीं करता, घर के बाहर बैठा रहता है। घर में तो बहुत काम करने पड़ते हैं। काका जी ने मुझसे कहा, "गाँव में जाकर तुम्हें ही सब-कुछ करना है। शशि को कुछ पता

नहीं है। पापा को अग्नि उसे देने दो, तुम खाली रहो।"

असली वजह और ही थी, गाँव जानेवाली वजह... और इसका एहसास मुझे हो गया था। पर इस सच का भी सामना मुझे करना ही था।

पल-भर मुझे बुरा लगा... मैं पापा को वक्त नहीं दे पायी, उनकी सेवा नहीं कर पायी, और अब अग्नि भी नहीं दे सकती... पर मैंने तुरन्त खुद को सँभाला। काका से कहा, "मैंने अग्नि दी तो क्या और शशि ने दी तो क्या, एक जैसा ही है। मैं बाकी काम देखती हूँ...।"

पापा के अन्तिम संस्कार हो गये। अब बारह-तेरह दिन आगे की रस्म करने के लिए गाँव जाना था। हमारे यहाँ उत्तर प्रदेश में शादी और अन्तिम कार्य, इन पर लगभग एक जैसा ही खर्चा आता है। हमारा खानदान तो विद्वान ब्राह्मणों का था। धार्मिक दृष्टि से पापा के सभी संस्कार ठीक होने चाहिए थे। हमारे यहाँ हर घर का जो कार्य होता था, उसके लिए ब्राह्मण तय होता है। वो घर का, परिवार का ही ब्राह्मण होता है, ऐसा कहना होगा। दूसरा होता है, अन्त्यरस्म करनेवाला ब्राह्मण। और तीसरा पाँच कोस तक का मुखिया, महाब्राह्मण। ये तीनों भी रस्म के लिए ही होते हैं। सूतक के वक्त घर में खाना फीका बनाते हैं। उसमें तड़का नहीं, हल्दी नहीं, नमक नहीं... जो अग्नि देता है, उसे अपना खाना खुद ही अलग पकाना और खाना पड़ता है। दस दिनों तक ऐसा ही करना पड़ता है। बाद में, उस व्यक्ति द्वारा दस दिनों तक इस्तेमाल किये गये कपड़े और बर्तन, दसवें दिन जो नाई बाल काटता है, उसे देने होते हैं... वो उसका मान होता है।

प्रमुख रस्म ग्यारहवें दिन होती है—'नारायण बलि'। उसके बाद पहले महापात्र खाना खाते हैं और बाद में घर की औरतें सूतक खत्म होने का खाना बनाने की शुरुआत करती हैं। इस खाने में तड़का, हल्दी, तीखा, नमक... सब कुछ होता है।

ग्यारहवें दिन की सभी रस्में सम्पन्न होने पर महाब्राह्मणों को 'दान' देना पड़ता है। जो माँगते हैं, वो देना पड़ता है। वो कुछ भी माँग सकते हैं... जमीन, घर, सोना... और गुजरे हुए व्यक्ति के लिए वो देना होता है, उसे मना नहीं कर सकते। मरे हुए व्यक्ति की पसन्दीदा चीज हमेशा दी जाती है।

ये सब करने पर बहुत पैसा खर्च होता है। हम सबका गाँव आने-जाने का, और ये सब खर्चा... उसमें पापा की बीमारी में भी काफी खर्चा हुआ था, जमा-थमा में कुछ नहीं बचा था। पैसों की व्यवस्था करनी थी। पापा की मृत्यु 8 अगस्त को हुई और 9 अगस्त को सुबह ही मैं पैसों की व्यवस्था करने मेकअप करके ऑफिस जाने के लिए निकली। घर से बाहर पाँव रखते ही मुझे रोना आ रहा था। पापा को गुजरे अभी सिर्फ चौबीस घंटे हुए थे और मुझे दुख को बगल में दबाकर, ताकि वो दिखाई न दे, चेहरे का मेकअप कर बाहर जाना पड़ रहा था...

पैसों की व्यवस्था हुई और दो दिनों बाद हम सब लोग गाँव जाने के लिए

निकले। फ्लाइट से जा सकते थे, पर माँ को थोड़ा 'रिलेक्स' करना जरूरी था। गाड़ी के सफर में दो दिन लग गये। हम एक-दूसरे से बात कर पाएँगे... माँ को भी थोड़ा 'सुकून' मिलेगा, इसलिए ट्रेन से गये थे।

गोरखपुर जब गाड़ी पहुँची, तब सुबह हो गयी थी। हम आनेवाले हैं, इस वजह से हमें गाड़ी पर लेने के लिए बहुत-से लोग आये थे। हम सबसे मिले, थोड़ी देर रुके और फिर जल्दी ही गाँव के लिए निकले।

गाँव पहुँचे तो हमारे पीछे-पीछे लाल बत्ती की कई गाड़ियाँ... उत्तर प्रदेश के बहुत-से मंत्री मुझसे मिलने आये थे... गाँव हमें अचम्भित होकर देख रहा था। हमारे गाँव में लाल बत्ती की गाड़ी...? दूसरे दिन से तो मिलनेवालों की कतार ही लग गयी...

गाँव में मेरे बड़े काका के बेटे थे। काका-काकी कुछ साल पहले ही गुजर गये थे। उनको हम बड़के बाबूजी और बड़की अम्मा, यानी बड़े पापा और बड़ी माँ कहते थे। बड़ी काकी माँ-पापा से बहुत झगड़ती थी, पर हम बच्चों से बहुत प्यार करती थी। बड़ों के झगड़े बड़े लोगों में, ऐसा ही नियम था हमारे घर का। बड़े काका के लड़के श्याममोहन, राममोहन और कृष्णमोहन, दो लड़कियाँ, बिन्दु और उर्मिला। बीच में राममोहन गुजर गया। श्याममोहन हमारा सबसे बड़ा भाई। पापा उसे अपना बड़ा बेटा ही मानते थे। गाँव के, परिवार के, जमीन के, घर के सभी फैसले उससे पूछकर करते थे। पर क्या बात हुई क्या पता, पापा के बीमार होने के बाद पूरे साल-भर श्याम भैया उनको देखने तक नहीं आये। अब वहाँ जाने के बाद हम श्याम भैया से बात करेंगे, घर में झगड़ा होगा, ऐसा गाँव के लोगों को लग रहा था, वे उसी के इन्तजार में थे...

पर मैं भी अपने गाँववालों को पहचानती थी। गाँव जाते समय ही माँ, दीदी, शशि सभी को कह दिया था... कोई कुछ भी कहे, कुछ भी बोले, पर हमें शान्त रहना है। एक से दो बातें होंगी और क्या से क्या हो जायेगा।

जैसा मेरा अन्देशा था, वैसा ही हुआ। गाँव के लोग हमसे मिलने के लिए आते थे और हमारे कान भरते थे—श्याम का बर्ताव अब कैसा है, पता है ना...? वो तुम्हें जायदाद में हिस्सा देगा या नहीं, क्या पता?

एक से, दूसरे से, तीसरे से मैंने यही बातें सुनीं। चौथा आदमी भी आकर यही कहने लगा तो मैंने उससे कह दिया, "वो हमारे घर का, हमारे परिवार का आपस का मामला है। आप टेंशन मत लीजिए। हम देखेंगे, हमें क्या करना है...।"

सब लोग चुप हो गये। उसके बाद किसी ने भी इस विषय में बात नहीं की।

दूसरे दिन पापा की अस्थियों का विसर्जन करना था। असल में पापा को आखिरी दिनों में गाँव आना था। मेरा सब यहीं हो, ऐसी उनकी इच्छा थी। इस वजह से उनकी अस्थियाँ हम यहाँ से लेकर गये थे। अस्थियों को घर के अन्दर नहीं

ले जाते हैं, ऐसा शास्त्रों का मानना है। पर माँ पापा की अस्थियों को गाँव के घर में ले गयी। "असल में उन्हें ही आना था इस घर में... अब वो नहीं हैं तो उनकी अस्थियों को तो यहाँ आने दो... जो होगा, वो मैं देख लूँगी..." उसने निश्चयपूर्वक कहा और पूरे घर में घुमाकर उस अस्थिकलश को घर की खिड़की में बाँध दिया। इस अस्थि-विसर्जन के लिए बनारस जाना था। मैं, शाहीन और श्याम भैया निकले। गाड़ी के चलते ही श्याम भैया ने मुझसे कहा, "मैं अभागा हूँ... मैंने बीमारी में चाचाजी की बिल्कुल सेवा नहीं की..." उसकी आँखों में पानी था। मैंने उससे कहा, "अब बीती बातें करने से क्या फायदा? जो हुआ सो हो गया... पापा का अन्तिम संस्कार अस्थि-विसर्जन का है। वो तुम करो..." अपने हाथ का अस्थिकलश मैंने श्याम भैया के हाथ में दिया और मैं अन्दर ही अन्दर फूट-फूटकर रोने लगी। पापा की अस्थियाँ ही उनके अस्तित्व की आखिरी निशानी थी मेरे पास। वो भी अब गयी...

शाम होनेवाली थी। गंगा घाट पर मल्लाह हमारे लिए रुके हुए थे। हम नदी के बीचोंबीच पहुँच गये और श्याम भैया ने अस्थियाँ गंगा में बहा दीं... मैंने हाथ जोड़े... डूबते हुए सूरज और पानी में डूब रही अस्थियों को... सूरज डूब गया, तो भी कल फिर से निकलेगा। पर पापा... मेरे मन में आया, मेरी जिन्दगी से एक व्यक्ति कम हुआ है। पर तभी ऐसा लगा, कोई इनसान ऐसे ही किसी की जिन्दगी से थोड़े चला जाता है, इतनी जल्दी? जानेवाला वो इनसान, यानी उस इनसान का सिर्फ शरीर थोड़े ही ना होता है...? उसके आचार-विचार होते हैं, उसका प्रभाव होता है... पापा के आचार-विचार, उनका प्रभाव तो मेरे पास ही था। उसे कोई नहीं मिटा सकता था।

पापा मेरे साथ हैं, असल में मेरे अन्दर ही हैं, ऐसा स्वयं को समझाते हुए मैं घर आ गयी।

दसवें दिन सूतक खत्म होने पर घर के पुरुषों के बाल काटने की रस्म होती है। घर के पुरुष तो बाल कटाते ही हैं, गाँव के प्रत्येक ब्राह्मण घर का एक पुरुष भी बाल कटाता है। ये पुरुषों की रस्म होती है। घरवालों के लिए, गाँववालों के लिए मैं पापा का बड़ा बेटा यानी पुरुष ही थी... और पुरुष ही रहनेवाली थी। सिर्फ शास्त्रों का ही नहीं, ये भावना का भी प्रश्न था। पापा का बड़ा बेटा अपने पिता के लिए बाल नहीं कटाएगा, तो गाँव में बहुत बड़ा इशू बन सकता था। बहस हुई होती। मुझे बाल नहीं कटाने थे। बीच में एक बार मैंने किसी से पूछ भी लिया था, मुझे बाल कटाने पड़ेंगे क्या? गाँव के एक व्यक्ति ने मुझे फिर एक कथा सुनायी थी—हमारा गाँव पहले राजघराने का एक हिस्सा था। उस राजघराने के एक व्यक्ति की मृत्यु होने के बाद मूँछ नहीं कटाऊँगा, ऐसा उसके बेटे ने तय किया। उसने मूँछ नहीं कटायी। पर उसके बाद की विधियों में कुछ-ना-कुछ बाधाएँ आती रहीं। वो पूरी नहीं हो रही थीं। आखिरकार उसकी मूँछ उखाड़कर निकाली गयी और तभी वो विधि पूरी हुई... मृतात्मा को मुक्ति मिली।'

अब इस पर मैं क्या बोलूँ? मैंने अब अलग ही विचार रखने का तय किया... मैंने पूछा, “साधु, सन्त, महात्मा, यक्ष, किन्नर, गन्धर्व इनको सूतक लगता है क्या?” शास्त्र के अनुसार वो नहीं लगता, ऐसा मुझे मालूम था। अपेक्षित उत्तर आया, ‘नहीं’।'' फिर मैंने कहा, “मैं किन्नर हूँ... मैं बाल कटाने के लिए तैयार हूँ। पर वो शास्त्र के अनुसार भी तो सही होना चाहिए ना!” अब मेरी चालाकी सबके ध्यान में आयी... ब्राह्मणों ने फैसला सुनाया... और मेरे बालों से अन्दर की तरफ की एक लट काटी गयी। बाकी के बाल वैसे ही रहे...

उसके बाद था ग्यारहवाँ दिन, ‘नारायण बलि’ का। सूतक के खत्म होने का। सुबह से तीनों ब्राह्मण आये हुए थे। मुझे खुद को शास्त्रों की बहुत-सी छोटी-बड़ी बातें पता थीं। कौन-सी विधि क्यों करनी है, उसकी जानकारी मुझे थी। हमारे गोपाल चाचा ने ब्राह्मणों को बता दिया, ''राजू को इसकी सभी बारीकियाँ पता हैं। सभी रस्म ठीक तरह से कीजिए...।''

हो गया। ब्राह्मणों ने गोपाल चाचा की आज्ञा मानी और दो घंटे चलनेवाले विधि-विधान शाम तक चले। उसके बाद खाना... हजारों लोग खाना खाकर गये। गाँव में जिसके घर पिछले साल शुभ कार्य हुआ होगा, उस घर के लोग ये खाना खाने के लिए नहीं आते हैं। पर पापा के बारे में इस नियम का पालन किसी ने भी नहीं किया। इनसान से इनसानों को जोड़े रखनेवाले पापा को गाँववाले इतना मानते थे कि हर घर का कम से कम एक आदमी उस दिन खाना खाने आया था।

खाना खाने से पहले दक्षिणा देने का रिवाज था। ब्राह्मण कुछ भी माँगते थे और वो देना होता था, ये पता था। पापा की पसन्दीदा चीज के तौर पर मैं तीनों ब्राह्मणों के लिए कुर्ता-पाजामा लायी थी। पापा की एक और पसन्दीदा चीज थी अँगूठी... अलग-अलग अँगूठियाँ पहनने का उन्हें शौक था। पापा के गुजर जाने पर मैं तीन-तीन ग्राम की सोने की तीन अँगूठियाँ लायी थी, वो इन ब्राह्मणों को देने के लिए ही। बाकी की चीजें भी थीं। फिर भी वो क्या माँगेंगे, इसका भरोसा नहीं था।

दीदी के ससुर भी पापा की विधि के लिए गाँव आये थे। खाना होते-होते उन्होंने मुझे एक तरफ बुलाया और कहा, “ब्राह्मण कुछ भी माँगेंगे अब। पर वो जो माँगें, उसके लिए उन्हें ऐसे ही हाँ मत कर देना। मैं तुम्हारे आगे बैठूँगा। मेरी तरफ देखना, मैं सिर हिलाऊँ तो ही ‘हाँ’ करना, नहीं तो ‘ना’ कर देना... या सोचकर बताता हूँ, ऐसा कहना... हम उनसे बात करके, कुछ कम करने के लिए कहेंगे।” मुझे हमेशा की तरह ही उनका सहारा मिला।

ब्राह्मणों को मैंने सोने की अँगूठियाँ दीं। बाकी सभी चीजें भी दीं... बिछावन से लेकर छाते, चप्पल तक सभी चीजें थीं उसमें... उसे लेने के बाद उन्होंने मेरी तरफ देखा, और दस हजार रुपये और एक साइकिल की माँग की। मैं हाँ करने ही वाली थी, पर बाबूजी की तीखी नजर दिखाई दी। मैंने साइकिल के लिए मना कर दिया।

मैंने कहा, "ब्राह्मणों को कुछ भी देने के लिए कभी 'ना' नहीं करनी चाहिए, ऐसा शास्त्रों में कहा गया है... पर किन्नरों का माँगा हुआ भी उन्हें देना होता है। आप ब्राह्मण के तौर पर मुझसे साइकिल लेंगे और मैं किन्नर के तौर पर उसे वापस ले लूँगी। फिर क्या अर्थ है इस लेन-देन का?"

ब्राह्मण हँसे जो समझना था समझे। मैंने उन्हें पैसे दिए और वो चले गये।

गाँव का सब निबटाकर हम ठाणे लौट आये। घर में सबके होने के बाद भी घर खाने को दौड़ता था। पापा नहीं थे अब घर में... रिश्तेदार, दोस्त लोग, जान-पहचानवाले आकर मिल जाते थे।

हफ्ते-भर बाद उनका आना भी कम होता गया और हमारा घर फिर से सँवरने लगा। मेरे भी बाहर के काम शुरू हुए। शशि की नौकरी लग गयी। शशि के छोटे अंशुमन ने कुछ दिनों तक पापा को ढूँढ़ा, फिर वो भी भूल गया। खेल में रमता गया। लेकिन माँ के लिए सहज होना आसान नहीं था। पिछले एक साल में उसकी जिन्दगी पापा के आसपास ही घूम रही थी... अब उसे वक्त काटना मुश्किल हो गया था। फिर भी दो साल का अंशु घर में था। उसे खिलाते-खिलाते वक्त काटने की उसने आदत डाल ली।

शुरू के कुछ दिनों तक मेरे दिमाग में हमेशा पापा ही रहते थे। एक-एक प्रसंग मेरी आँखों के सामने आता था। जब हम छोटे थे, तब की उनकी मेहनत, दिए हुए संस्कार... जब वो बीमार थे तब जब भी मैं मुम्बई से बाहर जाती थी, तभी उनसे पूछती थी—पापा, जाऊँ ना?

"जाओ बेटा, मैं अपना ख़याल रखूँगा... पर जल्दी आना..." वो मुझसे कहते थे।

माँ-पापा ने हमें अच्छे संस्कार दिये, बहुत प्यार दिया। उन दोनों का प्रभाव हम तीनों भाई-बहनों पर है।

पर सिर्फ माँ-पापा का ही नहीं, हमें खास तौर पर मुझे बनाने में नाते-रिश्तेदारों, दोस्तों और बाकी बहुत-से लोगों का हाथ है।

असल में हमारे दो सगे चाचा थे। एक हमारे बड़के बाबूजी और दूसरे पापा के छोटे भाई। पर छोटे चाचा जी काफी पहले से अलग हो गये थे। घर से दूर रहने लगे थे। घर से, परिवार से उनका कुछ सम्बन्ध ही नहीं था। उनके बच्चे कभी-कभी आते-जाते थे, पर उतना ही। हमारे परिवार में उन्हें कभी भी परिवार के सदस्य के तौर पर नहीं देखा गया...

पर मुम्बई में पापा के एक चचेरे भाई रहते है... एस.एन. तिवारी। कुर्ला-कमानी में रहनेवाले ये चाचा बहुत प्यारे, बहुत समझदार, बड़े दिलवाले थे। मेरे लड़का बनकर डांस करने पर सभी हँसते थे... पर उन्होंने कभी वैसा नहीं किया। उन्होंने हमेशा डांस सीखने की प्रेरणा मुझे दी। नैतिक सहारा दिया। उस वक्त मुझे उनका काफी सहारा था। उनके चार बच्चे हैं... कंचन, कविता, किरण तीन लड़कियाँ और

उनका इकलौता भाई कमलेश। वो चार और हम तीनों एक-दूसरे के काफी नजदीक थे। उसमें भी किरण से मेरी बहुत जमती थी। किरण ने केनेडी से भागकर शादी की। घर में सबको लगा कि किरण के सम्बन्ध में मुझे सब पता था। और फिर भी मैंने किसी से कुछ नहीं कहा। पर सच में मुझे कुछ मालूम नहीं था... उस पूरे समय में किरण और केनेडी परिवार से हम थोड़ा दूर हुए। पर चार-पाँच सालों में फिर से सब एक हो गये। केनेडी भी मेरा बहुत अच्छा दोस्त बना। वो मुझे लड़का ही मानता है। मैं हमेशा उसके पास जाती हूँ, रहती हूँ, बहुत-सी बातें करती हूँ और हल्का और फ्रेश होकर वापस आती हूँ।

रिश्तेदारों में कुछ लोग मुझे बहुत अपने लगते हैं। पर सभी नहीं। दोस्तों में भी वैसा ही है। कुछ दोस्त मेरे काफी नजदीकी हैं। प्रवीण लेकिन मेरा बचपन का दोस्त है... मुझे अन्दर-बाहर से पहचानने वाला। खोपट में हम आमने-सामने रहते थे। वहीं से हमारी दोस्ती हुई, और बढ़ती गयी। और भी गहरी हो गयी... आज तक वैसी ही है।

पापा और खान अंकल... इनकी भी ऐसी ही गहरी दोस्ती थी। वे पापा के करीबी दोस्त थे। उस वजह से हमारा परिवार भी एक-दूसरे के बहुत करीब था। दीवाली को खान अंकल का पूरा परिवार हमारे यहाँ आता था, ईद को हम सब उनके घर जाते थे। मैं बचपन में हमेशा बीमार रहती थी। खान अंकल मेरा बहुत ख़याल रखते थे। मुझे मस्जिद बन्दर में एक डॉक्टर के पास दवाइयों के लिए ले जाते थे। खुद के बेटे की तरह उन्होंने मेरा सब-कुछ किया। खान अंकल के पूरे परिवार को हमने हमेशा ही अपने परिवार का विस्तार समझा। परवेज़, तबरेज, जावेद खान अंकल के ये बेटे और हम साथ-साथ ही बड़े हुए... भाई-भाई की तरह खड़े रहते हैं।

खान अंकल को दिल की बीमारी थी। उससे ही उनकी मौत हुई। उसके बाद पापा कमजोर हो गये। उन्होंने खान अंकल के घर जाना छोड़ दिया... खान अंकल के बिना वे उस घर की कल्पना ही नहीं कर सकते थे। उनकी जिन्दगी का एक हिस्सा ही जैसे चला गया था।

मेरी भी जिन्दगी का हिस्सा ऐसे ही कुछ लोग हैं। मेरे साथ उनका खून का रिश्ता नहीं है, पर ये जुड़े हुए रिश्ते कितनी ही बार खून के रिश्ते से भी बढ़कर लगते हैं मुझे।

ऐसे ही करीबी दो परिवार हैं। एक है पूना का सिद्दीकी परिवार और दूसरा अजमेर के शब्बो भाई अब्बू का परिवार। अजमेर दरगाह के उर्स को मैं हर साल जाती हूँ। बाबा चिश्ती ने ही जैसे ये दो परिवार मुझे दिये हैं। पूना के सिद्दीकी परिवार से मेरी पहली जान-पहचान अजमेर में ही हुई थी। बाद में एक बार पूना मैं उनके घर गयी थी। मैं उनके घर गयी तो घर के सभी तनाव खत्म हो जायेंगे, ऐसा अम्मी नसरीन सिद्दिकी को लगता था। उन्होंने मुझे अपनी बेटी बनाया और मैंने उसे माँ। अब्बा फिरोजुद्दीन सिद्दीकी भी बहुत दयालु थे। मेरे सभी भाई... बॉबी निजामुद्दीन, रिशी मोहराजुद्दीन, इम्रान चिश्ती और बहन लवली, शाहिना और डॉली हुमा... मुझे

सभी जी-जान से प्यार करते थे। वैसे ही शब्बो भाई... मुझे अपने घर की ही सदस्य माननेवाले। वो अजमेर के खादिम हैं। ये दो परिवार मुझे कभी पराये नहीं लगे।

ऐसा ही है दीपक साळवी... मेरा माना हुआ बेटा। उत्कृष्ट डांसर। उसका गुरु सचिन खरात मेरी पहचान का था। उसके साथ कुछ काम करने के लिए ये मेरे खोपट वाले घर आया। पर बस्स, उतना ही। मैं वैसे झट से किसी के भी साथ घुलने-मिलनेवाली, झट से किसी के भी साथ खुलकर बातें करनेवाली नहीं हूँ। इसलिए हमारी जान-पहचान वहाँ तक ही सीमित रह गयी। एक तो दीपक मराठी लड़का... मराठी में बातें करनेवाला। उसके सब दोस्त भी मराठी... और मुझे तो एलीट क्लास का आकर्षण। फाड-फाड अंग्रेजी बोलने का शौक। 'एल. एस.' यानी 'लो सोसायटी' और 'एच. एस.' यानी 'हाई सोसायटी' ऐसे कोडवर्ड्स थे हमारे। मैं और प्रवीण, दोनों को भी 'एच. एस.' का बड़ा आकर्षण था और दीपक हमें 'एल. एस.' लगता था। इसलिए उसके साथ कभी स्वयं बोलने का, पहचान बढ़ाने का मैंने प्रयास नहीं किया।

एक बार 'मिस बोरिवली' और 'मिस्टर बोरिवली' प्रतियोगिता थी। आयोजकों ने बीच में कुछ फिलर्स करने के लिए मुझे और दीपक को बुलाया था। उस प्रतियोगिता के स्विमसूट राउंड का शिवसेना ने विरोध किया था, पर फिर भी आयोजकों ने लगन से ये प्रतियोगिता पूरी की थी। मेरी और दीपक की थोड़ी-सी पहचान थी, वो इस वजह से और बढ़ी। फिर वो मेरे पास डांस सीखने के लिए आने लगा और हमारी दोस्ती हुई और अधिकाधिक दृढ़ होती गयी। मैं मॉडल को-ऑडिशन कर रही थी, तब एक बार एक शूटिंग के समय मुझे अस्थमा का जबरदस्त अटैक आया। हिलना भी मुश्किल हो रहा था। दीपक ने वो पूरा शूट हैंडल किया। हम दोनों एक ही क्षेत्र के... डांसर्स। डांस ही हमारा पैशन था, और इसीलिए शायद, हम झट से एक-दूसरे को समझने लगे। हम करीबी दोस्त बन गये और धीरे-धीरे उस दोस्ती के आगे जानेवाला कोई नाम हम उसे नहीं दे सकते, ऐसा एक सुन्दर रिश्ता हमारे बीच तैयार हुआ। वैसे हमारे झगड़े बहुत होते थे, पर जल्द ही खत्म भी हो जाते थे। हम एक साथ बहुत घूमते थे। दीपक की दीदी की शादी थी, तब तो शॉपिंग के लिए हम पूरी मुम्बई में बाइक पर घूमे थे। दीपक हमेशा मेरे पास ही रहता था। और वह यहाँ है, ये पता चलने पर उसके परिवारवाले भी चिन्ता नहीं करते थे। मेरे हिजड़ा होने के बाद प्रवीण और मेरी दोस्ती में जैसे अड़चनें नहीं आयीं, उसी प्रकार दीपक की और मेरी दोस्ती में भी नहीं आयीं। उलटा अब मैं उसे अपना बेटा मानने लगी हूँ... अपने माँ होने की इच्छा शायद उसे देखकर मैं पूरी कर रही थी। हमारे उस रिश्ते को देखकर सब अचम्भित होते हैं। वो मुझे 'रे तू' करके ही बुलाता है, पर माँ मानता है। मेरा किसी ने मजाक उड़ाया तो वो उसे कहता है, "एऽऽ लक्ष्मी को मत बोलो ऐसा... वो माँ है मेरा...!!" आगेवाला अचम्भित होकर देखता रहता था।

जसपाल के मामले में दीपक शुरुआत में मुझ पर बहुत गुस्सा होता था, पर

बाद में उसने ही मुझे सँवारा। आज भी कभी मुझे जरूरत हुई तो मेरे आवाज देने पर आधी रात मेरे साथ खड़े रहनेवाले जो लोग हैं, उनमें से दीपक एक है।

दीपक की वजह से उसकी मानी हुई बहन जया दीदी मेरी भी दीदी हो गयी। मुझ पर बहुत प्यार करनेवाला, मुझे बहुत माननेवाला ये परिवार था। हमारी जब पहचान हुई तब उनके परिवार में कुछ सवाल खड़े हुए थे। व्यवसाय में कुछ आर्थिक दिक्कतें आयी थीं। मैं उनके घर गयी और सभी समस्याएँ हल हुईं। तब से वो परिवार उनके घर मेरे जाने को मेरा आशीर्वाद मानता है। मुझे सम्मान देता है।

दीपक जैसे ही दो और व्यक्ति हमेशा मेरे साथ खड़े रहे हैं... मेरी दो बहनें... मानी हुई, पर सगी बहनों जैसा ही करीबी रिश्ता है हमारा... एक है सारा... सुप्रीता घोडके और दूसरी है छाया पाटील... मेरी छाया दीदी।

सारा मुझे पहली बार मिली ठाणे के 'ज्ञान-साधना कॉलेज' में। वो तब बी.एम.एम. के पहले साल में थी। उसके कॉलेज का फेस्टिवल था। उसमें डांस शो था, टैलंट हंट था। मैं उन्हें परीक्षक के तौर पर चाहिए थी। एक दिन मैं किसी के साथ रेस्टोरेंट में बैठी बातें कर रही थी। तभी सारा की एक सहेली ने मुझे देखा। मेरा नम्बर लिया। बाद में सारा ने मुझे फोन किया। मैं उनके कॉलेज के कार्यक्रम में गयी। उस समय हमारी प्रत्यक्ष मुलाकात हुई।

कार्यक्रम बहुत अच्छा हुआ। तब तक हमारे सम्बन्ध औपचारिक ही थे। हाय... हॅलो... बस्स! कार्यक्रम के बाद उसके फोटो देने के लिए, कार्यक्रम की अखबार में आयी हुई खबरें, लेख दिखाने के लिए सारा मेरे घर आयी। उस वक्त हमारी अनौपचारिक, काम के अतिरिक्त बातें हुईं और उसी से फिर हमारी दोस्ती हुई। जल्दी ही किसी पर भरोसा रखनेवाली, अन्दर और बाहर से एक ही लगनेवाली ये लड़की मुझे बहुत भा गयी। फिर हमारा घूमने के लिए जाना, पार्टी में जाना सब इकट्ठे होने लगा। सिर्फ मस्ती ही नहीं, 'अस्तित्व' के काम से लेकर घर में पापा की बीमारी तक सारा ने मेरी बहुत मदद की। मैं, दीपक, सारा त्रिदेव बन गये। अब भी वैसे ही हैं।

छाया दीदी की और मेरी पहचान हो गयी थी, जब मैं बेबी जॉनी के पास डांस क्लास को जा रही थी। वहाँ मैं डांस सीखने के लिए जाती थी और छोटे बच्चों को भी सिखाती थी। वहाँ छाया दीदी की लड़की आती थी, अमृता। मैं इन बच्चों के अलग-अलग कार्यक्रम भी ऑर्गनाइज करती थी। इस कार्यक्रम में जीतना, डांस करना जितना महत्त्वपूर्ण था, उतना ही महत्त्वपूर्ण था बच्चों का कॉस्टयूम। छाया दीदी का ब्यूटी पार्लर था और टेलरिंग शॉप भी थी। वो ड्रेस डिजायनर थी। कार्यक्रम के लिए वो सिलकर देती थी। इतनी जल्दी और सुन्दर सीती थी। पहले दिन जैसे बताये हैं, वैसे के वैसे कपड़े अगले दिन तैयार रहते थे। इन ड्रेसस की वजह से हमारी पहचान हुई। शुरुआत में सिर्फ थोड़ी जान-पहचान थी, वो पहले दोस्ती में और बाद में भाई-बहन के रिश्ते में कब बदल गयी, समझ में ही नहीं आया। हमेशा एक साथ रहते थे हम, एक

साथ ही काम करते थे। मेरे मॉडल को-ऑडिशन के काम में भी वो मेरी मदद करती थी। कुछ साल बाद बेबी जॉनी के क्लास में सिखाने के बाद उनसे मेरे कुछ मतभेद होने लगे। अब यहाँ से बाहर निकलो और खुद के क्लास शुरू करो। तुम्हारे पास टैलेंट है, उसका फायदा उठाओ, मुझे पहली बार यह बतानेवाली थी वो छाया दीदी।

क्लास के शरणे के घर में मैंने अपना क्लास शुरू किया। वहाँ के कुछ बच्चे आये थे मेरे साथ। बेबी जॉनी का वहाँ फोन आता था और मैं बहुत डिस्टर्ब होती थी। फिर छाया दीदी वहाँ बैठी रहती थी। बेबी जॉनी का फोन आने पर वो मुझे पता नहीं लगने देती थी, फोन उठाने ही नहीं देती थी।

धीरे-धीरे दूसरी जगह मेरे क्लासेस शुरू हुए, बिल्कुल फुल स्विंग में। छाया दीदी का इस वक्त में मुझे बहुत सहारा मिला। एक तरफ क्लास, दूसरी तरफ मॉडल को-ऑडिशन। सुबह जल्दी हम बोरिया-बिस्तरा लेकर बाहर निकलते थे, और रात में देर से आते थे। शूटिंग्ज कई घंटों तक चलती थी। क्लास के लड़के-लड़कियाँ हमारे साथ ही रहते थे, पर अभिभावकों ने भी हम पर कभी अविश्वास नहीं दिखाया। छाया दीदी के बच्चे तब छोटे थे। पर वो भी हमेशा मेरे साथ रहती थी। जीजू बड़े सरकारी अफसर थे, पर उन्होंने इस वजह से दीदी को कभी टोका नहीं। आज भी मुझे वो दोनों 'अरे लक्ष्मी' कहते हैं, और उनके बच्चे 'लक्ष्मी भैया' कहते हैं। मेरे हिजड़ा होने की बात पता चली, तब छाया दीदी भी बहुत डिस्टर्ब हो गयी थी। घर आकर बहुत रोयी थी। पर बाद में उसने मुझे अपनाया। और जीजू ने भी।

मेरे माँ-पापा ने तो छाया दीदी को 'बड़ी बेटी' ही माना था। दीदी घर आती थी, तब पापा और उसकी बातें बहुत देर तक चलती थीं। माँ आज भी किसी को बताते समय 'मेरी बड़ी बेटी छाया' कहकर ही उसका जिक्र करती है। है ही वो

मेरी बहनें... छाया दीदी, दीदी और छाया दीदी के बच्चे जॉनी और अमृता।

हमारी बड़ी बहन। अब मैं डांस क्लासेस नहीं लेती, वो ड्रेस डिजायनिंग भी नहीं करती। फिर भी हमारा रिश्ता उतना ही मजबूत है। रक्षाबन्धन जोर-शोर से मनाते हैं हम। उसके दोनों बच्चे—अमृता और जॉनी अब बड़े हो गये हैं। पर अपने 'लक्ष्मी भैया' को वे मन से प्यार करते हैं।

छाया दीदी का और मेरा भाई-बहन का रिश्ता है। वैसा ही भाई-बहन का रिश्ता गुजरात के राजपीपला के प्रिन्स मानवेन्द्र सिंह गोहिल और मेरा है। प्रिन्स मानवेन्द्र सिंह मुझे बहन मानते हैं। गुजरात में सूरत, बड़ौदा, राजकोट में 'लक्ष्य ट्रस्ट' नामक संस्था 'एमएसएम' में काम करती है। ट्रस्ट उन्होंने ही शुरू किया है। मेरी और मानवेन्द्र सिंह की मुलाकात हुई थी सन् 2000 में मुम्बई में, एक मीटिंग में। एच.आई.वी./एड्स पर वो मीटिंग थी। वे लम्बे, कमजोर... मेरे जैसे ही दिखनेवाले। पता नहीं कैसे मैं उन्हें पहली ही मुलाकात में 'भाईसाब' कह गयी और वे सच में मेरे भाईसाब हुए।

राजपीपला गुजरात का बहुत पुराना राजघराना था। उसी में मानवेन्द्र सिंह जी का 1965 में जन्म हुआ। राजघराने के अत्यन्त पारम्पारिक और सुरक्षित माहौल में वे बड़े हुए। बाहर की दुनिया से उनका ज्यादा सम्बन्ध रहा ही नहीं। स्कूल-कॉलेज की शिक्षा मुम्बई में हुई। थोड़ी समझ आने पर मैं 'गे' हूँ, इसका उन्हें एहसास हो गया था। पर बाहर की दुनिया से जरा अलग-थलग रहने की वजह से कुछ लोगों के साथ ऐसा कुछ होता है, और वो बिल्कुल 'नॉर्मल' है, इसका उनको पता ही नहीं था।

उन्हीं राजकुमार मानवेन्द्र की सन् 1991 में मध्यप्रदेश के झाबुआ के काफी बड़े खानदान में चन्द्रिका कुमारी के साथ शादी हुई। शादी करते समय उन्हें थोड़ा अलग लग रहा था। पर दूसरी तरफ, शादी की बाद सब कुछ ठीक होगा, ऐसा भी लग रहा था।

सन् 1991 में ये शादी हुई और सन् 1992 में तलाक। मानवेन्द्र सिंह ने खुद को 'गे' होना अपनी पत्नी से छुपाया नहीं। उन्होंने अपना 'गे' होना उसे बताया और उससे माफी माँगी। आज भी उन्हें लगता है कि उन्होंने चन्द्रिका कुमारी की जिन्दगी बर्बाद की है। इसीलिए वे खुद को गुनहगार मानते हैं।

चन्द्रिका कुमारी को तो उन्होंने सच बता दिया, पर परिवार के और किसी भी सदस्य को अपनी अलग लैंगिकता के बारे में कुछ नहीं बताया। परिवार से ये बात. छिपाना असल में उन्हें अच्छा नहीं लगता था, पर राजघराने का वंश कैसे चलेगा? वहाँ तो उन्हें बाहर के लोगों से मिलने, उनसे घुलने-मिलने की मनाही थी। अपनी शान को ध्यान में रखकर ही उन्हें व्यवहार करना था। किसी के पास मन हल्का करें, ऐसा कोई भी उनका करीबी नहीं था। सबके ही जीने में एक औपचारिकता थी। मानवेन्द्र सिंह जी इससे बहुत अन्दर-ही-अन्दर घुटते गये और सन् 2002 में उन्हें 'नर्व्स ब्रेकडाऊन' हुआ। तब उन्हें सीधे अस्पताल ले जाना पड़ा। वहाँ इलाज

कराते समय मानवेन्द्र सिंह जी ने अपने 'गे' होने का सच डॉक्टर को बता दिया और डॉक्टर ने उनके घरवालों को। उनका वारिस 'गे' है, यह समझते ही उस राजघराने को भारी सदमा पहुँचा, पर उन्होंने ये बात गुप्त रखी। बाहर किसी को भी नहीं बतायी।

राजघराने के व्यक्ति की लोग पूजा करते हैं। अपने आदर्श के रूप में लोग उनकी तरफ देखते हैं। ऐसी परिस्थिति में जाहिरा तौर पर लोगों को अपने समलैंगिक होनेवाली बात बताना... कठिन था। परन्तु झूठी जिन्दगी जीने से ऊबे हुए मानवेन्द्र सिंह जी ने सन् 2006 में ये साहस किया। एक गुजराती पत्रकार मित्र को लम्बा साक्षात्कार दिया और खुद का 'गे' होना घोषित किया। राजपीपला पर जैसे बम गिर गया। मानवेन्द्र सिंह जी की छवि को जैसे आग लग गयी। जनता के लिए ये बहुत बड़ा सदमा था। पर उनकी प्रामाणिकता और काम को देखकर धीरे-धीरे लोगों ने उन्हें अपनाया। प्रजा ने तो उन्हें अपना लिया, लेकिन अपने भावी राजा को उसके परिजनों ने दूर रखा। यों सन् 2002 से ही मानवेन्द्र के 'गे' होने का पता चल गया था, पर जब सन् 2006 में लोगों को पता चला, तब राजघराने ने उनसे सारे सम्बन्ध

मानवेन्द्र को भाईसाब कहा और सच में ही वो मेरे भाई हुए।

तोड़ने का फैसला लिया। वारिस के तौर पर इससे आगे उनके कोई हक नहीं रहेंगे।

समाचार-पत्रों में जब इस आशय की सूचना प्रकाशित हुई तो मानवेन्द्र को उस वक्त बहुत तकलीफ हुई। उनका मालिकाना हक गया, इसलिए नहीं, बल्कि परिवारवाले उनसे दूर हो गये, इसलिए।

पर इस परिवार ने भी बाद में मानवेन्द्र को अपनाया। माँ को नहीं, पर अपने पिता को अपनी बात समझाने में वे कामयाब हो गये।

लेकिन सन् 2006 के बाद मानवेन्द्र सिंह की जिन्दगी पूरी तरह बदल गयी। सन् 2000 में एच.आई.वी. / एड्स के साथ जीनेवालों के बीच काम करने के लिए 'लक्ष्य ट्रस्ट' स्थापित किया था। विशेषतः 'एमएसएम' यानी 'मेन हू हैव सेक्स विथ मेन', अर्थात् पुरुष समलैंगिकता में एच.आई.वी./एड्स के बारे में जागरूकता लाना, लैंगिक सम्बन्धों से होनेवाले संसर्ग रोगों का इलाज, काउन्सिलिंग, लायब्रेरी, कंडोम-प्रमोशन... इस पद्धति से गुजरात के अनेक हिस्सों में चलनेवाला ये काम अब अधिक विस्तृत रूप ले चुका है। सन् 2006 में 'लक्ष्य' को सिविल सोसायटी अवॉर्ड मिला और उसके बाद सन् 2007 में मानवेंद्र सिंह जी को 'ऑप्रा विफ्री' शो में निमंत्रित किया गया। 'गे अराउंड द वर्ल्ड' कार्यक्रम में उन्होंने सहयोग दिया। वे 'ॲपकॉम', 'इन्फोसेम' जैसे देश-विदेश के एमएसएम और एच.आई.वी. में काम करनेवाले नेटवर्क्स के गवर्निंग बॉडी में हैं। 'लक्ष्य ट्रस्ट' बहुत से 'गे' लोगों को नौकरी देने का काम करता है, समलैंगिकों की शादी करा देता है। हमारे समाज में समलैंगिकता को जिस नजरिए से देखा जाता है, इस वजह से उनमें लगातार साथी बदलने की प्रवृत्ति दिखाई देती है। बहुत बार इसी वजह से वे एच.आई.वी. / एड्स का शिकार हो जाते हैं। उनकी शादी करा दी जाय, उनको मान्यता दे दी जाय, तो एक ही साथी के साथ वे रहेंगे। इससे एच.आई.वी. का खतरा बहुत कम हो जाएगा। दूसरी बात, अपने पसन्दीदा व्यक्ति के साथ रहने का उनको अधिकार है समाज को ये पता चलेगा... समलैंगिकों की शादी करा देने के पीछे 'लक्ष्य ट्रस्ट' का यही उद्देश्य है। समलैंगिक पुरुषों के लिए हॉस्पिस या वृद्धाश्रम खड़ा करने की भी 'लक्ष्य' की योजना है।

मानवेन्द्र सिंह की और मेरी जब मुलाकात हुई, तब वे एच.आई.वी. / एड्स पर काम करनेवाले 'लक्ष्य ट्रस्ट' के संस्थापक अध्यक्ष थे, ये मुझे पता था। वे खुद 'गे' हैं, इसकी मुझे कल्पना नहीं थी। उसका मुझे बाद में पता चला। पहली मुलाकात के बाद तो बहुत-से कार्यक्रमों में, बहुत-सी मीटिंग्ज में, बहुत से कॉन्फ्रेंसेस में हम मिलते रहे। हमारी बहुत अच्छी दोस्ती हुई और फिर आगे भाई-बहन का रिश्ता बना। हम एक व्यक्ति के तौर पर, एक्टिविस्ट के तौर पर, भाई-बहन के तौर पर एक-दूसरे का बहुत सम्मान करते हैं। उनके अनेक पारिवारिक समारोहों में भी मैं राजपीपला जाती हूँ। मेरे सुख-दुख में मानवेंद्र भाईसाहब हमेशा मेरे साथ रहते हैं।

पापा की बीमारी और उसके बाद के समय में मुझे सहारा देनेवाले धनबहादुर चंद ने भी मेरी जिन्दगी में महत्त्वपूर्ण भूमिका निभायी है। कैन्सर पेशेंट्स को आर्थिक मदद करनेवाली ठाणे की 'ग्लोबल विजन' संस्था के वे चेयरमैन हैं। इसी संस्था की तरफ से 8 मार्च को महिला दिवस के कार्यक्रम के लिए मुझे प्रमुख अतिथि के तौर पर बुलाया था। कार्यक्रम के बाद स्त्रियों की कैन्सर जाँच थी, और उसके बाद डिनर... दिन-भर बहुत बिजी रहनेवाले चंद के साथ डिनर के वक्त बहुत-सी अच्छी बातें हुईं और वे मेरे बहुत अच्छे दोस्त बन गये।

पापा को कैंसर डिटेक्ट होने के बाद तो उन्होंने मेरी बहुत ही मदद की। समय पर पैसे दिये। मानसिक सहारा भी बहुत दिया। उस समय मुझे किसी के सहारे की जरूरत तो थी ही। अपने मन की बात कहने के लिए, शान्त चित्त रहने के लिए एक कन्धे की जरूरत थी। चंद इन दिनों हमेशा मेरे साथ थे।

चंद की 'ग्लोबल विजन' नामक संस्था बहुत अच्छा काम कर रही है। गरीब और जरूरतमन्द कैन्सर पेशेंट्स को यहाँ आर्थिक और वैद्यकीय मदद दी जाती है। घर में किसी को कैन्सर हुआ तो पूरे घर को ही सदमा पहुँचता है। बहुत बार बिखर भी जाता है। पेशेंट को सहारा देने के लिए जिस समय नजदीकी लोगों की जरूरत होती है, उसी समय वे पीछे मुड़ते हैं और उनकी मदद नहीं करते। इसी समय पेशेंट्स के रिश्तेदारों की काउन्सिलिंग करना आवश्यक होता है। 'ग्लोबल विजन' यही सेवा देती है। कैन्सर के बारे में स्कूलों में जागरूकता लाती है। बस्तियों में जाँच-शिविर लगाती है। कैन्सर के बारे में सभी प्रकार की जानकारी कभी पोस्टर्स, कभी किताबों, कभी लिफ्लेट्स के रूप में देती है। अपना समय, टैलेन्ट, कौशल देकर कोई भी यहाँ आनेवाले कैन्सर पेशेंट्स की मदद कर सकता है। जिनके घर में कैन्सर ने प्रवेश किया है, वे इन सबका महत्त्व अवश्य समझेंगे। मुझे भी वो समझ में आया। 'ग्लोबल विजन' के काम में मैं रुचि लेने लगी और चंद ने मुझे इस संस्था के बोर्ड ऑफ मॅनेजमेंट का डायरेक्टर बना दिया। अब मैं हमेशा 'ग्लोबल विजन' का काम देखती हूँ।

घर में प्रवेश कर चुके और घर के ही एक आदमी को ले जानेवाले कैन्सर ने मुझे पूरे विश्व की तरफ, सभी इनसानों की तरफ, उनकी जिन्दगी की तरफ देखने की एक अलग ही दृष्टि दी। इनसानों की लगन का अनुभव मैंने इसी वक्त किया। वैसे ही उनकी बेबसी, परिस्थितियों के अनुरूप बदलनेवाले इनसानों के रंग भी दिखे, वैसे ही उनकी न थमनेवाली और गहरी इनसानियत भी... और इसीलिए इनसान और इनसानियत पर मेरा भरोसा कभी नहीं टूटा। मेरी जिन्दगी में कितने भी बुरे प्रसंग आये, कितनी भी बड़ी मुसीबतें आयीं, फिर भी अपनी जिन्दगी में आये इनसानों को मैंने महत्त्वपूर्ण माना। मैं हमेशा इनसानों के साथ रही और इनसान हमेशा मेरे साथ रहे... भले ही वो खून के रिश्ते हों या माने हुए... मेरा 'त्रिपाठी' परिवार हो

या 'लश्कर' घराने का हिजड़ा परिवार...

'लश्कर' परिवार असल में हैदराबाद का है। हमारे पूर्वज भी वहीं से मुम्बई में आकर बस गये थे। इस खानदान के मुम्बई के प्रमुख हैं लता नायक। बहुत प्यार करती हैं वो मुझसे। बहुत प्यारी औरत और उतनी ही सख्त भी। हिजड़ा होने का तय करने के बाद भायखला के लकी कंपाउंड में जाकर मैं उनसे मिली थी। तब से लेकर आज तक वो जैसी थीं, वैसी ही हैं—प्यार से सहारा देनेवाली। जैसी सभी घरों, सभी परिवारों में होती है, वैसी ही 'राजनीति' यहाँ भी है, पर हमारी लता नायक का प्रेम इससे किसी के लिए भी कम नहीं होता है।

उनके जैसी ही प्यारी लता गुरु। आज समाज में मेरा जो अस्तित्व है, वो उनकी वजह से ही है। कुछ बातों में मेरे और उनके मतभेद थे... तीव्र मतभेद। उस वजह से हमारे झगड़े भी होते थे। पर वो उतने ही साफ दिल की हैं। मतभेद है, इसलिए वो मेरी हर बात को तिरछी नजर से देखती थीं। वो मुझसे बहुत प्यार करती थीं। काफी दिनों तक फोन नहीं किया, या उनसे मिलने के लिए नहीं गयी, तो गुस्सा होकर कहती थीं... पर जल्द ही उनका गुस्सा ठंडा हो जाता था। कम्युनिटी के कुछ नियमों के बारे में वो बहुत ही सख्त हैं... पर उतनी ही स्वतन्त्रता देनेवाली भी। हिजड़ों का पूरा इतिहास, उनकी परम्परा उन्हें मालूम है। उस दौर के उनके सम्मानित स्थान पता हैं। उसी स्थान के फिर से मिलने के लिए प्रयास करो, ऐसा वो हमेशा कहती थीं। 'थोड़ा खट्टा ज्यादा मीठा', गुरु-शिष्य के इस रिश्ते ने मुझे बहुत-सा ज्ञान और जिन्दगी के बारे में बहुत-सी बातें बताईं। इसीलिए मैं अपने चेले को भी वो दे सकी।

पर इनसान कब कैसा बर्ताव करेगा, बता नहीं सकते। खुद को असुरक्षित लगने लगे तो वो विचित्र बर्ताव करने लगता है। लता गुरु जी का भी वैसा ही हुआ होगा, शायद...

बिग बॉस से मैं बाहर आयी और लता गुरु जी के साथ मेरे सम्बन्ध बिगड़ गये। उनको लगा था, बिग बॉस में मैंने बहुत पैसे कमाये। और उसमें से कुछ उनको दूँ, इसलिए वो मेरे पीछे लगी थीं। दो लाख रुपये उनको चाहिए थे। उनके गुरुपन की चाल थी वो। पर गुरु के तौर पर वो मेरे मन से उतर गयी थीं, फिर मैंने ये सम्बन्ध खत्म करने का फैसला किया।

मई महीने में अजमेर के ख्वाजा चिश्ती दरगाह का उर्स रहता है। वहाँ मैं गयी और अपना ही खून हो जाने की खबर मैंने सुनी। वहाँ मेरे खून हो जाने की अफवाह फैलायी गयी थी। मुझे धक्का लगा। असल में अहमदाबाद के सोनिया नाम के हिजड़े का खून हुआ था। आपसी झगड़े में उसे किसी ने शूट कर दिया था। और खबर मेरे खून की फैली थी। किसी ने जान-बूझकर वो फैलायी थी। मुझे पता था, इसके पीछे कौन है। मैं अब ऊब ही गयी थी इस सबसे। मैं बेचैन हो गयी। इसी दौरान यूएन

के एक कार्यक्रम में मुझे दिल्ली की लक्ष्मी गुरु मिली थी। 'डॉक्टरनी गुरु' के नाम से इस इलाके में वो प्रसिद्ध थी। केरल की बहुत ही होशियार मेडिकल स्टूडेंट। पर आखिरी साल में रैगिंग से तंग आकर उसने पढ़ाई छोड़ दी और हिजड़ा बन गयी। लक्ष्मी गुरु के बारे में मैंने काफी सुना था, पर कभी मिली नहीं थी। मुलाकात हो गयी और मुझे बहुत अच्छा लगा... शिक्षा की वजह से उनकी सोच काफी अलग थी, नजरिया भी अलग था। लगातार दो-तीन बार अलग-अलग कार्यक्रमों में हम मिले और हमारी अच्छी दोस्ती हो गयी। उसने मुझे दिल्ली में अपने घर बुलाया। मैं गयी। उसने मुझसे पूछा, "मुझे तुम अच्छी लगीं... मेरी चेला बनोगी क्या?" मैंने

धारा के विरुद्ध जाते समय लता गुरु हमेशा मेरे साथ खड़ी रहीं।

तुरन्त कोई जवाब नहीं दिया। कहा, "सोचकर बताती हूँ।" कोई व्यक्ति पसन्द आना अलग बात है और गुरु के तौर पर उसे अपनाना अलग। वहाँ की अपनी दोस्त कामिनी, जुम्मन के साथ मैंने बातचीत की। उन्होंने मुझे लक्ष्मी गुरु के बारे में अच्छा ही बताया। मैं भी लता गुरु के बर्ताव से तंग आयी हुई थी। आखिरकार मैंने दिल्ली के लक्ष्मी गुरु का चेला बनने का फैसला लिया और मैं 'डॉक्टरनी' की चेला हो गयी। अब वो दिल्ली में रहती है और मैं यहाँ ठाणे में। पर मेरे साथ रहो, ऐसा उसका आग्रह कभी नहीं रहता। तुम कहीं भी रहो, कुछ भी करो। तुम्हारे नाम का, प्रसिद्धि का और शिक्षा का मुझे अभिमान है, ऐसा वो हमेशा कहती थी। बहुत ही प्यारी है वो। मैं उसके पास दिल्ली जाती हूँ तो बहुत-सी मछलियाँ लेकर आती है और दो घंटे में पचीसों तरह के व्यंजन बनाकर खिलाती है।

दिल्ली में लक्ष्मी गुरु की चेला बनी, फिर भी मेरे पीछे का शुक्लकाष्ठ खत्म नहीं हुआ था। हमारी लता गुरु ने लता नायक के पास मेरी शिकायत की थी। वो पूना में थी। मेरे दिल्ली से आने के बाद उन्होंने मुझे पूना बुला लिया। मैं गयी और लता गुरु की माँग के अनुसार उनको दो लाख रूपयों का चेक देकर आयी। इतना ही नहीं, मेरी चेला किरण ने उनके ठाणे का घर मेरे नाम पर लिया था। वो भी लता गुरु को चाहिए था। मैंने वो भी किया और मुम्बई लौट आयी। उनको इनसान नहीं, पैसा ही चाहिए था। वो उनको मिला और वो शान्त हो गयीं।

मुझे इस सबसे बहुत तकलीफ हुई। सोच-सोच के मेरा सिर भारी हो गया था। इनसान ऐसा बर्ताव क्यों करते हैं? किसी की जिन्दगी में करीबी इनसानों से ज्यादा उसका पैसा इतना महत्त्वपूर्ण हो सकता है? एक बार लगा, जाने दो। जितने व्यक्ति उतने ही स्वभाव। ऐसा कहते हैं न! वैसा ही है ये। ऐसे भी लोग होते हैं। फिर लगा, लता गुरु हिजड़ा के तौर पर जैसे जीती आयी है, अपने आस-पास के हिजड़ों की जो जिन्दगी देखी है, उसका तो ये परिणाम नहीं है ना...? शायद वैसा ही होगा।

हम हिजड़ों के बारे में सभी को बहुत उत्सुकता होती है। हम कैसे जीते हैं? कैसे बर्ताव करते हैं? क्या-क्या करते हैं? बच्चों को भगाते हैं क्या? हिजड़ों के मर जाने पर क्या करते हैं? उसे जलाते हैं या दफनाते हैं? इन प्रश्नों के खुले जवाब किसी से भी नहीं मिलते। कुछ थोड़े से जिज्ञासुओं को छोड़ दें तो उसे जानने का प्रयास कोई नहीं करता। हिजड़े अपनी जिन्दगी को जितनी हो सके, उतना छिपाकर रखते हैं, और फिर बतानेवालों की बातें सच मानी जाती हैं। उसमें बहुत-सी गलतफहमियाँ रहती हैं।

हम हिजड़े आम लोगों की तरह ही जीते हैं। असल में आम गरीब इनसानों की तरह, जिनकी कोई कीमत ही नहीं है। किसी का भी सहारा नहीं होता। परिवार ने बाहर निकाल दिया और समाज ने जैसे बहिष्कृत किया हुआ है। हम कैसे जीते होंगे? क्या खाते होंगे? इसकी किसी को परवाह ही नहीं है और फिर किसी हिजड़े से अपराध हुआ तो फौरन उसे मारने के लिए सब दौड़ते हैं, न जाने कौन-कौन सी

दफा लगाकर पुलिस भी उन्हें फँसाती है। इस अपराध का समर्थन करने का सवाल ही पैदा नहीं होता, पर हर अपराध का एक सामाजिक पहलू होता है और हिजड़ों के बारे में वही सबसे महत्त्वपूर्ण है। पर इस पर कोई ध्यान नहीं देता। कहीं से भी किसी का भी सहारा नहीं, पैसा कमाने का कोई रास्ता नहीं। फिर हिजड़े बस्तियाँ बनाके रहने लगते हैं। मुम्बई-ठाणे में अनेक जगहों पर ये बस्तियाँ हैं। धारावी, घाटकोपर, भांडुप, भायखला, मलाड, मालवणी... पर अब मुम्बई जैसे शहरों से गरीब हाशिए पर ही जा रहा है। हिजड़ों की बस्तियों पर भी उसका असर दिखाई दे रहा है। वो अब पहले जैसी मजबूत और बड़ी नहीं रहीं। किसी ने झोंपड़पट्टी हटायी, इसलिए दूसरी जगह पर चले गये।... कोई पेट नहीं भरने के कारण नयी मुम्बई में चला गया... अलग-अलग वजह, अलग-अलग जगह। असल में परम्परा से 'बधाई' बजाना उनका प्रमुख व्यवसाय है। किसी के भी घर में बच्चा पैदा होने पर, घर में शुभकार्य होने पर, लोग हिजड़ों को बुलाते हैं। बच्चे को, नये जोड़े को आशीर्वाद देने जाते हैं। हिजड़े नाच-गाना करते हैं और अपना आशीर्वाद देते हैं। पर ऐसे कितने लोग 'बधाई' करेंगे? उनमें से कितनों के पेट भरेंगे? इसलिए बहुत-सी अलग-अलग जगहों पर भीख माँगते हैं। कुछ तो सेक्सवर्क करते हैं। कुछ लोग बार में नाचने के लिए जाते हैं। ये कला तो रहती ही है हिजड़ों में...

सभी हिजड़ों का लिंगछेद हुआ रहता है, ऐसा माना जाता है। हमारे यहाँ उसे 'निर्वाण' कहते हैं। असल में 'हिजड़ा' शब्द का अर्थ ही यह बताया जाता है, पर वस्तुस्थिति वैसी नहीं है। लिंगछेद करना, या ना करना सबकुछ उस हिजड़े पर निर्भर रहता है। उसे चाहिए तो वो करा सकता है, अगर नहीं कराता है तो कोई उस पर जबरदस्ती नहीं कर सकता। लिंगछेद किया गया 'सच्चा' हिजड़ा, न करानेवाला हिजड़ा उतना सच्चा नहीं, ऐसा माना जाता है। पर ये अफवाह है, जो समाज ने ही फैलायी है। हम ऐसा कुछ नहीं मानते। मेरा लिंगछेद नहीं हुआ है, मैंने नहीं कराया। वैसे मेरे गुरु ने भी मुझे कभी नहीं बताया। मेरे बहुत से चेलों ने भी लिंगछेद नहीं कराया है। हाँ, हम में से बहुत से लोगों ने ब्रेस्ट इम्प्लांट करवा लिया है। महँगी है ये सर्जरी, पर फिर भी स्त्री जैसा दिखने के लिए हमें उसकी जरूरत महसूस हुई। पर वो कितना ही कराओ, ऊपर से ही तो की गयी सर्जरी है। हम में से किसी ने भी औरत होने के लिए हार्मोन थेरपी नहीं ली है। पर जो किया नहीं, उसकी वजह से कम्युनिटी में बाकी हिजड़ों से हम अलग नहीं ठहराए जाते।

बीच-बीच में हिजड़े खबरों में आते हैं, कि उन्होंने किसी बच्चे को उठा लिया, ताकि उसे जबरदस्ती हिजड़ा बना सकें। ऐसे मामले की बहुत तटस्थता से जाँच होनी चाहिए। 'हिजड़े ऐसा करते हैं, ये उनकी कम्युनिटी ने ही उनको बताया है...' ऐसा लोग कहते रहते हैं। पर किसी भी समाज के नियमों में किसी को भी बुरा काम करने के लिए नहीं कहा जाता। हमारे समाज में भी ऐसा ही है। किसी को जबरदस्ती

हिजड़ा बना लो, ऐसा हमारे बुजुर्गों ने नहीं बताया। ऐसा कोई नहीं करता। बहुत बार वो 'सेल्फ डिनायल' रहता है। हिजड़ा होने का फैसला लेने तक की मानसिक स्थिति बहुत ही तकलीफदेह होती है। एक बार हिजड़ा बनने पर तो फिर पिछली जिन्दगी के सभी दरवाजे बन्द हो जाते हैं। मैं हिजड़ा हो गया हूँ, स्वयं ये स्वीकारना ही बहुत कठिन होता है। परिवार में, समाज में अलग-अलग प्रतिक्रियाएँ होने लगती हैं वो अलग। इन सबका सामना करने से डर लगता है, और फिर 'मुझे उठा के जबरदस्ती हिजड़ा किया गया है', यह फैलाया जाता है। ऐसी शिकायत भी दर्ज की जाती है। पर शायद ही कुछ हिजड़े ऐसी हरकत करते हैं। फिर कायदे से उसकी पुलिस में शिकायत की जाती है और जाँच में अगर यह साबित हुआ तो कम्युनिटी का कोई भी सदस्य उनके साथ खड़ा नहीं रहता। कम्युनिटी उनको माफ नहीं करती। मैं तो हमेशा से कहती हूँ, पूरे समाज में जितने प्रतिशत लोग अपराधी हैं, उतने ही प्रतिशत हिजड़े भी अपराधी होते हैं। इसीलिए जो दण्ड सभी अपराधियों को दिया जाता है, वही अपराधी हिजड़े को भी देना चाहिए। सजा भी होनी चाहिए। पर वैसा होते हुए दिखाई नहीं देता। हिजड़ों के विरुद्ध जो शिकायतें होती हैं, वो बहुत बार 'बढ़ा-चढ़ा के' की जाती हैं... पुलिस से भी। समाज का नजरिया भी यही होता है कि 'उनको सबक सिखाना चाहिए'। और हमारे बारे में अनेक गलतफहमियों से ही ये नजरिया बनता है।

हिजड़े की मृत्यु होने पर तो उसे रात में देर से ले जाते हैं, और ले जाते समय सभी लोग उसे जूतों से मारते हैं, ये भी एक गलतफहमी है। और ये भी कि उसकी अन्तिम यात्रा को कोई भी न देखे...ये भी सब झूठ है। हिजड़े अलग-अलग धर्म से आते हैं। वो जिस धर्म के होते हैं, उसी के अनुसार उनका अन्त्य-संस्कार किया जाता है। उनकी भी अन्त्ययात्रा बाकी लोगों की तरह ही निकलती है, पर हम उस अन्तिम यात्रा में औरतों के भेस में नहीं जाते और इसीलिए ये हिजड़े हैं, ये लोगों के समझ में नहीं आता। हमारे यहाँ हिन्दू और मुस्लिम दोनों में औरतें श्मशान नहीं जातीं। हम सब भी कुर्ता-पायजामा, शर्ट-पैंट पुरुषों के कपड़े ही पहनते हैं, और अन्तिम यात्रा में जाते हैं और विधिवत अन्त्य-संस्कार करते हैं।

हिजड़े हमारे समाज का ही एक हिस्सा हैं। इसलिए समाज में जैसी रचना परिवार की होती है, वैसी ही हिजड़ों में भी होती है। गुरु हिजड़ों की माँ होती है। उसके बाद दादी, परदादी रहती हैं। वैसे ही दादा गुरु, परदादा गुरु... एक गुरु का एक परिवार होता है। परिवार का वारिस कौन होगा, ये गुरु को तय करना होता है। परिवार के रीति-रिवाज बता के उसे परिवार के प्रमुख के तौर पर 'तैयार' किया जाता है। गुरु ने वारिस तय नहीं किया हो, तो गुरु की मृत्यु के बाद पंच, यानी हिजड़ों के सात घरानों के सात नायक वारिस तय करते हैं। हिजड़ा कम्युनिटी के सभी बड़े फैसले ये पंच लेते हैं। उनको कम्युनिटी में मान-सम्मान मिलता है। उन्हें

वो अधिकार होता है और अभ्यास से हासिल किया हुआ होता है...

किसी ने हिजड़ा होने का फैसला किया तो उसे दीक्षा देने का समारोह होता है। हमारी भाषा में उसे 'रीत' कहते हैं। कुछ विधियाँ रहती हैं। हमारे यहाँ ब्राह्मण परिवार में जैसे मूँज करते हैं वैसे... वो भी दीक्षा ही है। वैसी ही ये है। इस समारोह के लिए गुरु ले जाती है। कम्युनिटी प्रमुख यानी खानदान का 'नायक' मौजूद रहता है। वो दीक्षा देता है। विधि पूरी होती है और वो व्यक्ति हिजड़ा बन जाता है। अब जिस खानदान की उसकी गुरु होगी, उसे उस खानदान का इतिहास बताया जाता है। हिजड़ा कम्युनिटी के सभी नियम उसे समझा दिये जाते हैं। वो खानदानी नियम होते हैं। कैसा बर्ताव करना है, कैसा चाल-चलन है... उसके शिष्टाचार। कोई आये तो पानी कैसे देते हैं, उसका भी एक तरीका है। पानी का गिलास बीच में या ऊपर से नहीं पकड़ना है। उसके तल में दोनों हाथों की अंजुली रखनी है और उसे मेहमान के हाथ देना है... साड़ी पहननी है, पर चलते समय उसका आँचल किसी को ना लगे, इस तरह से सँभालकर चलना है... गुरु को मान देना है... उनके सिरधने नहीं बैठना है... गुरु के कपड़े नहीं पहनने हैं, गुरु का नाम नहीं लेना है, इतना ही नहीं, खानदान का भी नाम नहीं लेना है... गुरु को कभी उल्टा जवाब नहीं देना है... गुरु की हर बात सिर-आँखों पर रखनी है। उसने कुछ भी कहा तो उसे सुनना है... हमारे यहाँ कहते ही हैं, 'हिजड़े सिर्फ बातों के होते हैं...' सब कुछ शब्दों पर निर्भर होता है। किसी व्यक्ति को गुरु मानना... माँ जैसा समझना... उसके अपने बच्चे नहीं है तो भी शिष्यों को बच्चों जैसा प्यार करना है... कोई पूछे कि ये सब किसलिए? तो मेरा कहना है, मैं तुम्हें अपना बच्चा समझूँगी... शब्द ही महत्त्वपूर्ण होता है यहाँ। इसीलिए उसका मान रखना है। एक तरफ गुरु रूपी माँ की भावनाएँ, और दूसरी तरफ पुरुष होने की वजह से उस पर अधिकार की भावना, वह सब शायद इनका मिश्रण होता होगा। इसलिए बच्चे के रूप में प्यार करते समय गुरु अपने शिष्यों पर अपना हक जताने की कोशिश करती है... उसकी जिन्दगी पर अधिकार करने की कोशिश करती है... मैं जो कहूँ, वो वैसा ही होना चाहिए, ऐसा आग्रह करने लगती है... फिर भी उसे गुरु का मान दिया जाता है।

कम्युनिटी के सख्त नियमों का पालन अब कोई भी दैनिक जीवन में नहीं करता। पर पंचों में जाने के बाद कम्युनिटी का कुछ कार्यक्रम होगा तो उसका पालन किया जाता है। अपने यहाँ भी तो घर के नियम, बड़े लोगों को दिया जानेवाला आदर ये सब कुछ हम करते ही हैं। परिवार में रहते समय-परिवार के किसी बड़े समारोह में, घर में कोई बड़ा आये तो उसका पालन किया जाता है, वैसा ही है ये। उसमें भी जिस गुरु के साथ आप रहते हैं, वो कितनी स्वतन्त्रता देनेवाला है, उस पर भी ये सब कुछ निर्भर करता है।

मेरे गुरु ने मुझ पर कभी सख्त बन्धन नहीं लादे। हिजड़े के तौर पर जीते समय

कुछ नियमों का पालन करना पड़ता है। अपनी जिन्दगी किसी के सामने नहीं लानी है... किसी को भी साक्षात्कार नहीं देना है... कहीं फोटो प्रकाशित नहीं होने देना है... इसमें से कुछ नियमों के पालन में लता गुरु सख्त थीं, पर उन्होंने मुझे काफी छूट दी थी। मैं नियमों का पालन कर रही थी, क्योंकि सब कुछ जानने के बाद ही हिजड़ा होने का फैसला मैंने लिया था। पर समय ऐसा भी आया कि मैंने विद्रोह किया—सब करूँगी, पर अपनी स्वतन्त्रता के साथ समझौता नहीं करूँगी। सच, मैंने समझौता कभी नहीं किया। अलग-अलग वजह से... कभी मीडिया को साक्षात्कार दिया, कभी छोटे परदे पर गयी, कभी विदेश जाना पड़ा, तो कभी कहीं और। कई बार इस सन्दर्भ में कम्युनिटी ने मुझपर जुर्माना भी लगाया। मैंने उसका भुगतान किया, पर फिर भी बार-बार ऐसा करती रही। एक वक्त ऐसा आया कि मुझे कम्युनिटी से बाहर निकाला गया। मैंने उसको भी स्वीकार किया। पर उस वक्त लता गुरु मेरे साथ खड़ी रहीं। मेरे पक्ष में उन्होंने बात की और मुझे फिर से कम्युनिटी में ले लिया गया। मैं सुशिक्षित, समझदार थी, इसलिए लता गुरु को हमेशा ही मुझ पर गर्व महसूस होता था... वो हमेशा मेरे साथ खड़ी रहती थीं।

लीक से हटकर चलना है तो ये तकलीफ तो उठानी ही पड़ती है... और मैं तो दो जगहों पर लीक से हटकर चल रही थी। एक हमारा पूरा समाज और दूसरा हिजड़ा समाज। दोनों समाजों में बदलाव लाना चाहिए और हिजड़ों को समाज के सामने और अधिक आना चाहिए। समाज से कटकर रहने के परिणाम हिजड़ों को भोगने पड़े हैं। समाज में जिस प्रकार दस प्रतिशत लोग समाज-विघातक कृत्य करनेवाले होते हैं, वैसे ही हिजड़ों में भी दस प्रतिशत लोग ऐसे होते हैं। पर दस प्रतिशत की ही बड़ी खबर बना दी जाती है और पूरी हिजड़ा कम्युनिटी बदनाम होती है।

इस बदनामी के खिलाफ काम करना चाहिए। जगह-जगह पर हिजड़ों को संगठन खड़े करने चाहिए। अभी-अभी हमने 'महाराष्ट्र तृतीयपन्थी संगठन' स्थापित किया है। उसके काम को अब आगे लेकर जाना है। यहाँ के हिजड़ों को मूलभूत अधिकार मिलें, इसमें आनेवाली समस्याओं का हल ढूँढ़ना है। हिजड़ों को किसी का भी सहारा नहीं रहता। वे अपने दम पर जीते हैं। सरकारी स्तर पर उनको कुछ मूलभूत अधिकार मिलें, हमें ऐसा लगता है और उसके लिए हम प्रयास करते रहते हैं। 'आधार कार्ड' की योजना शुरू हुई। तब 'महाराष्ट्र ट्रान्सजेंडर्स नेटवर्क', 'सखी चारचौघी' नामक संस्थाओं की तरफ से हमने सरकार को खत लिखा। हमें भी आधार कार्ड मिले, ये माँग की। सरकार ने इस पर सकारात्मक कदम उठाए। प्लानिंग कमीशन के साथ हमारी मीटिंग हुई। क्या कर सकते हैं, इस पर चर्चा हुई और सरकार ने फैसला लिया। एक सबूत मिले, तो भी हिजड़ों को आधार कार्ड देना है। इसके अनुसार अब वो मिल रहा है।

अलग-अलग जगहों पर हिजड़ों के लिए अलग-अलग तरह के काम शुरू है।

एच.आई.वी. / एड्स प्रोग्राम तो जारी है ही, हिजड़ों को घर और रोजगार मिले, इसके लिए भी हमारे कुछ संगठन प्रयास कर रहे हैं। कानून बनानेवाले और नीतियाँ तय करनेवाले इनके स्तर तक पहुँचें, तभी कुछ हो सकता है, इसका हमें एहसास है। और सिर्फ वही हम करना चाहते हैं। बाकी राज्यों में अब परिस्थिति बदल रही है, लोगों का नजरिया भी बदल रहा है। तामिळनाडु जैसे राज्यों में हिजड़ों को मकान दिये गये हैं, मध्यप्रदेश में तो हिजड़े लोक-प्रतिनिधि तक पहुँच गये हैं। सरकारी स्तर पर हो रहे इन कामों के साथ समाज में भी बड़े पैमाने पर काम होना चाहिए। असल में परिवार से ही हिजड़ों को सहारा मिलना चाहिए... जैसे मुझे मिला, वैसे ही। वो जब तक नहीं मिलता, तब तक क्षमता होने के बावजूद बहुत ऊँचाई तक जाना उनके लिए सम्भव नहीं है।

उन्हें ऊँचाई तक जाना चाहिए, इसलिए अलग-अलग स्तर पर की जानेवाली हमारी बहुत-सी कोशिशों को अब सफलता मिलने लगी है। महाराष्ट्र सरकार ने महिला विषयक नीतियों में ट्रान्सजेंडर्स का समावेश किया है। उनके लिए अनेक बातें सुझायी हैं...

नवम्बर 2012 की बात है। हमारे गाँव के घर में भागवत का पाठ हो, ऐसी पापा की इच्छा थी, पर इच्छा पूरी होने से पहले ही उनका देहान्त हो गया। वो उनकी आखिरी इच्छा थी, इसलिए 2012 के नवम्बर में हमने गाँव में भागवत पाठ कराने का फैसला किया। माँ पहले ही गाँव गयी हुई थी।, 13 नवम्बर को मैं और शशि, सपना और अंशुमन गाड़ी पकड़कर 14 की सुबह गाँव पहुँचे। उसी दिन सुबह भागवत-कथा शुरू होनेवाली थी। उसके लिए घर में पंडित मौजूद थे। भागवत-पाठ शुरू हुआ। उसी वक्त घर में शतचंडी और महाविद्या पाठ भी शुरू किया गया। सब कुछ धर्मशास्त्र के अनुसार चल रहा है या नहीं, इसका मैं ध्यान रख रही थी।

जब वो जारी था, तभी मुझे 'सिफा' की संयुक्ता का फोन आया—"29 तारीख को सह्याद्री गेस्ट हाउस में एक मीटिंग है। महिला आयोग की सदस्य दिल्ली से आ रही है। महत्त्वपूर्ण विषय है। इस मीटिंग में आपको आना है।" मैंने कहा, "पर मैं तो उत्तर प्रदेश में हूँ, गाँव में हूँ और 29 तारीख तक मैं मुम्बई नहीं आनेवाली।"

संयुक्ता सुन नहीं रही थी—कुछ भी करो, पर 29 तारीख को आ जाओ। महाराष्ट्र राज्य की महिला विषयक नीति तैयार हो रही थी, और उसमें तृतीयपन्थियों के लिए कुछ अलग नीति होनी चाहिए, ऐसी कोशिश हो रही थी। इसीलिए वो मीटिंग महत्त्वपूर्ण थी, और इसीलिए वो मुझे बुला रहे थे।

आखिरकार मैं और माँ 28 नवम्बर को लौट आये और 29 तारीख को सुबह मैं सह्याद्री गेस्ट हाउस में गयी। मैं जब पहुँची तब कार्यक्रम शुरू ही हुआ था। महिला और बालविकास मंत्री वर्षा गायकवाड़ का वक्तव्य जारी था। मुझे देखकर उन्होंने नाम लेकर मेरा स्वागत किया। मुझे आश्चर्य हुआ। मैं जाकर बैठी। सब बातें ध्यान

से सुनीं और अपनी बात रखी। कुछ लोग मेरी बात सुनकर थोड़े विचलित हुए। हमें हतोत्साहित करने की थोड़ी कोशिश की गयी। पर शोषित स्त्री और किन्नर, ये दोनों हमारी जिम्मेदारी है, ऐसा आश्वासन स्वयं वर्षा गायकवाड़ ने दिया, और मीटिंग के खत्म होने के बाद हम काम में लग गये।

तृतीयपन्थी असल में कौन हैं, उनकी क्या समस्याएँ हैं, ये सभी ने जान लिया। महिला विषयक नीति में जिस-जिस समाज के घटकों के बारे में सोचना चाहिए था, उनके साथ काम करनेवाले, उनके सन्दर्भ में सोचनेवाले कुछ योग्य व्यक्तियों की उप-समितियों का गठन किया गया। इन समितियों को एक साथ बैठकर चर्चा विचारों का आदान-प्रदान करना था, नीतियों को अन्तिम स्वरूप देना था। शोषित महिलाओं और तृतीयपन्थियों की समस्याओं पर विचार करने के लिए मेरे साथ मेरी करीबी हिजड़ा दोस्त गौरी सावंत थी। अथर्व था, मेरा चेला पवन था। यूएनडीपी का अर्नेस्ट नरोन्हा था, सामाजिक कार्यकर्ता मीन शेषू थी। बाकी लोग भी थे, सामाजिक कार्यकर्ता थे। हम मिलते थे, चर्चा करते थे। हम स्वयं तृतीयपन्थी के रूप में जी रहे थे। औरों ने तो कम्युनिटी में अनेक साल से काम किया था। अलग-अलग जगहों में अलग-अलग सामाजिक, आर्थिक सारों में जीवन-यापन करते समय कौन-कौन सी दिक्कतें आती हैं, ये देख रहे थे। इसके लिए असल में क्या करना चाहिए, सरकारी स्तर पर कौन-सी बातें होनी चाहिए, इस पर बहुत सालों तक सोचा गया था। उसके बारे में कुछ प्रेजेंटेशन भी तैयार थे। उनके आधार और उपसमिति के सभी लोगों के अनुभव, विचार इनके आधार पर हमने महिला विषयक नीतियों में से ही तृतीयपन्थियों के बारे में नीतियाँ निश्चित कीं। उसमें मुख्यतः समाज के भेदभाव की दृष्टि की वजह से ऐसे स्त्रैण बच्चों को बचपन से ही जिन बातों का सामना करना पड़ता है, उनके बारे में सोचा गया। समाज में, स्कूल में चिढ़ाया जाता है, और ये बच्चे स्कूल नहीं जाते, पढ़ते नहीं हैं। इसके लिए शिक्षक, शिक्षकेतर कर्मचारी इनको संवेदनक्षम बनाने, लघु उद्योग शुरू करने के लिए प्रशिक्षण देने जैसी अनेक बातों का समावेश करते हैं। तृतीयपन्थियों को सभी बातों में प्रमुख दिक्कत आती है, सरकारी कागजात और सबूत घर छोड़ा हुआ होता है, इसलिए राशनकार्ड, जन्म-प्रमाणपत्र सभी की समस्या रहती है। और तो और, हम जी भी अलग तरीके से रहे होते हैं और ये कागजात दूसरी ही कुछ बताते रहते हैं। तृतीयपन्थियों के लिए कुछ करते समय, कोई-सी भी योजना लाते समय, उसको लागू करते समय, बहुत-सी बातों का लाभ उनको दिलाने के समय कागजातों की शर्तें कुछ शिथिल और आसान करनी होंगी, नहीं तो उनके लिए कुछ भी करना आसान नहीं होगा, ये मैंने प्रमुख रूप से कहा; और समिति को भी वो सही लगा। उसमें भी तृतीयपन्थियों के लिए शिक्षा, व्यवसाय, इनके लिए शून्य ब्याज-दर पर कर्जा, उनकी जनगणना, राशनकार्ड उनके रहने की व्यवस्था, सरकार की मुफ्त स्वास्थ्य-सेवाओं का लाभ, वो उठा पाएँ, ऐसी

परिस्थिति का निर्माण करने पर हमने जोर दिया। तृतीयपन्थियों के बचत समूहों की स्थापना करना, बच्चों के लिए बोर्डिंग स्कूल, सम्प्रेरकों के असन्तुलन के सन्दर्भ में गर्भावस्था के समय ही आवश्यक डॉक्टरी मदद, किशोरावस्था में जाते बच्चों को समुपदेशन, समाज को संवेदनशील बनाना, ये बातें उसमें थीं। शिक्षा और व्यवसाय का मौका मिले, उनका कौशल विकास हो तो तृतीयपंथी अपने पैरों पर खड़े रहेंगे, बदलते हुए विश्व का आत्मविश्वास से सामना भी करेंगे, खुद का और समाज का भी विकास करेंगे, इसका मुझे विश्वास है। सभी मुद्दों पर विचार करके प्रारूप तैयार करते समय हमने ये ध्येय आँखों के आगे रखा था।

शोभा दीदी फणनवीस, शशिबेन शहा, यशोमी ठाकुर जैसी तमाम राजनीतिज्ञ महिलाएँ, प्रत्यक्ष फील्ड में काम करनेवाले सामाजिक कार्यकर्ता, राजीव चवण जैसे वकील, मुख्य सचिव उज्ज्वल उके, महिला आयोग की सह-आयुक्त सुमिता विश्वास... इन सबको बहुत अच्छा सहयोग मिला और महाराष्ट्र की तीसरी महिला नीति का प्रारूप तैयार हुआ। वर्षा दीदी इसी बीच ठाणे में एक कार्यक्रम के लिए आयी थीं। उन्होंने मुझे बुला लिया। कार्यक्रम खत्म होने के बाद वो हमें अपने बंगले पर लेकर गयीं और मुझे उस प्रारूप की हर पंक्ति पढ़कर सुनाई, समझाई।

8 मार्च, 2013 को पूना में हुए एक कार्यक्रम में यह प्रस्ताव मुख्यमन्त्री के हाथों में सुपुर्द किया गया। हम जो लोग इस समिति में थे, इस विषय पर काम कर रहे थे, उनको मुख्यमन्त्री के हाथों से प्रमाणपत्र दिया गया। मुख्यमन्त्री के हाथों काम के एप्रिसिएशन के तौर पर प्रमाणपत्र लेनेवाली मैं पहली तृतीयपन्थी रही।

बीते हुए बीस सालों से हम सामाजिक मंच पर काम कर रहे थे, लोगों को समझा रहे थे। अब शासन ने भी उनके बारे में सोचना शुरू किया। बहुत अच्छा लगा था। दूसरी महत्त्वपूर्ण बात, जिन तृतीयपन्थियों का समाज मजाक उडाता है, तिरस्कार करता है, उन्हें लेकर ही इसका बहुत अच्छा असर अब समाज में हो रहा था... होनेवाला है।

मुम्बई, महाराष्ट्र, देश और विश्व... इतने स्तरों पर मैं काम कर रही हूँ। ये सब काम खड़ा करने में, आगे ले जाने में मेरे सभी चेलों का भी बहुत बड़ा हाथ है। वे मुझे पूरी तरह से समर्थन देते हैं, मुझे सहयोग देते हैं। दूसरी तरफ मेरे सभी चेलों की जिम्मेदारी मुझ पर है। मैं उनके परिवार की मुखिया और मेरे गुरु ने जैसे मुझे हमेशा प्रोत्साहन दिया, हमेशा ही मुझ पर गर्व किया और मेरे साथ खड़ी रहीं, वैसे ही जीने का मैं भी प्रयास कर रही हूँ। काम की वजह से मुझे लगातार घूमना पड़ता है। कभी यहाँ तो कभी वहाँ। इन सबमें मेरे गुरु हमेशा मेरे साथ होते हैं और मेरे चेले भी। वो मेरा परिवार सँभालते हैं। मुझे सभी बहुत प्यार करती हैं...

सुभद्रा, मेरी पहली और सबसे बड़ी चेला थी। उसका शीलफाट्या में खून हो गया था। उसके बाद भी मैंने अपने कितने सारे चेलों की मौत देखी... 'दाई'

से लेकर मेरे साथ काम करनेवाली किरण... इस बच्ची ने कभी खुद के बारे में सोचा नहीं, मुझसे बहुत प्यार करती थी। हर बात जैसे वो मेरे लिए ही करती थी। होशियार, अनुशासित, मैनेजर जैसा कौशल था उसमें। 'अस्तित्व' शुरू होने के बाद वो गुजर गयी, एच.आई.वी. से... 'दाई' में मेरे साथ होनेवाली फैशन डिजाइनर रूपा भी होशियार थी। उसकी भी मृत्यु एच.आई.वी. से हुई... और पायल... वो एक्सलेंट कुक थी। कांदा पोहा हो, आम्लेट हो, या चिकन बिरयानी... इतनी लाजवाब बनाती थी... उसके हाथों में जादू था। पर शराब में डूबी और उसमें ही चली गयी।

इन सभी को बचाने का मैंने बहुत प्रयास किया। उनको समझाया, उनसे हमेशा बातचीत करती रही। पर कितना समझाऊँगी? कितना चिल्लाऊँगी? और किस मुँह से? ये सब क्या भोग रही थी, वो मैं देख रही थी। पहले पुरुषों के शरीर के अन्दर की औरत के मन का दम घुटना... बाद में हिजड़ा होने पर परिवार का सहारा छूटना... करीबी कोई नहीं था... समाज द्वारा किया हुआ क्रूर व्यवहार, उसकी वजह से होनेवाली तकलीफ... उत्पादन का साधन नहीं... कोई नौकरी नहीं देता था... पर जीने के लिए पैसा तो चाहिए था... फिर उसके लिए किया गया सेक्स वर्क... मन में हमेशा डर... तनाव... हमेशा उपस्थित होनेवाला सवाल... 'मैं कौन हूँ?'... उसके जवाब तो मिलते ही नहीं थे, उलटा आनेवाले नाना तरह के अनुभवों से मन की उलझनें बढ़ती जाती थीं। उससे आनेवाला नैराश्य, संभ्रम... जिन्दगी की कोई कीमत ही नहीं... ना परिवार में, ना समाज में... और फिर खुद की ही नजरों से खुद गिर जाना... साला क्या लाइफ है। इसे भूलने के लिए फिर अनिवार्य रूप से सहारा बननेवाली शराब... सब से करीबी दोस्त। पर उसके साथ ये दोस्ती महँगी होती है। पूरा शरीर ही खोखला बना देती है, उसमें भी दोहरी जिन्दगी जीते होनेवाला तनाव... शरीर और मन को इतने कष्ट पहुँचे, तो और क्या होगा...? इसीलिए मैं समझाने, चिल्लाने के बाद भी रूपा, किरण, पायल को बचा नहीं सकी। उनकी जिन्दगी में मेरे समझाने से कुछ भी बदलाव नहीं आया...

वैसे ही मुस्कान की जिन्दगी में भी कुछ बदलाव नहीं आया। मुस्कान भी मेरी चेला थी। बहुत होशियार। अपनी होशियारी का उसे नाज़ था। मेरे साथ मन लगाकर काम करनेवाली, पर बहुत शराब पीनेवाली और अपनी सारी होशियारी को शराब में ही डुबोनेवाली।

शाहीन... उसे देखने पर वो हिजड़ा है, ऐसा कोई नहीं कह सकता था। बहुत सुन्दर। किसी सिनेमा के हीरोइन जैसी लगती थी। सबका बहुत ही ख़याल रखनेवाली, कोई बीमार हो तो मन से सेवा करनेवाली। पापा की बीमारी में मेरे नहीं होने पर भी उसने पापा की बहुत सेवा की। नीचे से दवाइयाँ लाना, उन्हें वक्त पर देना, पापा को ठीक नहीं लग रहा हो तो भाग-दौड़ करना... माँ और शशि के साथ शाहीन हमेशा खड़ी रहती थी... ये पहले की शाहिद नाईक। बड़ी बहन के बाद का लड़का। कोंकण

प्रदेश का परिवार। शाहिद दस साल का था, तब उसकी माँ का देहान्त हुआ और वो पिताःजी के पिताजी के पास यानी दादाजी के पास मुंब्रा में बड़ा हुआ। बचपन से ही घर का सारा काम करना उसे अच्छा लगता था। घर में माँ को काफी मदद करती थी... इतना-सा बच्चा, पानी भरता है, बर्तन माँजता है... माँ उसकी काफी सराहना करती थी, पर बाकी के सभी लोग उसे 'मउगा' कहकर चिढ़ाते थे। बड़ा होने पर कुछ लोगों से दोस्ती हुई। तभी मेरी और शाहीन की जान-पहचान हुई। उसे हिजड़ा होना था, पर वो बहुत छोटा था। मैंने उसे बताया—हिजड़ा मत बनो। हमारे साथ ही रहो, लेकिन पढ़ो। उसने बात नहीं मानी... सुभद्रा, संगीता इनके साथ उसे हिजड़े की जिन्दगी जीने की आदत हो गयी थी। आखिर एक दिन 'शाहिद' 'शाहीन' में बदला। शाहीन हिजड़ा हुई, मेरी चेला हुई। उसके घर में पता नहीं था। मैं शूटिंग लाइन में हूँ, ऐसा उसने घर में बताया था। धीरे-धीरे घर जाना कम होता गया... बन्द ही हो गया।

घरवालों ने इन्तजार किया और एक दिन उसके मामाजी ने उसे फोन किया—हमें तुमसे मिलना है। मामाजी, उनका परिवार, शाहीन की बहन... सभी मिलने आये। उसे साड़ी में देखकर रोना-धोना शुरू हुआ। सब कुछ छोड़-छाड़कर घर चलो, ऐसा अनुरोध किया गया। पर शाहीन ने मना कर दिया। यहीं रही, कमाने लगी। बाद में उसकी छोटी बहन की शादी तय हुई, तब पूरा खर्चा शाहीन ने ही उठाया और फिर घरवालों ने भी उसे अपना लिया। वो पिताजी से मिलने लगी। सभी बहनों से साल में एक बार मिलने लगी। जाते समय उनके घर के सभी सदस्यों को कपड़े और तोहफे लेकर जाती थी। उसका छोटा भाई पहले नाराज रहता था, बाद में वो भी बोलने लगा। लेकिन उसकी सौतेली माँ उससे बात नहीं करती थी, पर पिताजी और शाहीन बाहर मिलते थे। वो उन्हें पैसे देती थी, ख़याल रखती थी... थी ही वो वैसी, सबका ख़याल रखनेवाली... ब्यूटीफुल नर्स। पर इस 'नर्स' का अन्त बुरा हुआ। उसे एच.आई.वी. का पता चला। तब वह पिता के पास गयी। पिता ने उसकी जिम्मेदारी उठायी, पर वह घर लेकर नहीं गये। एक नर्सिंग होम में रखा। वहीं वो गुजर गयी। लगातार मेरे साथ रहती थी शाहीन। आज भी बहुत बार मुझे ऐसा लगता है कि वो मेरे पास ही है।

और कमला। उल्हासनगर के एक व्यापारी परिवार का लड़का। इकलौता। पर बचपन से ही उसे लड़कियों जैसा रहना अच्छा लगता था। साड़ी पहनना, मेकअप करना... 'बड़ा होने पर ठीक हो जायेगा'... इसलिए घरवालों ने ध्यान नहीं दिया। लेकिन बाद में, "आपको जैसा चाहिए वैसा लड़कों की तरह यहाँ रहना मेरे लिए सम्भव नहीं है।" ऐसा कहकर कमला घर से बाहर निकली। शिबा और विनी उसकी सहेलियाँ भी बाद में मेरी चेला बनीं। कमला के घर छोड़ने के कुछ दिनों बाद उसके माता-पिता यहाँ ठाणे के घर आकर गये। उनका इकलौता लड़का कैसा है? कहाँ

रहता है? इसकी फिक्र उन्हें होनी स्वाभाविक थी। पर यहाँ हम परिवार के साथ रहते हैं; ये देखकर उनकी जान में जान आयी। अब कमला के अपने घरवालों के साथ काफी अच्छे सम्बन्ध हैं। बीच-बीच में वो घर जाकर रहती है। घर का कारोबार वो सँभाल नहीं सकी, पर बार में काम करने के लिए जाती है। वहाँ से मिलनेवाले पैसे माता-पिता को देती है, "उन्होंने कभी मुझसे पैसे नहीं माँगे, माँगेंगे भी नहीं। पर मेरी जिम्मेदारी है वो।" ऐसा वो कहती है। अपना परिवार, समाज, कम्युनिटी, गुरु, चेला... सबकी तरफ उसकी जो जिम्मेदारी है, इसकी उसे अच्छी समझ है। वो मुझसे काफी प्यार करती है, मुझ पर भरोसा रखती है। इसलिए किसी ने भी, कुछ भी बताया, कुछ भी किया, तो भी वो लगातार मेरे साथ रही।

मेरा अपना परिवार और ये परिवार, दोनों मेरे सब कुछ हैं। उसमें से एक नहीं होगा, तो मुझे अच्छा नहीं लगेगा... वैसा मैं सोच ही नहीं सकती। और इसलिए आज मैं अपने दोनों परिवारों के साथ रह रही हूँ। एक ही बिल्डिंग में, एक ही मंजिल पर दो घर हैं। एक घर में माँ, शशि, सपना और अंशुमन... दूसरे घर में मैं और मेरे चेले... बीच में सिर्फ एक दीवार।

मेरा 'हिजड़ा' परिवार... मुस्कान, शाहीन और मैं।

दोनों घरों के दरवाजे दिन-भर खुले रहते हैं। सभी लोग हमेशा यहाँ से वहाँ आते-जाते रहते हैं। कभी माँ को यहाँ का पतीला चाहिए होता है, उसे लेने के लिए वो आती है, तो कभी चाय में डालने के लिए अदरक नहीं है, उसे लाने के लिए कमला वहाँ जाती है। अंश तो लगातार यहाँ से वहाँ घूमता रहता है। कभी उसे उसकी माँ की गोद में सोना होता है, तो कभी उसके 'बड़े पापा' यानी मेरे कमरे में आकर, ए.सी. चलाकर, ब्लैंकेट ओढ़कर सोना होता है। कभी वहाँ टी.वी. पर

कार्टून देखने होते हैं तो कभी यहाँ 'कम्प्यूटर' पर 'छोटे अंश' की तस्वीरें देखनी होती हैं। मेरे सभी चेलों से माँ प्यार करती है। और मेरे सभी चेले छोटे अंश से बहुत प्यार करते हैं।

आश्चर्य होता है सबको यह देखकर कि ये इतने हिजड़ों को घर में रहने देते हैं? बिल्डिंग के लोग कुछ कहते नहीं हैं क्या? शिकायत नहीं करते हैं क्या?

नहीं। शुरू में कुछ लोगों ने आपत्ति जतायी थी, हमारे बारे में नहीं, बिल्डिंग में कुछ बार-बालाएँ किराये से रह रही थीं, उनके बारे में। उसके बाद लता गुरु रहने के लिए आयी, तब भी कुछ लोग नाराज थे। पर हम लोग बाकी लोगों को तकलीफ न हो, इसका हमेशा ख़याल रखते हैं। औरों से हम अलग ना लगें, इस पर ध्यान दिया। लोगों की मुसीबत के वक्त काम आयें, उनके सुख-दुख बाँटें। मैं तो यहाँ पहले से रहती थी, पर मेरे चेले भी सबके साथ मिल-जुलकर रहते हैं। और इस पर कोई भी उँगली नहीं उठा सकता।

कभी-कभी मुझे लगता है, मैं कितनी नसीबवाली हूँ। दुनिया में बहुत-से लोगों को ठीक से एक भी परिवार नहीं मिलता... मुझे दो-दो मिले हैं।

दुनिया में कितने लोगों को उनसे प्यार करनेवाला कोई मिलता ही नहीं है... मुझसे प्यार करनेवाले तो बहुत से लोग थे। मेरे सगे रिश्तों के, बने हुए रिश्तों के, माने गये रिश्तों के।

जिन लोगों ने मुझसे रिश्ता जोड़ा, उन लोगों ने बिल्कुल ठेस न पहुँचाते हुए मुझे सँभाला। मेरे हिजड़ा होने पर शुरू में सबको सदमा लगा था, पर उन कारणों की वजह से 'मेरे' लोगों ने कभी मुझसे रिश्ता नहीं तोड़ा। जिन लोगों ने तोड़ा, वो कभी 'मेरे' थे ही नहीं। इसी से मुझे यह पता तो चला।

बहुत से हिजड़ों को आज समाज में ही नहीं, उनके परिवार में भी नहीं अपनाया जाता।

किसी भी रास्ते से सही, वे पैसे कमाने लगें और उसे घर में देने लगें, तो ही उन्हें घर में आने देते हैं।

उन लड़कों को ऐसे घर से निकालने की, उनका इस तरह तिरस्कार करने की वजह क्या है...?

उनकी अलग लैंगिकता, उनकी अलग सेक्सुॲलिटी।

किसी परिवार में सभी का रंग बहुत गोरा है, एक ही लड़का काले रंग का है... तो क्या उसे परिवार से बाहर निकाला जाता है? किसी व्यक्ति का रंग, उसकी पसन्द, उसका किसी कला के प्रति झुकाव ये जितना प्राकृतिक है, उतनी ही उसकी लैंगिकता प्राकृतिक है। तो इसकी वजह से उन लड़कों को उनके घर से, परिवार से, समाज से बाहर क्यों निकालना चाहिए? परिवार ने ही जब उसे नहीं अपनाया,

कमल

तो समाज कैसे अपनाएगा? फिर समाज उसकी छी-थू भी करने लगता है। उसे चिढ़ाता है। उसकी गिनती भी नहीं करता। अच्छा हो या बुरा, कोई भी उससे बात करने को लिए नहीं जाता। अनदेखा... मैं हमेशा अपने चेलों से कहती हूँ... We are the only sexual Minority which ij visible, though treated as Invisible.

एक व्यक्ति के रूप में समाज में बिल्कुल कीमत न होने की वजह से ही हिजड़े निराश होते हैं। इस निराशा से ही वो समाज का तिरस्कार करने लगते हैं। समाज से कटकर रहने लगते हैं। फिर समाज भी उन्हें दूर-दूर धकेलता है। और ये दुष्चक्र जारी रहता है...

मेरे विषय में लेकिन ऐसा हुआ नहीं।

आज पीछे मुड़कर मैं अपनी जिन्दगी की तरफ देखती हूँ, तब मुझे बहुत आश्चर्य होता है। कहाँ से कहाँ पहुँची मैं... और कहाँ तक जानेवाली हूँ...

क्यों नहीं होगा मुझे खुद पर गर्व?

एक आम मध्यमवर्ग के घर से आयी हुई मैं, आज मेरा 'सेलिब्रिटी स्टेटस' है... मेरे पास नाम है, प्रसिद्धि है... उससे मिलनेवाला सम्मान है... ये जो कुछ भी है, वो मैंने पूरी ईमानदारी से, किसी भी बुरे रास्ते पर चले बिना पाया है।

अमेरिका, कॅनेडा, यूरोप, मेक्सिको, मलेशिया, थाइलैंड... बहुत से देश मैंने देखे हैं। सिर्फ देखे ही नहीं, वहाँ के लोगों का प्यार भी पाया है। भारत से बाहर पाँव रखने के बारे में मैंने कभी सोचा ही नहीं था। और मैं सीधे 'यूएन' जा पहुँची थी।

जो लोग मुझे चिढ़ाते थे, कम समझते थे, मेरा मजाक बनाते थे, तुच्छ मानकर देखते थे, उनके मुँह मैंने हमेशा के लिए बन्द कर दिये थे।

जिन्दगी में मुझे जो-जो बनना था, वो-वो मैं बनती गयी। मुझे डांसर होना था... मैंने डांस सीखा, डांसर हुई। मुझे टीचर होना था... मैंने डांस क्लासेस शुरू किये, टीचर हुई। मुझे हिजड़ा होना था... जिन्दगी के एक मोड़ पर मैंने फैसला लिया, और हिजड़ा बनी।

जब से मुझे समझ आयी थी, तब से मुझे पता था कि मैं ऐसे ही मरनेवाली नहीं हूँ, कुछ बन के ही जाऊँगी... शायद? मैं भीड़ में से एक होकर नहीं रहूँगी, भीड़ का चेहरा बनूँगी। दूध में घुलनेवाली शक्कर नहीं बनूँगी, दूध को रंग देनेवाला केसर बनूँगी। थी ही मैं वैसी बचपन से। जिन्दगी में सही समय पर मैं सही निर्णय लेती गयी। जो फैसला सोच-समझकर, खुद की जिम्मेदारी पर लिया, उसका मान रखती गयी। इस वजह से अपने लिए गये किसी फैसले का मुझे कभी पछतावा नहीं हुआ। खुद के फैसलों को मान देते-देते ही मैं औरों के फैसलों को भी मान देने लगी। मैं खुद भी अपने फैसले का सम्मान करती थी। ये देखकर मेरे आस-पास के लोग भी मेरे फैसले का सम्मान करने लगे।

उस वक्त मैं हिजड़ा नहीं हुई होती तो आज क्या होती, इस बारे में मैं सोच ही नहीं सकती थी। पर इतना तो निश्चित है कि आज मेरे पास जो भी है, वो सब कुछ मैंने जरूर पाया होता।

सच में, बहुत कुछ पाया है मैंने आज तक। पर उसे पाते समय काफी कुछ गँवाया भी है...

आज मैं कैसी दिखती हूँ? ग्लैमरस... तड़क-भड़क हैवी मेकअप करनेवाली... खुद की इमेज का ख़याल रखनेवाली... किसी पर किसी का कोई भी अन्याय सहन ना करनेवाली... उसके खिलाफ खड़ी रहनेवाली... जरूरत पड़ी तो भारी-भरकम गालियाँ भी देनेवाली।

पर असल में मैं ऐसी थी ही नहीं।

मैं सीधी-सादी थी... शान्त थी... ज्यादा बातें न करनेवाली... बहुत भावुक थी...

'उस' लक्ष्मी से 'इस' लक्ष्मी तक का सफर मैं बिल्कुल मुँह पर नकाब पहनकर करती रही। ये नकाब ही धीरे-धीरे कब मेरा चेहरा बनता गया, मुझे ही पता नहीं चला। लोगों को मैं जो दिखा रही हूँ, शुरू में वो साँप की तरह डसता था मुझे। धीरे-धीरे वो चुभन भी कम होती गयी। 'मैं ऐसी ही हूँ', 'मुझे ऐसा बनना पड़ेगा', ऐसा मैं खुद को पहले समझाती थी और बाद में बताती गयी। सभी भावनाओं को जहर की तरह पीकर खड़ी रही। सबके लिए मैं खुद जिम्मेदार बनती गयी, पर 'मैं तुम्हारे लिए जिम्मेदार हूँ', ऐसा बतानेवाला कोई भी मुझे नहीं मिला। हँसते-खेलते जीती रही, और यहाँ तक पहुँची... पर असल में 'हँसते-खेलते' ही जीना था वो?

आज जब सोचती हूँ, तो मुझे 'वो' लक्ष्मी चाहिए... सीधी, शान्त, चुपचाप, भावनाओं के झूले पर झूलने...

और हाँ, मेरा वो खोया हुआ बचपन भी वापस चाहिए मुझे... जो मुझसे छीन ही लिया गया था।

गुलज़ार जी की वो खूबसूरत कविता याद आती है मुझे... कभी तो मैं स्कूल गयी ही थी...

ये दौलत भी ले लो, ये शोहरत भी ले लो
भले छीन लो मुझसे मेरी जवानी
मगर मुझको लौटा दो वो बचपन का सावन
वो कागज की कश्ती, वो बारिश का पानी...

उसमें से कुछ भी मुझे वापस मिलनेवाला नहीं है, मुझे पता है। ये भी ना समझूँ, इतनी भी मैं भोली नहीं हूँ।

और उसके साथ ही मुझे ये भी पता है, समय तो उलटी दिशा में घूमता ही नहीं है, पर लोग भी नहीं घूमते हैं... उन्हें वैसा घूमना ही नहीं होता। लगातार आगे बढ़ना होता है। मैं भी वैसी ही तो हूँ... पुराना सब कुछ चाहिए, ऐसा कहनेवाली पर फिर भी नजर आगे की तरफ ही है।

आगे जाते समय इतने साल तक चढ़ाया हुआ ये नकाब नोचकर फेंक दूँ ऐसा लगता है... उसकी तरफ हाथ बढ़ते भी हैं, पर तभी ये एहसास होता है कि अब वो चेहरा रहा ही नहीं है जो है, वही मेरी पहचान बन गया है।

सिर्फ चेहरा ही नहीं होता है, उसके पीछे मन भी होता है। वो चीत्कार करता है इस सबसे बाहर निकलने के लिए... उसे अब खुला होना चाहिए, स्वयं को जो चाहिए वो करना होता है। कभी-कभी कुछ भी न करते हुए सिर्फ चुपचाप रहना होता है...

पर फिर मेरा परिवार उसे दुलारने आता है... मेरी कम्युनिटी उसे मनाने आती है... मेरे दोस्त लोग उसे डाँटने आते हैं और मेरे आस-पास का समाज उससे सवाल

करता है...

मन शान्त होता है। उसे पता चलता है, मुझे भी ऊपर के 'नकाब' से ही संवाद स्थापित करना चाहिए। फिर एक बार वो कहीं भी, किसी के लिए भी विद्रोह करने को खड़ा होता है... पर चुभन छोड़कर...

मैं अकेली ही हूँ... उस पहाड़ी शिखर पर निःशब्द खड़े हुए वृक्ष की तरह।

हिजड़ा मतलब क्या?

सच कहूँ तो बहुत बार अपने यहाँ गाली के तौर पर इस्तेमाल किया जानेवाला शब्द है, हिजड़ा... पर हमें दिखाई देनेवाले हिजड़े और 'हिजड़ा' ये संकल्पना असल में है क्या, ये जानने की हम ज्यादातर कोशिश ही नहीं करते हैं।

'हिजड़ा' मूल उर्दू शब्द है। वो भी 'हिजर' इस अरेबिक शब्द से आया हुआ। 'हिजर' यानी अपना समुदाय छोड़ा हुआ, उस समुदाय से बाहर निकला हुआ। मतलब स्त्री-पुरुषों के हमेशा के समाज से बाहर निकलकर स्वतन्त्र समाज बना के रहनेवाला। ये अर्थ इस शब्द में ही समाया हुआ है। हमारे पूरे देश में हिजड़ा समाज है और अलग-अलग भाषाओं में उसके लिए अलग-अलग शब्द हैं। अलग-अलग राज्यों के हिसाब से उनका इतिहास, संस्कृति भी जरा-जरा अलग है।

उर्दू और हिन्दी में 'हिजड़ा' शब्द है। इसके साथ ही उर्दू में 'ख्वाजासरा' भी कहा जाता है हिजड़ों को। अपने प्राचीन ग्रन्थों में 'किन्नर' शब्द की संकल्पना है। इस वजह से हिजड़ों को हिन्दी में 'किन्नर' भी कहते हैं। मराठी में 'हिजड़ा' और 'छक्का' ये दो शब्द प्रचलित हैं। गुजराती में उन्हें 'पावैया' कहते हैं तो पंजाबी में 'खुस्रा' या 'जनखा'। तेलुगु में 'नपुंसकुडु', 'कोज्जा', 'मादा' कहा जाता है, तो तमिल में 'शिरूरनान गाई', 'अली', 'अरवन्नी', 'अरावनी', 'अरुवनी' शब्द इस्तेमाल किये जाते हैं।

किसी भी भाषा में चाहे जो कहके बुलाएँ, तो भी 'हिजड़ा' संकल्पना थोड़े-से फर्क से वही है। 'हिजड़ा' पुरुष के रूप में जन्म लेता है। बचपन से पुरुष के रूप में ही बड़ा होता है... लेकिन मूल रूप से ही उसकी लैंगिकता अलग होती है। बड़ा होते-होते वो स्त्री की भूमिका अपनाने लगता है। उसका दिखना, बर्ताव करना, चाल-ढाल, हाव-भाव सभी लड़कियों की तरह होने लगते हैं। उसे खुद भी उसका एहसास होने लगता है। लेकिन समाज की नजर में ये बातें खलने लगती हैं और लोग उसे चिढ़ाने लगते हैं। वो बिल्कुल नासमझ होते हैं, ऐसा नहीं है; और बहुत कुछ समझ में आता है, ऐसा भी नहीं है। ऐसी कच्ची उम्र के ये लड़के फिर उलझन में आ जाते हैं। अकेले रहने लगते हैं। 'मैं कौन हूँ' इस सवाल का जवाब हर तरह से खोजते रहते हैं और फिर 'मैं औरत हूँ' ऐसा तय करके औरतों के जैसे ही, यानी हिजड़ा बनते हैं। परिवार का सहारा नहीं मिलता, समाज का तो नहीं ही

मिलता... ऐसे में मन से स्त्री, पर शरीर से पुरुष ये दम घोंटनेवाली बात उन्हें सहन नहीं होती और फिर पुरुष होने की निशानियाँ शरीर से, मन से मिटाने की कोशिश करते हैं। बाल बढ़ाना, दाढ़ी बनाना, साड़ी, सलवार-कमीज पहनना, गहने पहनने से लेकर लिंगछेद करने तक, हार्मोन्स लेकर छाती में उभार लाना या कृत्रिमता से उसमें उठान लाना, नहीं तो पैडिंग लगाकर बढ़ाना ऐसा बहुत कुछ होता है उसमें।

कुछ लड़के जन्म से ही 'हिजड़ा' होते हैं, ऐसा हमारे यहाँ मानना है। ये बच्चे स्त्री भी नहीं होते और पुरुष भी नहीं। ऐसे बच्चे कहाँ जन्मे हैं, इस बात का वैद्यकीय दृष्टि से कहीं भी पंजीकरण नहीं किया जाता। ऐसा हो ही नहीं सकता, क्योंकि जन्मे बच्चों का लिंग उनकी दिखाई देनेवाली जननेंद्रियों से निश्चित किया जाता है। शिश्न और वृषण दिखाई दिये तो लड़का, योनि दिखाई दी तो लड़की, ऐसा बताया जाता है। बहुत बार वो सही भी होता है। पर बहुत कम बार उसमें गड़बड़ी होती है, क्योंकि कभी-कभी दिखाई देनेवाला लिंग अलग होता है और बच्चे का दिमाग अलग तरीके से बढ़ता है। स्त्री-पुरुषों को अलग बनानेवाले X और Y क्रोमोसोम के कम-ज्यादा प्रभाव की वजह से ऐसा होता है।

असल में गर्भ रहते ही ये निश्चित हो जाता है कि ये लड़के का है या लड़की का। XX क्रोमोसोम होंगे तो लड़की और XY क्रोमोसोम होंगे तो लड़का। पर ऐसा होने पर भी पहले छह हफ्ते लिंग का स्वरूप लड़का और लड़की, दोनों में एक जैसा ही होता है। उसके बाद Y क्रोमोसोम पर का Sry नामक जीन कार्यरत होता है। उसमें से ही फिर जननेंद्रियों का विकास होने लगता है और हार्मोन्स तैयार होने की शुरुआत होती है। पुरुष हार्मोन्स ऐंड्रोजेन तैयार होता है। उसमें टेस्टास्टरॉन हार्मोन की बड़ी मात्रा होती है। वो स्त्री के गर्भ में भी थोड़ी मात्रा में होता है। स्त्री-गर्भ में इस्ट्रोजन और प्रोजेस्टरॉन हार्मोन्स तैयार होते हैं। उसके बाद बाहर की जननेंद्रियों का विकास होता है।

बहुत बार ये प्राकृतिक प्रक्रिया सहजता से पूरी हो जाती है। लेकिन एकाध बार लिंग निर्धारित होने में थोड़ी गड़बड़ी होती है। इसके भी चार प्रकार हैं। पहले प्रकार को 'टर्नर सिंड्रोम' कहते हैं। उसमें गर्भ का क्रोमोसोम XX या XY नहीं होता, वो XO होता है। पिता से आनेवाले, गर्भ को पुरुषत्व देनेवाले U क्रोमोसोम के न होने की वजह से बाहर की जननेंद्रियों का विकास स्त्री-जैसा ही होता है। लेकिन भीतरी जननेंद्रियों के विकास के लिए दो X की जरूरत होती है। इस वजह से अंडकोश, गर्भाशय का विकास नहीं होता। वैसे वो स्त्री ही होती है, लेकिन इस वजह से उसको बच्चा नहीं हो सकता।

दूसरा प्रकार होता है 'ऐंड्रोजन इन्सेन्सिटिव सिंड्रोम'। इसमें 'टेस्टा स्टरॉन हार्मोन' को गर्भ रिस्पांस नहीं देता। गर्भ अगर पुरुष का है, (XY) तो इस वजह से उसकी पुरुष जननेंद्रियों का विकास नहीं होता। नवजात बच्ची की जननेंद्रिय स्त्री की होती

है, पर अंडकोश, गर्भाशय नहीं होते। लेकिन स्तनों का विकास होता है। उसे मासिक धर्म नहीं होता, उसके बच्चे नहीं होते, जेनेटिकली वो 'XY', यानी लड़का होती है।

तीसरे प्रकार में पुरुष हार्मोन का, ऐंड्रोजन का स्तर बहुत बढ़ता है। गर्भ अगर लड़के का हो तो कोई सवाल पैदा नहीं होता, पर लड़की का हो तो जन्मी हुई लड़की पुरुष, टॉमबॉइश पद्धति की होती है।

चौथे प्रकार में पुरुष हार्मोन, टेस्टास्टरॉन काफी कम मात्रा में तैयार होते हैं। स्त्री का गर्भ हो तो कोई दिक्कत नहीं, लेकिन गर्भ पुरुष का हो तो जननेंद्रिय पुरुषों की होने के बावजूद सोच और भावना आदि उसमें स्त्रीत्व की मिलती है। उसे स्त्री जैसा रहना, बर्ताव करना अच्छा लगता है। किशोरावस्था में आने के बाद ये लड़के पुरुषों की ओर आकर्षित होते हैं।

हिजड़ों के सन्दर्भ में सोचते समय ये चौथा प्रकार ही महत्त्वपूर्ण होता है। जो हिजड़ा होते हैं, उनका शरीर पुरुषों का होता है और प्रवृत्ति, भावना स्त्रियों की होती है। शरीर स्त्रियों का और भावनाएँ पुरुषों की, ऐसी भी कुछ औरतें होती हैं। ये तीसरा प्रकार होता है टॉमबॉइश लड़कियाँ। लेकिन हमारे समाज में पुरुषों का विद्रोह करना औरतों के मुकाबले आसान होता है। औरतों को बहुत मुश्किल होता है। इसके बावजूद 'मउगा' होनेवाले पुरुषों को उनकी कमी का एहसास दिलाते हुए चिढ़ाया जाता है। वैसे 'पुरुषों' जैसा होने पर औरत में कुछ कमी है, ऐसा माना नहीं जाता और ना ही उस वजह से पुरुष 'हिजड़ों' के रूप में सामने आते हैं। उतनी खुलकर औरतें नहीं आतीं, आ ही नहीं सकतीं। शायद उन्हें इसकी जरूरत नहीं महसूस होती।

'हिजड़ा' बनना बहुत बड़ी और कठिन प्रक्रिया है। असल में तो वो मानसिक होती है और बाद में उसे आध्यात्मिक और सामाजिक अधिष्ठान दिया जाता है। किसी पुरुष को, विशेष रूप से वो औरत है, ऐसा लगने लगता है। पुरुष के रूप में उसका जीना मुश्किल हो जाता है और वो हिजड़ा होने का फैसला करता है।

साधारणतः हिजड़ों के सात खानदान हैं। भिंडी बाजार का, बुलाक का, लालन का, लखनऊ का, पूना का, दिल्ली का, हादीर इब्राहिम का। उनमें जगहों के हिसाब से थोड़ा-बहुत बदलाव आता है। मुख्य रूप से ये सातों खानदान होते हैं। हर खानदान का एक मुखिया होता है, उसे नायक कहते हैं। उसके बाद उसके नीचे ढलान होती है। इसी ढलान में गुरु होते हैं। हिजड़ा समाज में गुरु और नायक, इनका ही कानून चलता है। उसका निर्वाह नहीं किया तो सजा होती है। हर खानदान के नियम और कानून अलग-अलग होते हैं। पर हिजड़े किसी को भी ये नियम नहीं बताते। वो गुप्त होते हैं। उनका किसी को पता नहीं चलना चाहिए, ऐसा नियम होता है, वैसा ही उन पर बन्धन होता है। साल में दो बार हिजड़ों की पंचायत होती है। सातों खानदानों के नायक भी उसमें होते हैं। किस-किसने नियमों को तोड़ा है, किसने कानून का पालन नहीं किया, किसने गुरु की आज्ञा को भंग किया है, इसका हिसाब लगाया

जाता है और उसके अनुसार सज़ा दी जाती है। गुरु के साथ किसी के मतभेद हुए तो उस खानदान से बाहर निकलकर दूसरे खानदान का गुरु किया जाता है, लेकिन इसके लिए पहलेवाले खानदान को जुर्माना भरना पड़ता है।

अगर किसी ने हिजड़ा बनने का निश्चय किया तो वो गुरु को चुनता है और बाद में उसकी 'रीत' की जाती है। यह एक रस्म होती है। हिजड़ा समाज में उस व्यक्ति का वो अधिकृत पंजीकरण होता है। गुरु-चेला के सम्बन्ध माँ-बेटी जैसे होते हैं। उस गुरु के ज्येष्ठ चेले फिर उस हिजड़े की बड़ी बहनें बनती हैं और गुरु की ऐसी बहनें उनकी मौसियाँ होती हैं। गुरु के गुरु नानी, यानी माँ की माँ...

'रीत' करते समय उस खानदान का दुपट्टा ओढ़ाया जाता है। एक साड़ी दी जाती है। खानदान की निशानी दिखाई जाती है, नियम समझाए जाते हैं, और फिर शुरू हो जाता है वो प्रशिक्षण... जीने का। आज तक जिस समाज में जीवन-यापन किया, उस समाज से कटकर रहने का... भीख माँगने का... तालियाँ बजाने का... मीठा बोलने का... उसके बाद भी किसी ने कुछ नहीं दिया तो उसे वसूलने के अलग मार्ग खोजने का... जिस समाज ने आज तक तिरस्कार किया, कहीं ये तरीका उस समाज से बदला लेने का तो नहीं है?

'रीत' होने के बाद हिजड़े के रूप में जिन्दगी जीना शुरू कर दी जाती है। फिर भी लिंगछेद, यानी 'निर्वाण' कराना ही चाहिए, ऐसा सभी खानदानों का नियम नहीं है। कुछ लोग ही वैसा मानते हैं। 'निर्वाण' कराए बिना हिजड़े को पूर्णत्व प्राप्त नहीं होता, ऐसा कहा जाता है। 'निर्वाण' कराना है तो उसे विधिवत किया जाता है। वहाँ अधिकृत डॉक्टर वगैरह नहीं होते, क्योंकि लिंग काटना हमारे यहाँ कानूनन जुर्म माना जाता है। फिर 'निर्वाण' की प्रक्रिया आध्यात्मिक होती है, वहाँ डाक्टरों का क्या काम? इस तरह का सवाल हिजड़े करते हैं। वहाँ होता है गुरु और पुजारी। पुजारी एक प्रकार की पूजा करता है और फिर एक ही झटके में लिंग काटता है। कोई कहता है, ये 'निर्वाण' खड़े-खड़े कराना चाहिए, तो कोई कहता है, ऐसा कुछ नहीं है। उसे आड़ा लिटा के किया गया तो भी चलता है। कुछ जगहों पर तो चोरी-छुपे ये 'निर्वाण' करने वाले 'डॉक्टर्स' हैं, उनके अस्पताल हैं। खास तौर पर दक्षिण भारत में। तंग गलियों में बने इन अस्पतालों का हिजड़ों को ही पता होता है। कुछ भी हो, लेकिन 'निर्वाण' के लिए कोई किसी पर जबरदस्ती नहीं करता। वो ऐच्छिक है। हिजड़े अपने शरीर को काफी पवित्र मानते हैं, इसलिए अपनी मर्जी के खिलाफ किसी को भी अपने शरीर को कुछ करने नहीं देते।

'निर्वाण' होने के बाद जख्म भरने के लिए लगभग डेढ़ महीना लगता है। तब तक तेल और वनौषधियों का लेप उस जगह पर लगाया जाता है। वो 40-45 दिन बहुत तकलीफदेह होते हैं। तकलीफ और सिर्फ तकलीफ। इन दिनों में उस जगह से जितना खून बहे, उतना बहने देना चाहिए, ऐसा कुछ लोग कहते हैं; क्योंकि वो

पुरुष का खून होता है और बाद में जो तैयार होता है वो एक औरत का खून होता है। इन दिनों पेशाब करने के लिए एक छोटी नली का इस्तेमाल किया जाता है। इन दिनों में हिजड़ों को छोड़कर बाकी किसी की तरफ भी देखना मना होता है। आँखें बन्द करके या आँखों पर चद्दर डालकर लेटे रहना होता है। स्त्री-पुरुष कोई भी नजर के सामने नहीं आना चाहिए।

'निर्वाण' होना यानी पूर्ण हिजड़ा बनना। उसके बाद एक कार्यक्रम किया जाता है, 'हल्दी मेहँदी'। उसमें हिजड़े के चेहरे और हाथ-पैरों में हल्दी लगायी जाती है। माथे पर बड़ी बिन्दी लगायी जाती है। मीठा खिलाते हैं। बुरी नजर से बचने के लिए सिर पर नोट उतारकर फेंके जाते हैं। उसके बाद नाच-गाना होता है। हवा में नोट उछालकर उन्हें निर्वाण हुए हिजड़े के आस-पास डाला जाता है। ये 'दृष्टि' रस्म होती है।

उसके बाद आखिरी रस्म होती है... चटला। हिजड़े को नहलाकर तैयार किया जाता है। हरे रंग की साड़ी, हरे रंग का ब्लाऊज, हरे रंग की चूड़ियाँ, हरे रंग के गहने... उसके हाथ में दूध से भरा हुआ जग दिया जाता है। ये दूध समुद्र में फेंककर स्वयं का बदला हुआ अंग समुद्र को दिखाया जाता है। काले कुत्ते और हरे पेड़ के आगे भी ऐसा ही किया जाता है।

फिर भी ये रस्म हर एक खानदान में हर एक जगह अलग-अलग होती है। कुछ खानदानों में बड़ी बिन्दी नहीं लगाते, ज्यादा चूड़ियाँ नहीं पहनाते, नाक में बड़ी नथनी नहीं पहनाते... वो लोग जरा अलग तरीके से ये रस्म करते हैं। खास तौर पर दक्षिण में ऐसी रस्म की परम्परा है।

प्रकृति ने जिस रूप में हमें भेजा था, उस रूप को हमने बदला है, इसलिए उसे प्रकृति को दिखाकर उसका आशीर्वाद लेना होता है। प्रकृति ने हमें पुरुष के रूप में भेजा था और हमने उसे बदला है, इसका एहसास हिजड़ों में होता है। और इस एहसास की वजह से ही शायद वो और आक्रमकता से स्त्री-जैसा बर्ताव करने की कोशिश करते हैं। हिजड़ों की अन्त्यरस्म के समय भी वो जन्म से पुरुष था, इसे याद रखा जाता है। जिनका 'निर्वाण' हुआ होता है, उन्हें रुई का या आटे का लिंग बनाकर लगाया जाता है और उसके बाद ही अन्त्य-संस्कार किया जाता है।

हिजड़ों की देवी का नाम है बहुचरा माता या मुर्गेवाली देवी। इस माता का वाहन मुर्गा है, इसलिए इसे मुर्गेवाली देवी कहते हैं। उनके बारे में काफी कहानियाँ बतायी जाती हैं...

...बारिया नामक चंपानेर का राजा था। उसके कोई लड़का नहीं था। फिर उसके सपने में मुर्गे पर बैठी हुई देवी आयी। उसने कहा, "मेरे आशीर्वाद से तुम्हें लड़का होगा, पर उसे जिन्दा रखने के लिए उसका लिंग काटना होगा और हरी साड़ी पहनानी होगी।" यह देवी बहुचरा माता थी।

...एक राजकुमारी थी। उसकी एक बड़े खानदान के राजकुमार से शादी हुई।

पर उसका बर्ताव स्त्री जैसा था। स्त्री जैसे ही हाव-भाव रखता था। यौन-सम्बन्ध बनाने के समय जंगल में भाग जाता था। हर बार ऐसा ही होता था। अन्त में एक माता राजकुमारी के रूप में आयी और उसने उसके पति का लिंग काट डाला। वह बहुचरा माता थी।

...एक आदमी ने स्त्री रूपी माता पर बलात्कार करने की कोशिश की। माता ने उसे नपुंसक होने का शाप दिया। उसने शाप से मुक्ति माँगी, तो माता ने बताया—जंगल में जाकर स्त्री-जैसा बर्ताव करो तभी तुम्हें इस शाप से मुक्ति मिलेगी।

अलग-अलग जगहों पर माता की अलग-अलग कहानियाँ बतायी जाती हैं। उसका प्रमुख मन्दिर गुजरात के अहमदाबाद के पास है। देश-भर के हिजड़ों का वो तीर्थस्थान है। जो लोग वहाँ जाते हैं, वो अपने लड़कों के बाल माता को चढ़ावे के रूप में चढ़ाते हैं। ना चढ़ाने पर माता लड़कों का लिंग माँगती है, ऐसी यहाँ के भक्तों की धारणा है।

इस माता के अलावा हिजड़े भगवान शिव की भी उपासना करते हैं। अर्धनारी नटेश्वर के रूप में शंकर और पार्वती, पुरुष और स्त्री, पुरुष और प्रकृति इनका संगम है। इस वजह से उत्तर भारत में हिजड़े इस रूप को महत्त्वपूर्ण मानते हैं। वेद-पुराणों से इस रूप को आधार प्राप्त है, ऐसा बताते हैं।

रामायण-महाभारत में भी हिजड़ों का स्पष्ट उल्लेख दिखाई देता है। राम जब वनवास के लिए निकलते हैं तब अयोध्या के नगरद्वार पर हिजड़े उनकी राह देखने के लिए रुके रहे थे। महाभारत में कुरुक्षेत्रयुद्ध से पूर्व पांडवों को जीत मिले, इसके लिए अरावन ने अपना खून काली माता को दिया था। उसके बदले में काली माता ने उसे खास शक्ति देने का आश्वासन दिया था। युद्ध के पहले अरावन ने मरने से पूर्व रात में शादी करने की इच्छा व्यक्त की थी। कुछ घंटो बाद ही मरनेवाले अरावन से शादी करने के लिए एक भी स्त्री तैयार नहीं थी। तब कृष्ण ने एक खूबसूरत स्त्री का, मोहिनी का रूप लिया और अरावन से शादी की। दक्षिण भारत में हिजड़े अरावन को अपना मूल पुरुष मानते हैं और स्वयं को 'अरावनी' कहते हैं।

तमिलनाडु में हर साल अप्रैल-मई में विल्लुपुरम् जिले के कूवागम् गाँव के अरावनी मन्दिर में 18 दिनों का धार्मिक उत्सव होता है। इस यात्रा में 'अरावनी' यानी हिजड़े कृष्ण और अरावन की शादी की कथा प्रस्तुत करते हैं। उसके बाद अरावन प्राणों का त्याग करता है और फिर ये अरावनी नृत्य करके, चूड़ियाँ फोड़कर शोक प्रकट करती हैं, जैसे वो विधवा हो गयी हैं। पूरे देश के हिजड़े कूवागम् के इस अरावनी-उत्सव के लिए आते हैं।

महाभारत में धनुर्धर अर्जुन को 'बृहन्नला' के रूप में रहना पड़ा था। पांडवों को बारह साल गुप्त वनवास में रहना था। इस समय अर्जुन अपने पिता से मिलने स्वर्ग जाता है। उस समय उसने देवताओं की अप्सरा उर्वशी को देखकर कामुक

हाव-भाव किये और उसने उसे शाप दिया... 'क्लीव' बनोगे। क्लीव, यानी तृतीयपन्थी। वेद-पुराणों में तृतीयपन्थियों के लिए 'क्लीव' शब्द प्रचलित है। अर्जुन का क्लीव बनना सम्भव नहीं था, पर उसे शाप ही वैसा मिला था। इस वजह से उसके पास कोई चारा नहीं था। वो गुस्सा हो गया। तब कृष्ण ने उससे कहा, "अब तुम गुप्त वनवास में हो। तुम्हें कोई पहचान न पाये, इस उद्‌देश्य से तुम्हारे लिए ये रूप फायदेमन्द ही होगा।" अन्त में अर्जुन तैयार हुआ और 'बृहन्नला' के साथ सभी पांडव एकेक करके राजा विराट के दरबार में पहुँचे। अर्जुन ने बताया कि वो नृत्य-गायन में निपुण हैं। तब औरतों ने नृत्य और गायन सिखाने के लिए उसका चुनाव किया। उससे पहले अर्थात् इस 'क्लीव' को स्त्रियों के प्रति आकर्षण तो नहीं है, इसकी परीक्षा राजा विराट ने सुन्दर स्त्रियों से कराई। नृत्य-गायन की शिक्षा शुरू कराने पर विराट बृहन्नला की कला, व्यवहार, चाल-चलन पर खुश हुआ और उसने अपनी पुत्री उत्तरा को बुलाकर कहा, "बृहन्नला खानदानी है, वो आम नृत्यांगना नहीं है। उसे रानी जैसा सम्मान दो। उसे अपने महल में ही ले जाओ।"

राजा विराट ने बृहन्नला को अपना लिंग बदलकर पुरुषों जैसा रहने के लिए नहीं कहा, बल्कि उसके स्त्रीत्व का उसने हमेशा सम्मान किया। वो जैसी है, वैसी ही उसको उसने स्वीकार किया। अपने राजमहल में आश्रय दिया और काम भी दिया।

महाभारत में एक और ऐसा ही उल्लेख है, वो है शिखंडी का। वो असल में राजकुमारी अम्बा थी। काशी के राजा की पुत्री। भीष्म से बदला लेने के लिए उसने तपस्या करके शिखंडी के रूप में पुरुष जन्म लिया और युद्धभूमि में आयी। भीष्म ने उसे देखा और पहचान लिया कि शिखंडी ही अम्बा है। औरतों पर अस्त्र नहीं उठाना है, इसलिए उन्हें भीष्म ने नीचे रख दिया। अर्जुन ने यह देखा तो शिखंडी के पीछे छिपकर भीष्म पर बाणों की बौछार कर दी। शिखंडी, अर्थात् स्त्री से पुरुष में परिवर्तन।

रामायण-महाभारत में ऐसे अलग-अलग प्रकार के हिजड़ों का उल्लेख है। पर प्राचीन काल में भी उन्हें सम्मान मिलता था, समाज में उनकी मान्यता थी। बहुत से राजाओं के दरबार में हिजड़ों ने कूटनीति की है, ऐसा उल्लेख है। मतलब राजनीति में भी हिजड़े साझीदार थे। संघराज्य के समय जागीदार हिजड़ों से सलाह लेते थे। बाद में मुसलमान राजाओं ने हिजड़ों की 'खोजे' के रूप में जनानखाने पर निगरानी रखने के लिए नियुक्ति की। हिजड़ों की ताकत, शौर्य का इन राजाओं को इल्म था और भरोसा भी था। राजशाही में हिजड़ों को अलग-अलग रूप में रोजगार मिलता था, इसलिए गरीब लोग अपने परिवार के एक लड़के का लिंगछेद करके उसे हिजड़ा बना देते थे और उसकी कमाई पर पूरे परिवार का गुजारा चलाते थे। यह भी कुछ जगहों पर लिखा गया है।

हिजड़ों में अलग-अलग ओहदे होते हैं। 'ख्वाजासरा' उनका प्रमुख, और उसके नीचे अन्य सब होते हैं। ये 'ख्वाजासरा' कप्तान का काम करता था। उसका हुक्म

'बूगी-वूगी' में विजेता टीम के कोरियोग्राफर के रूप में।

सब बजाते थे।

लेकिन औरंगजेब के शासन काल में लिंगछेद पर रोक लगायी गयी। फिर भी छुपकर वो काम होता था। उस समय मुसलमान हिजड़ों को आदर मिलता था। वो अमीर भी थे। उनकी संख्या में हिन्दू हिजड़े गरीब थे। बहुत से हिन्दू हिजड़ों ने उस समय धर्मान्तरण किया था। पर सच जानने के लिए जानकार हिजड़ों से पूछने पर वो कुछ नहीं बताते। 'हमारा इतिहास हमारे तक ही रहने दो, आप उसे जानकर क्या करोगे? 'ऐसा उनका सवाल होता है। उस जमाने के हिन्दू हिजड़ों के एक नेता और मुसलमान हिजड़ों के एक मुखिया, इनके बारे में तो उनके मन में इतना आदर है कि बहुत जरूरी हो' तो ही वो उनका नाम लेते हैं, वरना नहीं।

वात्स्यायन के 'कामसूत्र' में 'तृतीय प्रकृति' कहकर हिजड़ों का उल्लेख है। वो स्त्री अथवा पुरुष किसी के भी कपड़े पहन सकते हैं, ऐसा उसमें कहा गया है। वात्स्यायन ने और शेष बहुत से पंडितों ने उन हिजड़ों को 'नायिका' कहा है। कोई राजकुमार या किसी सरदार का पुत्र काम-क्रीड़ा में कमजोर हो, तो उसे सिखाने के लिए हिजड़ों की नियुक्ति की जाती है।

जन्म से पुरुष होने के कारण पुरुष क्या कर सकता है और स्त्रैण भावनाएँ होने से स्त्री को क्या चाहिए, ये दोनों बातें हिजड़े ठीक से पहचान सकते हैं, और सम्भवतः इसी वजह से इस काम के लिए उनको चुना जाता होगा। समग्रता से, इस समय में अलग-अलग काम के लिए हिजड़ों को साथ लिया जाता था।

अठारहवीं शताब्दी में राजशाही खत्म हुई। राजा, सरदार बचे ही नहीं। फिर

हिजड़ों को कौन काम देता और क्या? उनके जीने के रास्ते खत्म हो गये। उनमें बहुत-सी कलाएँ थीं। उन्हें नाच-गाना आता था। सिर्फ आता था, ऐसा नहीं है, उसमें वो प्रवीण थे। अन्त में पेट के लिए वो सड़कों पर आ गये और अपनी कला का प्रदर्शन करते हुए उन्होंने भीख माँगना शुरू किया। उनका इस तरह से भीख माँगना समाज के प्रतिष्ठित, अभिजात वर्ग को अच्छा नहीं लगा। उन्होंने हिजड़ों पर नियम लागू करना शुरू किया और हिजड़ों की समाजबाह्य होने की प्रक्रिया शुरू हुई।

हिजड़े बहुत मेहनत करनेवाले, मेहनत के लिए कभी आनाकानी नहीं करनेवाले होते हैं। उनका और एक गुण है, उनकी ईमानदारी। किसी को वचन दिया, तो उसे निभाने के लिए जी-जान लगा देंगे। राजाओं को, संस्थाओं को इसी वजह से उनकी जरूरत महसूस होती थी। और उसके लिए बहुत-से लड़कों का लिंगच्छेद करके, खच्चीकरण (बधियाकरण) करके उन्हें हिजड़ा बनाया जाता था। अन्त में 1880 में एक खास कानून बनाकर बड़ौदा के महाराज गायकवाड़जी ने खच्चीकरण (बधियाकरण) पर प्रतिबन्ध लगाया। भारतीय संविधान की धारा 320 में इसका उल्लेख है। इसके अनुसार दूसरे का लिंग काटना कानूनन अपराध माना गया है।

ब्रिटिशों के शासन काल में हिजड़ों की स्थिति और बदतर हो गयी। ब्रिटिशों की सोकॉल्ड पाश्चात्य संस्कृति में 'हिजड़ा' जाति की संकल्पना ही नहीं बैठती थी। हमारे सभ्य सामाजिक जीवन में हिजड़े मुश्किलें पैदा कर रहे हैं, ऐसा ब्रिटिशों को लगा और उन्होंने हिजड़ों के खिलाफ बहुत-से कानून बनाये। इस कानून के मुताबिक पुरुषों के हिजड़ा बनने पर रोक लगा दी गयी। लेकिन भारत की जनता के मन में फिर भी हिजड़ों का एक स्थान हमेशा रहा। हिजड़े बनते गये, उनकी पीढ़ियाँ आती रहीं और नवजात शिशुओं को 'बधाई' देती रहीं। नवदम्पति को वो आशीर्वाद देते रहे। पर ये काम कितने लोग कर सकते थे? बाकी को भी कुछ करना ही होगा। पेट तो भरना पड़ेगा... फिर उन्होंने आम तौर पर भीख माँगना शुरू किया। कुछ लोग शरीर बेचने लगीं। उनके पास कोई चारा नहीं था, दूसरा रास्ता ही नहीं था। ये काम करते समय भी कभी-कभी उन्हें सभ्यता की सीमाएँ लाँघनी पड़ीं। समाज ही कुछ करने नहीं देता, और कुछ करें, तो उसे रिस्पांस नहीं देता। ऐसी आफत में हिजड़े फँसे थे। फिर वो और ज्यादा अलग होते गये... उसी से अधिक आक्रामक भी होते गये। लोग उनसे डरने लगे। डर के मारे भी भीख मिलती है, इसलिए हिजड़ा न होते हुए भी कई लोग साड़ी पहनकर भीख माँगने लगे... भीख न देने पर दादागिरी, मारपीट भी करने लगे। समाज में उनकी छवि और खराब होने लगी। समाज उनसे दूर रहने लगा और वो भी उनसे और दूर जाने लगे। इसे रोकने के लिए किसी ने खास कोशिश की हो, ऐसा सुनने में, पढ़ने में, देखने में भी नहीं आता। वो कोशिश उनके लिए शुरू हुई संस्थाओं, संगठनों के माध्यम से और वो भी पिछले दस-बारह सालों से।

दक्षिण के राज्यों में हिजड़ों की स्थिति अलग है और उत्तर के राज्यों में अलग। उत्तर में हिजड़ों को सम्मान मिलता है। बच्चे के जन्म पर, घर में शादी पर 'बधाई' के लिए हिजड़ों को खास तौर पर बुलाया जाता है। उन्हें मान दिया जाता है। पैसे, साड़ी वगैरह देकर उन्हें वापस भेजते हैं। लेकिन दक्षिण के राज्यों में ऐसा कुछ नहीं है। पर दक्षिण के राज्यों में स्त्रियों के प्रति सुधारवादी दृष्टि की वजह से वहाँ हिजड़ों की तरफ अलग दृष्टि से देखा जाता है। उत्तर में हिजड़े बहुचरा माता की भक्ति करते हैं, तो दक्षिण के बहुत से हिजड़े रेणुका माता की। उत्तर की 'हिजड़ा' और दक्षिण की 'तिरुनानगाई' बहुत करीबी संकल्पना है। पश्चिम-उत्तर की, खास तौर पर महाराष्ट्र की 'जोगते' और दक्षिण की 'जोगप्पा' संकल्पना समान है। ये देवी माता के लिए छोड़े हुए पुरुष होते हैं। इसी वजह से इन्हें स्त्री जैसा जीना पड़ता है। उनकी लैंगिकता अलग ही होती है, ऐसा नहीं है। शरीर और मन से भी वो पूर्ण पुरुष हो सकते हैं।

महाराष्ट्र में हिजड़ों के लिए काम करनेवाली पहली और महत्त्वपूर्ण संस्था है 'हमसफर'। एमएसएम, यानी ये संस्था 1994 से समलिंगी पुरुषों की अलग-अलग समस्याएँ हल करती है। 2002 में इस संस्था ने ट्रान्सजेंडर्स की बस्ती और उनके काम करने की जगह पर दो प्रोजेक्ट्स शुरू किये। ट्रैक टर्मिनस पर सेक्स वर्क करनेवाले, ट्रान्सजेंडर्स को इन्हें 'सेफ सेक्स' की महत्ता समझाने लगे। मालवणी जैसी हिजड़ों की बस्ती में पूरी कम्युनिटी के लिए संस्था ने काम किया। 'गे' लोगों के लिए खुले रूप से काम करनेवाली ये पहली संस्था है। आम जनता, शासन, प्रशासन इन सबके घूँसे खाते-खाते 'हमसफर' ने अपना काम जारी रखा है। अब उनसे प्रेरित होकर बहुत-से काम लेकर बहुत-सी संस्थाएँ और भी खड़ी हो गयी हैं।

हमारे देश में 1994 में हिजड़ों को पहली बार तमिलनाडु में मतदान का अधिकार मिला। इसी राज्य ने हिजड़ों को 'थर्ड जेंडर' के रूप में मान्यता दी और उन्हें राशनकार्ड भी दिया। हिजड़ों की अब इस राज्य में खुद की आयडेंटिटी है।

तमिलनाडु की सरकार ने हिजड़ों के हित में विचार करने और उनके लिए कुछ पक्की योजनाएँ बनाने के लिए एक समिति का गठन किया है। इस समिति ने हिजड़ों के जीवन-यापन का स्तर सुधारने के लिए, उनको और उनके परिवार की काउन्सलिंग के लिए, स्कूल-कॉलेज में उन्हें दाखिला मिले, सरकारी अस्पताल में सेक्स रिकन्स्ट्रक्शन सर्जरी का नियम बने, उन्हें व्यावसायिक शिक्षा मिले, उनके भीतर की सुप्त कलाओं का विकास हो, उनके सेल्फ हेल्प ग्रुप्स स्थापित हों, राज्य के हिजड़ों को अच्छी सुविधाएँ मिलें और उन पर शोध हो, ऐसी बहुत-सी बातें कही गयीं। अब उसपर इस राज्य में कार्य शुरू है। तमिलनाडु सरकार ने हिजड़ों के लिए अलग बस्ती बनाकर तो दी ही है, पर जो हिजड़े इन बस्तियों में नहीं रहते, उनके लिए झोंपड़पट्टियों में सार्वजनिक शौचालय बना दिये हैं।

बहुत-सी स्वयंसेवी संस्थाएँ तमिलनाडु में हिजड़े, यानी वहाँ के तिरूनानगाई के

लिए काम करते हैं। 'सहोदरी फाउंडेशन' संस्था ने उन्हें संगठित किया है, और उन्हें फैशन डिजाइनिंग आदि का प्रशिक्षण देना शुरू किया है, जिस वजह से तिरूनानगाई अपने पैरों पर खड़े हो सकते हैं। उनकी शारीरिक और भावात्मक जरूरतों का ख़याल रखते हुए इन संस्थाओं ने उनके लिए मॅट्रिमोनियल प्रोजेक्ट भी शुरू किया है। इस संस्था में हम देख सकते हैं कि वो पुरुष से स्त्री बने तिरूनानगाई के साथ स्त्री से पुरुष बने ट्रान्सजेंडर के साथ काम करते हैं।

कर्नाटक में भी 'संगमा' नामक संस्था ने समाज और पुलिस के साथ काफी संघर्ष करके ही हिजड़ों के लिए काम शुरू किया है। आठ-दस सालों पहले संस्था के मीटिंग के लिए इकट्ठा हुए हिजड़ों को पुलिस बंगलुरु में प्रवेश नहीं देती थी। शहर के बाहर मिलो और आपकी जो मीटिंग है, वहीं करो। लेकिन अब ये नजरिया बदला है। इसी बंगलुरु में अब 'गे प्राइड परेड' भी होने लगी है।

कुछ राज्यों में हिजड़ों को मतदान का अधिकार मिलने के बाद की महत्त्वपूर्ण घटना, यानी 1998 के मध्यप्रदेश विधानसभा चुनाव में सुहागरपुर मतदाता संघ से हिजड़ा शबनम मौसी विधायक के रूप में चुनकर आयी। पाँच साल तक वो विधायक थी। स्कूल में सिर्फ दो दर्जे पढ़ी हुई, पर जिन्दगी के सफर में बारह भाषाएँ सीखी हुई शबनम मौसी ने अपने मतदाता संघ की गरीबी, बेरोजगारी के साथ ही समाज के हिजड़ों के प्रति होनेवाले भेदभाव का प्रश्न भी मध्यप्रदेश विधानसभा में उठाया था। उसके बाद हिजड़ा कमला जान सन् 2000 में मध्यप्रदेश के कटनी शहर की महापौर बनी। पर ये पद महिलाओं के लिए आरक्षित था, इसलिए 'वो हिजड़ा है, स्त्री नहीं,' जैसे कारण से न्यायालय ने उसका चुनाव अवैध ठहरा दिया। उसी समय उत्तर प्रदेश में आशा देवी नाम की हिजड़ा गोरखपुर की महापौर बनी। वह पद भी महिलाओं के लिए आरक्षित होने की वजह से विवादित हुआ। और उसकी स्थिति भी 'कमला जान' जैसी ही हुई। उसका चुनाव भी अवैध माना गया। इन घटनाओं की वजह से हिजड़ों ने 'जीती जितायी पॉलिटिक्स' नाम की एक संस्था शबनम मौसी के नेतृत्व में स्थापित की। साफ और ईमानदार राजनीति जिसे चाहिए, उसे इस पक्ष में प्रवेश मिलनेवाला था। इस पक्ष ने कुछ चुनावों में अपने उम्मीदवार खड़े किये थे। उनमें से कितने जीते, कितने हारे, इससे ज्यादा महत्त्व इस बात का है कि इससे इन सभी हिजड़ों को राजनीति में उतरने का आत्मविश्वास मिला। मध्यप्रदेश में भोपाल महापालिका ने 2007 में हिजड़ों की गणना और पंजीकरण करके उन्हें लाइसेन्स देने की सोची। बहुत-सी जगहों पर लोग इन्हें भीख देते हैं, इसलिए बेरोजगार पुरुष साड़ी या स्त्रियों के कपड़े पहनकर भीख माँगते हैं। उन्हें रोकने के लिए भी बहुत-सी जगहों पर असली हिजड़ों ने अपने समूह बनाये हैं। ये समूह अलग-अलग जगहों पर ध्यान रखते हैं। और ऐसे नकली हिजड़ों को पकड़कर पीटते हैं। इस पर रोक लगे, इसीलिए भोपाल में हिजड़ों को लाइसेन्स देने की माँग उठी थी।

बिहार में तो पटना में महसूल विभाग के अधिकारियों के साथ या अकेले भी हिजड़े लोगों से कर वसूलने जाते हैं। उन्हें सरकार ने ही ये काम दिया है। घरों में ड्राइवर, सुरक्षागार्ड, खाना बनाने आदि कामों के लिए बिहार सरकार हिजड़ों को प्रोत्साहित करती है। उन्हें खुद के पैरों पर खड़ा करने के लिए हस्तकला, पेंटिंग, कम्प्यूटर एप्लिकेशन जैसे अलग-अलग व्यवसायों का प्रशिक्षण देते हैं।

हिजड़ों की इन सभी समस्याओं को हल करने के लिए अब देश-भर से हिजड़ों को पहचानपत्र देने, उस पर उनके जन्म का लिंग लिखने, और अब नये रूप में उनका लिंग कौन-सा है, इसका स्पष्ट उल्लेख किया जाए, ऐसी सरकार से माँग की जा रही है। सरकारी अस्पतालों में लिंग-परिवर्तन की निःशुल्क शल्यक्रिया की जाय, तो भी हिजड़ों के स्वास्थ्य सम्बन्धी काफी सारे खतरे कम हो सकते हैं। मतदान की अर्जी में लिंग पूछते हैं। वहाँ स्त्री, पुरुष के साथ 'इतर' लिंग भी होना चाहिए, ऐसी भी कोशिश जारी है। कुछ राज्यों में ये हुआ है, लेकिन सभी राज्यों में नहीं। धीरे-धीरे ये सब होनेवाला है, ऐसी आशा हिजड़ों और उनके साथ काम करनेवाले सभी लोगों को है।

अपने पड़ोसी देश पाकिस्तान में ये हुआ है। हिजड़ों के लिए काफी सालों तक माँग करने के बाद पहले पाकिस्तानी सरकार ने उन्हें स्त्री और पुरुषों से अलग 'तृतीयपन्थी' की मान्यता दी और बाद में वहाँ के सर्वोच्च न्यायालय ने पाकिस्तान सरकार को हिजड़ों का मतदाता के रूप में पंजीकरण किये जाने के निर्देश दिये।

'यूनक'

हिजड़ों को अब तक 'यूनक' (Eunuch) कहा जाता था। 'यूनक' यानी लिंग-परिवर्तन के बाद पुरुष से स्त्री हुई हिजड़ा। 'Eunuch' का डिक्शनरी में अर्थ है 'Castrated Male', 'लिंगछेद किया हुआ पुरुष'। पर दक्षिण एशिया या भारतीय उपखंड में 'हिजड़ा' की संकल्पना थोड़ी अलग है। 'यूनक' का उल्लेख बाइबल में भी किया जाता है। प्राचीन हिब्रू में लिंगछेद नहीं किया जाता था, लेकिन प्राचीन इजिप्त, रोम, बॅबिलोना की संस्कृति में लिंगछेद किया जाता था, ऐसा उल्लेख है। कुछ जगहों पर लिंगछेद-मुक्त नौकरों को, अधिकारियों को 'यूनक' जैसे ही काम दिये जाते थे, लेकिन उन्हें सारिस (saris) कहते थे। समलिंगी व्यक्तियों को भी काफी जगहों पर 'यूनक' कहा गया है।

'कास्ट्रेटी' (castrati), ऐसी एक संकल्पना पहले पाश्चात्य देशों में थी। ये भी लिंगछेद किये हुए पुरुष ही थे। लेकिन ये लिंगछेद उन्होंने अपनी मर्जी से नहीं किया होता है। किशोरावस्था में आने से पहले ही लड़कों का लिंग हटा लिया जाए तो उनकी आवाज भारी नहीं होती। वो छोटे बच्चों जैसी ही रहती है, ऐसा माना जाता है। फिर उस वक्त स्त्रियों को चर्च में गाने की अनुमति नहीं थी, इस वजह से

ऐसे कोमल स्वर पुरुषों को वहाँ गाने का मौका दिया जाता था। ऐसे ही पुरुषों को 'कास्ट्रेटी' कहा जाता था। 'कास्ट्राटिज़्म' (Castratism) नाम से पहचानी जानेवाली ये प्रथा 18वीं शताब्दी तक प्रचलित थी। अन्तिम प्रसिद्ध इटालियन कास्ट्रेटी जिओवानी वेलुटी (Giovanni Velluti) की मृत्यु 1861 में हुई। इन कास्ट्रेटी गायकों में से सिर्फ एक गायक की आवाज आज रिकॉर्डिड के रूप में उपलब्ध है, और वो था सिस्टाइन चॅपेल का गायक ॲलेसंड्रो मोरेशी (Alessandro Moreschi)। सन् 1922 में मोरेशी की मृत्यु हुई।

प्राचीन रोमन कानून में 'यूनक्स' के दो प्रकार बताये जाते हैं। एक, 'स्पेडोन्स' (Spadones), जिन्हें बच्चे नहीं हो सकते, जिनमें पुनरुत्पादन की शक्ति नहीं है। इस शक्ति की उनमें कमी प्राकृतिक भी हो सकती है या बाद में लिंगछेद की वजह से भी हो सकती है। 'यूनक्स' का दूसरा प्रकार है 'कास्ट्रेटी'। लिंगछेद किया हुआ पुरुष, जिनमें पुनरुत्पादन की शक्ति नहीं होती। स्पेडोन्स औरतों के साथ शादी कर सकते हैं, बच्चे गोद ले सकते हैं, उन्हें अपना वारिस बना सकते हैं। लेकिन कास्ट्रेटी ऐसा नहीं कर सकते।

कुल मिलाकर, यूनक्स की संकल्पना में लिंगछेद केन्द्रीभूत होता है। लेकिन 'हिजड़ा' की संकल्पना में वैसा नहीं है। कुछ हिजड़े लिंगछेद जरूरी मानते हैं। उसे कराए बिना हिजड़ा पूरा नहीं होता, ऐसा मानते हैं। पर सभी वैसा नहीं मानते। हमारे यहाँ अधिकृत संख्या उपलब्ध नहीं है, पर भारत के लगभग दस से बारह प्रतिशत हिजड़ों ने लिंगछेद किया हुआ होता है, ऐसा उनके लिए काम करनेवाली स्वयंसेवी संस्थाओं के कार्यकर्ता बताते हैं। इसीलिए यहाँ के हिजड़े 'यूनक' नहीं, तो 'ट्रान्सजेंडर' हैं, ऐसा माना जाता है।

'ट्रान्सजेंडर'

पूरे विश्व में अब 'ट्रान्सजेंडर' शब्द को ही मान्यता मिली हुई है। 'ट्रान्सजेंडर' शब्द का अर्थ ही है जेंडर से परे। 'जेंडर', यानी लिंगभाव। अंग्रेजी में अब तक सेक्स (sex) और 'जेंडर' (Gender) शब्द एक ही अर्थ के लिए प्रयुक्त किये जाते हैं। सेक्स, यानी लिंग। ये ज्यादातर जन्मतः लैंगिक अवयवों की वजह से निश्चित किया जाता है। पर बच्चे को बड़ा करते समय लड़की को अलग तरीके से बड़ा किया जाता है और लड़के को अलग तरीके से। उनके खिलौनों से लेकर बर्ताव तक हर बात में फर्क किया जाता है। ये फर्क जन्म से नहीं होता, वो परिवार और समाज ने उन्हें दिया है। इस वजह से इसे 'सेक्स', यानी 'लिंग' नहीं कह सकते, वो 'जेंडर' यानी 'लिंगभाव' होता है। 'ट्रान्सजेंडर' शब्द का अर्थ इसीलिए 'लिंगभाव से परे' लेना होता है। उसमें लिंगछेद करना बन्धनकारक नहीं होता। शरीर पुरुषों का, भावनाएँ

स्त्री की, ट्रान्सजेंडर्स की स्थिति ऐसी होती है। इसलिए 'स्त्री' और 'पुरुष' दोनों संकल्पनाओं में वो नहीं बैठते, उनके आगे जानेवाले ही होते हैं। इन दोनों जेंडर्स के आगे 'थर्ड जेंडर' होता है। हिजड़े इसमें आते हैं।

'ट्रान्सजेंडर' शब्द विश्व-भर में 1960 के दशक से प्रयोग में आया। जिन्हें अपने जन्म से जो लिंग है, उसके विपरीत लिंगी व्यक्ति जैसा जीवन-यापन करना है (वो भी लिंग-परिवर्तन न करते हुए), उनके लिए ये शब्द उपयोग में लाया जाता है। 1970 से ये शब्द निश्चित अर्थ सें इस्तेमाल किया जाने लगा और शायद इसी वजह से इसका उपयोग बहुत बार होने लगा। 1980 के दशक में इस शब्द का अर्थ बहुत व्यापक हो गया और जन्मतः जो लिंग है, उसके विपरीत जीनेवाले सभी लोगों का समावेश 'ट्रान्सजेंडर्स' में किया गया। 'जेंडर आइडेंटिटी' अलग होने वाले सभी को 'ट्रान्सजेंडर्स' की छत के नीचे इकट्ठा किया गया है। 'जेंडर आइडेंटिटी', यानी मैं स्त्री हूँ, पुरुष हूँ, या कोई और हूँ, इसका उस व्यक्ति को अन्दर से होनेवाला एहसास। और इस एहसास के अनुसार उसका बर्ताव, यानी 'जेंडर एक्सप्रेशन' या 'जेंडर बिहेवियर'। इसमें कुल बर्ताव, बोल-चाल, आवाज, कपड़े, मेकअप, हेअर स्टाइल, शारीरिक विशेषताएँ, ऐसी सभी बातों का समावेश किया जाता है। 1990 के दशक में बहुत से राजनीतिक आयामों के साथ 'ट्रान्सजेंडर' शब्द का इस्तेमाल होने लगा। ट्रान्सजेंडर्स के अधिकार, उनके साथ किया जानेवाला भेदभाव इन सबके खिलाफ विश्व-भर में बड़ा आन्दोलन खड़ा हुआ। सिर्फ ट्रान्सजेंडर्स ने ही नहीं, बल्कि जिनकी लैंगिकता अलग है, उन सभी ने आवाज उठाना शुरू किया। समलिंगी आकर्षण वाली औरतें, यानी 'लेस्बियन्स'; समलिंगी आकर्षण वाले पुरुष, यानी 'गे'; पुरुष और स्त्री दोनों के साथ सम्बन्ध रखनेवाले व्यक्ति, यानी 'बायसेक्सुअल्स' और जन्मतः जो लिंग होता है, उसके बावजूद विषमलिंगी व्यक्ति के तौर पर जीवन जीने की कोशिश करनेवाले 'ट्रान्सजेंडर्स' (एलजीबीटी) इनका भी इसमें समावेश होता है।

चिकित्सा शास्त्र के अनुसार 'सेक्सुअल ओरिएंटेशन' और 'जेंडर आइडेंटिटी' ये दोनों अलग बातें हैं। इन दोनों का आपस में सम्बन्ध होता ही है या नहीं, ऐसा कहना पक्का नहीं है। इसीलिए पहले 'समलिंगसंभोगी' (homosexual) या 'भिन्नलिंगसंभोगी' (heterosexual) शब्दों का इस्तेमाल किया जाता था, लेकिन अब इसके अलावा उस व्यक्ति के लिंगभाव का उल्लेख न करते हुए 'पुरुषों के प्रति आकर्षित होनेवाला व्यक्ति' (androsexual), स्त्री की ओर आकर्षित होनेवाला व्यक्ति (gynosexual) कहा जाता है।

कुछ गुटों को 'लिंग' (sex) और लिंगभाव (gender) का अलग-अलग विचार करना ही मंजूर नहीं है। लिंगभाव लिंग के अनुसार ही निश्चित होता है। इसलिए अगली सभी बातों का मूल ही फिजूल होता है, ऐसा उनका मानना है। इसलिए विश्व-भर के स्त्रीवादी पक्ष ट्रान्सजेंडर्स के पक्ष में बोलते हैं तो कुछ विरोध में। इन

पुरुषों को 'मैं स्त्री हूँ' ऐसा लगता है, फिर भी प्रत्यक्ष रूप में स्त्री होना और वैसा लगना, इसमें बहुत फर्क होता है। स्त्री का शरीर होना और बच्चे को जन्म देना, इसका अनुभव सिर्फ औरत ही पा सकती है, ऐसा इस पक्ष का मानना है।

ट्रान्सजेंडर्स पर अब विश्व-भर में काफी रिसर्च हुई है। 'ट्रान्सजेंडर्स' व्यक्ति असल में किस वजह से तैयार होता है, इसका जवाब शायद उसी से मिल सकता है। 1997 में जे.एन. झाऊ, एम.ए. हॉफमन, एल.जे. गूरेन और डी.एफ. स्वाब, इन्होंने ट्रान्सजेंडर व्यक्तियों के दिमाग की विभिन्न तरीके से जाँच की। व्यक्ति का लैंगिक बर्ताव (sexual behaviour) निश्चित करनेवाला एक हिस्सा दिमाग में होता है। उसे 'बेड न्यूक्लिअस ऑफ द स्ट्रिया टर्मिनलीज़' (BSTc) कहते हैं। पुरुषों का ये क्लब होता है। पुरुष से स्त्री बने हुए ट्रान्सजेंडर्स के दिमाग में ये BSTc, स्त्रियों के BSTc के आकार का दिखाई देता है। बड़े होने पर लिंग के अनुसार तैयार होनेवाले हार्मोन्स का vL BSTc पर कुछ भी परिणाम नहीं होता। वो स्वतन्त्रता से जेंडर आइडेंटिटी पर परिणाम करता है। इस शोध से पहली बार साबित हुआ कि विकास होते समय दिमाग और सेक्स हार्मोन की परस्पर क्रिया-प्रतिक्रिया में से 'जेंडर आइडेंटिटी' तैयार होती है।

उसके बाद सन् 2008 में मेलबर्न के प्रिन्स हेनरीज़ इन्स्टिट्यूट ऑफ मेडिकल रिसर्च में जीन्स और ट्रान्सजेंडर्स के सम्बन्धों पर रिसर्च की गयी है। उसमें ऐसा देखा गया है कि ट्रान्सजेंडर्स के एण्ड्रोजन और टेस्टोस्टरॉन इन दो सेक्स हार्मोन्स के रिसेप्टर जीन्स ट्रान्स न होनेवाले पुरुषों से बड़े, लम्बे होते हैं। इस वजह से उनकी जेंडर आइडेंटिटी स्त्री की बनती है। दिमाग का विकास होते समय उसमें से टेस्टोस्टरॉन का स्तर कम कर सके तो दिमाग का विकास पूर्ण पुरुषत्व के साथ होता है।

ये सभी रिसर्च आज भी प्राथमिक अवस्था में हैं, उसमें से निश्चित कुछ हासिल नहीं हुआ है। फिर भी विश्व-भर में अलग-अलग जगहों पर जैसे-जैसे रिसर्च होने लगी है, वैसे-वैसे वैद्यकीय व्यावसायिकों का, डॉक्टर्स का भी ट्रान्सजेंडर्स और कुल 'एलजीबीटी' की तरफ देखने का दृष्टिकोण बदलने लगा है। विश्व-भर के 'एलजीबीटी' आन्दोलन के गुट भी हमें हमारे अधिकार तो दो ही, सही तरीके से हमें समझा भी जाय, ऐसी माँग करने लगे थे, और वैसे प्रयास शुरू हुए थे...

उससे पूर्व अमेरिका-यूरोप में ट्रान्सजेंडर होना ज्यादातर मानसिक असन्तुलन (mental disorder) माना जाता था। उसे 'जेंडर आइडेंटिटी डिसऑर्डर' (Gender Identity Disorder– GID) कहा जाता था। कुछ केसेस डिसऑर्डर के होते हैं। इलाज करने पर उस व्यक्ति को 'मेरा शरीर पुरुषों का है या स्त्री का, पर मैं वो नहीं हूँ', ऐसा नहीं लगता। पर हर ट्रान्सजेंडर के लिए ये निदान सही साबित नहीं होता।

बहुत बचपन के सन्दर्भ में शरीर लड़कों का, पर बर्ताव लड़कियों जैसा या शरीर लड़कियों का, पर बर्ताव लड़कों जैसा होता है, तो उनके सन्दर्भ में वो 'जेंडर

सलमान रुश्दी के साथ मुम्बई के एक कैफे में

आइडेंटिटी डिसऑर्डर' नहीं समझा जाता। इनमें से काफी सारे बच्चों की ये अवस्था या भावना या ये बर्ताव आगे किशोरावस्था में आने के बाद, बड़े होने के बाद नहीं रहता। लेकिन इन बच्चों को किस प्रकार की काउन्सलिंग करनी है, उन्हें क्या बताना है, इसके बारे में विश्व के मनोवैज्ञानिकों में भी मतभेद है। कुछ डॉक्टर्स का मानना है कि इन बच्चों को उनका जो शारीरिक लिंग है, उसके बारे में ही सन्तुष्ट रहने के लिए कहा जाय। कुछ लोगों का मानना है कि लिंगभाव के बारे में उनके स्टिरिओटाइप्स भिन्नलिंगी बर्ताव को प्रेरणा देनी चाहिए, तो कुछ विशेषज्ञों का मानना है कि उन्हें लिंग बदलने के लिए कहा जाए।

बहुत बार छोटे बच्चों के भिन्नलिंगी बर्ताव के जो लक्षण हैं, वो बड़े होकर नहीं रहते। फिर भी कई बार वो दिखाई देते हैं, यह एहसास होता रहता है। हम असल में कौन हैं, ये उन्हें समझ में नहीं आता। लड़का होकर भी लड़कियों जैसा बर्ताव करता है या लड़की होकर भी लड़कों जैसा बर्ताव करती है, इसलिए समाज हँसता है, चिढ़ाता है, निन्दा करता है। पर इन सभी को 'जेंडर आइडेंटिटी डिसऑर्डर' है, ऐसा नहीं कहा जा सकता। मनोवैज्ञानिकों में जगमान्य 'अमेरिकन सायकिअॅट्रिक एसोसिएशन' ने 'जीआडी' के निदान के लिए निश्चित मानदंड दिये हैं। वो हुए, तभी डिसऑर्डर का निदान करके उसका इलाज कर सकते हैं, अन्यथा नहीं, ऐसे निर्देश भी दिये जाते हैं।

'अमेरिकन सायकॉलॉजिकल एसोसिएशन' ने ट्रान्सजेंडर होने को क्या मानसिक

बीमारी कहा जा सकता है, इसे स्पष्ट किया है...

मानसिक स्थिति की वजह से किसी व्यक्ति का मानसिक और शारीरिक सन्तुलन बिगड़ा हो, तभी उसे मानसिक बीमारी कह सकते हैं। अनेक ट्रान्सजेंडर्स को अपने जन्म से होनेवाले या बाद में स्वीकारे गये लिंगभाव की वजह से इस तरह के अनुभव नहीं होते। उनका सन्तुलन नहीं बिगड़ता, उन्हें अपने लिंगभाव का दुःख नहीं होता। मतलब ट्रान्सजेंडर होना मानसिक बीमारी नहीं होती। लेकिन इन लोगों को जितना बन पड़े, उस कीमत में उनके लिए जरूरी स्वास्थ्य के सन्दर्भ में सेवा नहीं मिलती। काउन्सलिंग, हार्मोन थेरपी, वैद्यकीय प्रक्रिया ये सभी बातें वाजिब खर्च में उपलब्ध नहीं होतीं। उन्हें जो चाहिए, वो सामाजिक आधार भी नहीं मिलता। इस वजह से वो अपनी 'जेंडर आइडेंटिटी' को खुले तौर पर अभिव्यक्त नहीं कर सकते और इस वजह से उन्हें समाज की घिनौनी नजरों का, भेदभाव का सामना करना पड़ता है। और फिर समाज का अस्वीकार, भेदभाव और कभी-कभी सीधे हमले से उनका मानसिक सन्तुलन बिगड़ सकता है। बहुत से ट्रान्सजेंडर्स इस तरह के अनुभवों की वजह से निराश रहते हैं और मानसिक दृष्टि से बहुत भावुक होते हैं।

'अमेरिकन सायकॉलॉजिकल एसोसिएशन' ने 'ट्रान्सजेंडर' जैसे शब्दों के अलग-अलग आयाम भी स्पष्ट किये हैं। जैसे-जैसे 'ट्रान्सजेंडर्स' की शास्त्रीय वस्तुस्थिति सामने आ रही है, वैसे-वैसे विश्व-भर में उनके सन्दर्भ में चर्चा भी अलग मोड़ ले रही है। उनकी तरफ अब 'अपने में से ही एक है' इस भाव से देखा जाने लगा है।

'ट्रान्सजेंडर्स' के बहुत-से प्रकार होते हैं। इनमें 'ट्रान्ससेक्सुअल्स' होता है... मतलब जन्मतः होनेवाले लिंग के अलावा अलग 'जेंडर आइडेंटिटी' रखनेवाले। ट्रान्ससेक्सुअल्स को स्त्री, पुरुष या इतर वो जो भी कोई है, उनके अनुसार अपने शरीर में बदलाव करने की इच्छा होती है। बहुत बार उन्होंने वो किया होता है। हार्मोन्स लेना, शल्यक्रिया कराना या बाकी रास्ते चुनकर इसमें बदलाव लाये जाते हैं। इस डॉक्टरी प्रक्रिया को 'सेक्स या जेंडर रिअसाइनमेंट' (Sex or Gender Reassignment) कहा जाता है। और निश्चित रूप से कुछ लोग अब 'जेंडर एफर्मेशन' (Gender Affirmation) भी कहने लगे हैं। जो जन्म से स्त्री होते हैं, पर उन्हें पुरुष होने जैसा लगता है, और उसके अनुसार उन्होंने अपने शरीर में डॉक्टरी प्रक्रिया से बदलाव करवा लिए होते हैं, उन्हें 'ट्रान्ससेक्सुअल मैन' (Transsexual Men) या 'ट्रान्समैन' (Transmen) कहते हैं। 'फिमेल टू मेल' (Female to Male– FTM) भी उन्हें कहा जाता है। इसके अलावा, जन्म से पुरुष लेकिन 'स्त्री हूँ' जैसा बदलाव शरीर में कर लेते हैं, उन्हें 'ट्रान्ससेक्सुअल वुमेन' (Transsexual Women) या 'मेल टू फिमेल', (Male to Female– MTF) भी कहते हैं। शरीर में ऐसे बदलाव करवाकर भी कुछ लोग अपने को 'ट्रान्सजेंडर' नहीं कहते, उन्हें स्त्री या पुरुष ही कहा जाए, ऐसा आग्रह करते हैं।

ट्रान्सजेंडर्स में दूसरा प्रकार है 'क्रॉसड्रेसर्स' (Cross Dressers)। किसी संस्कृति में परम्परा से जन्मआधारित लिंग से अलग लिंग की पहचानवाले कपड़े पहनना। इन क्रॉसड्रेसर्स में से कुछ लोग भिन्नलिंगी के रूप में पहचाने जाएँ, ऐसा एक ही वस्त्र पहनते हैं, तो कुछ सभी तरह के कपड़े पहनते हैं। ये लोग अपने जन्मतः लिंग से सन्तुष्ट होते हैं, वो उन्हें नहीं बदलना चाहते। 'क्रॉसड्रेसर' इरॉटिक बर्ताव नहीं करते। 'क्रॉसड्रेसिंग' सेक्सुअल ओरिएंटेशन से सम्बन्धित नहीं होते। उस व्यक्ति को खुद जो 'है', ऐसा लगता है, उसका वो एक रूप है। लेकिन समाज में अपनाने के स्तर अलग-अलग होते हैं। लड़कियाँ लड़कों के कपड़े पहनें तो वो अपनाया जाता है, लड़कों ने लड़कियों के कपड़े पहने तो फिर नहीं चलेगा ।

ट्रान्सजेंडर्स के कुछ और प्रकार है–'ड्रॅगक्वीन्स' (Drag Queens) और 'ड्रॅगकिंग्ज' (Drag Kings)। 'जेंडरक्वीअर' (Genderqueer) और एक प्रकार है। कुछ लोग स्त्री और पुरुष, इन दोनों जेंडर्स में नहीं बैठते, वा उनसे बाहर के हैं, ऐसा उन्हें लगता है। कुछ लोग खुद को पूर्ण स्त्री नहीं, पूर्ण पुरुष नहीं, बल्कि हम उनके बीच कहीं आते हैं, ऐसा समझते हैं, तो कुछ लोगों को हम स्त्री और पुरुष से पूर्णतः अलग हैं, ऐसा लगता है। वो खुद के लिए स्त्रीवाचक या पुरुषवाचक सम्बोधनों का इस्तेमाल ना करते हुए, तीसरा ही सम्बोधन इस्तेमाल करना चाहिए, ऐसा आग्रह करते हैं। अंग्रेजी में 'ही' (he) या 'शी' (she) के अलावा हमें 'जी' (zie) कहना चाहिए और 'हिज' (his) या 'हर' (her) के बजाय 'हिर' (hir) कहें, ऐसा पर्याय देते है। (भारतीय भाषाओं में इसके कुछ पर्याय हैं या होंगे? अगर वो समझ में नहीं आयें तो क्या...?)

ट्रान्सजेंडर्स के और भी कुछ प्रकार हैं। 'एंड्रोजीनस' (androynous), 'मल्टिजेंडर्ड' (multigendered), 'जेंडर नॉनकन्फर्मिंग' (gender nonconforming), 'थर्ड जेंडर' (third gender), 'टू स्पिरिट पीपल' (two spirit people) आदि। इन सबकी निश्चित परिभाषाएँ नहीं हैं। व्यक्ति के अनुसार या समय के अनुसार बदलाव आते हैं, बदलाव हुए हैं। पर उसमें एक बात समान है। इन सभी को अपना 'जेंडर' बदलने की इच्छा होती है। मतलब ये सभी प्रकर के लोग पूर्णतः अलग होते हों, ऐसा नहीं। एक ट्रान्सजेंडर एक ही वक्त में इनमें से एक से अधिक प्रकारों में समा सकता है।

'ट्रान्सजेंडर्स' ट्रान्सजेंडर क्यों होते हैं, इसकी कोई भी एक वजह निश्चित नहीं बता सकते, अपितु उनका ठीक तरीके से स्पष्टीकरण नहीं दे सकते। ट्रान्सजेंडर्स के लिंगभाव की अभिव्यक्ति, उसके बारे में अनुभव इतने अलग-अलग हैं कि उसमें कोई भी ठोस निष्कर्ष नहीं आता। लेकिन जीन्स का परिणाम, गर्भ में होते वक्त हार्मोन्स का स्तर इन जैसी कुछ जीवशास्त्रीय बातें और बचपन में, किशोरावस्था में और बाद में बड़ा होने के बाद आये हुए कुछ अनुभव कुल मिलाकर इनका जो प्रभाव होता है, उससे 'ट्रान्सजेंडर आइडेंटिटी' तैयार होती है।

असल में इन ट्रान्सजेंडर्स को 'मैं ट्रान्सजेंडर हूँ' ये एहसास कब होता है? कैसे होता है?

खुद ट्रान्सजेंडर होने का एहसास उस व्यक्ति को अलग-अलग तरीके से, उम्र के किसी भी मोड़ पर हो सकता है। कुछ लोगों को बचपन से 'हम स्त्रीत्व या पुरुषत्व में नहीं समाते' इसका थोड़ा-थोड़ा एहसास होता है अथवा लड़कों को मुझे लड़की होना चाहिए या लड़कियों को हमें लड़का होना चाहिए, ऐसा लगता है। कुछ लोगों को लेकिन किशोरावस्था में, युवा अवस्था में या उसके बाद भी ट्रान्सजेंडर होने का एहसास होता है। 'मैं निश्चित कौन हूँ' ये समझ में नहीं आता। मैं पुरुष हूँ, पर स्त्री जैसा अमुक काम करना अच्छा लगता है; स्त्री हूँ, पर स्त्री जैसा अमुक काम करना अच्छा लगता है; स्त्री हूँ पर पुरुषों जैसा फलाँ काम करना अच्छा लगता है, ये एहसास होने लगता है। तभी खुद को खोजने की शुरुआत होती है। स्वयं पर अलग-अलग प्रयोग करने लगते हैं। कुछ लोग तो अपनी इस आइडेंटिटी को झट से अपना लेते हैं, कुछ लोगों को लेकिन खुद से शर्म महसूस होती है। कुछ लोग बहुत उलझन में रहते हैं। अपने लिंग और लिंगभाव इन दोनों के बारे में कुछ लोग बहुत असन्तुष्ट है। इनमें से बहुत से लोग 'हम ट्रान्सजेंडर हैं' इसको स्वीकार करते हैं और 'जेंडर रिअसाइनमेंट' कर लेते हैं।

ट्रान्सजेंडर्स के बारे में, खास करके ऐसे छोटे बच्चों के बारे में अभिभावकों की भूमिका महत्त्वपूर्ण होती है। कुछ बच्चों को 'मैं लड़का हूँ' या 'लड़की हूँ', मानना पूर्णतया मुसीबत लगती है, क्योंकि उनका वो लिंग उन्हें जन्म से मिला हुआ होता है लेकिन उन्हें 'मैं लड़की' या 'लड़का हूँ' ऐसा नहीं लगता। वो वैसा बर्ताव करने लगते हैं और फिर समाज में घुलना-मिलना उन्हें कठिन हो जाता है। अभिभावकों को लगता है, ये एक 'फेज' है, चला जायेगा। बच्चा बड़ा होने पर ऐसा बर्ताव नहीं करेगा। वो वैसा रहे या न रहे, ये बाद का सवाल है। दरअसल अभिभावकों को ये 'फेज' वैसे ही नहीं जाने देना चाहिए। उल्टे स्कूल और बच्चा जहाँ-जहाँ जाता है, वहाँ-वहाँ सम्पर्क करके अपने बच्चे के बर्ताव की, उसकी अलग जरूरतों की जानकारी लेनी चाहिए। हँसना, चिढ़ाना, तकलीफ देना, छेड़छाड़ करना और बच्चों के बीच की हँसी-ठिठोली उन विशेष बच्चों के सन्दर्भ में कई बार गम्भीर मोड़ ले सकती है।

इन सबके साथ मानसिक स्वास्थ्य, जेंडर से सम्बन्धित प्रश्नों पर काम करनेवाले वैद्यकीय और बाकी व्यवसायिकों से सम्पर्क करना चाहिए और उनकी मदद लेनी चाहिए। 'ट्रान्सजेंडर बिहेवियर' वाले लड़कों से 'लड़के जैसा ही बर्ताव करो' या लड़कियों से 'लड़कियों जैसा ही बर्ताव करो' जबरदस्ती ऐसी अपेक्षा करने से कुछ भी हासिल नहीं होता।

ट्रान्सजेंडर्स के बारे में सोचते हुए कुछ बातें जरूर ध्यान में रखनी चाहिए। एक जेंडर से दूसरे जेंडर में जाना आसान नहीं होता। वो बहुत जटिल प्रक्रिया है। एक तो

वह स्त्री भी नहीं और पुरुष भी नहीं, उसकी ऐसी बीच की अवस्था होती है। इसमें शारीरिक, मानसिक, पारिवारिक, सामाजिक ऐसे बहुत से सवाल उलझे हुए होते हैं।

वो दूसरे 'जेंडर' के हैं, उन्हें विशेष रूप से ऐसा लगने लगता है। तब अपने इस नये जेंडर के 'एक्सप्रेशन' देने, उसे व्यक्त करने की शुरुआत होती है, वो भी जहाँ उसे वो करना बहुत सुरक्षित लगे, ऐसी जगह में। ऐसी घटनाओं में अपने नये जेंडर से सम्बन्धित थोड़ा-थोड़ा बदलाव किया जाता है। वो अनुकूल हुआ, उसकी आदत लग गयी तभी फिर आगे कदम उठाए जाते हैं। फिर धीरे-धीरे पूर्ण बदलाव होता है। हमें चाहिए कि हम उनके लिए वैसे लिंग-बोध वाले कपड़ों का इस्तेमाल करें, वैसा बर्ताव करें, वैसी बोल-चाल, वैसे हाव-भाव, नये लिंगभाव से जुड़े ऐसे नाम लें, बन पड़े तो खुद की पहचान दिखानेवाले कागजों पर बदले हुए लिंग का उल्लेख करें, उन्हें हार्मोन थेरपी दिलाएँ, शरीर में बदलाव को स्वीकारें; ये ऐसे तमाम मोड़ होते हैं। फिर हर एक ट्रान्सजेंडर के बारे में अलग-अलग होता है। इस सबसे उनकी 'जेंडर आइडेंटिटी' उन्हें और भी ज्यादा खलने लगती है।

मानसिक स्वास्थ्य के सन्दर्भ में ट्रान्सजेंडर्स की मदद करना महत्त्वपूर्ण होता है। डॉक्टर्स, काउन्सेलर्स और बाकी व्यावसायिक लोग ट्रान्सजेंडर्स की उनके इस बदलाव में मदद कर सकते हैं। ऐसा हो भी रहा है। उनके लिए वैश्विक स्तर पर 'द वर्ल्ड प्रोफेशनल एसोसिएशन फॉर ट्रान्सजेंडर्स हेल्थ' (WPATH) संस्था काम कर रही है।

कितना भी बड़ा, कितना भी विकसित देश हो, तो भी ट्रान्सजेंडर्स को हर देश में भेदभाव का सामना करना पड़ता है। लेकिन अब उनकी संस्थाएँ उनके प्रश्न उठाने लगी हैं। देश के सामने, विश्व के राजनीतिज्ञों के सामने जाकर वो उनका पक्ष रखने लगी हैं, और उनके जवाब ढूँढ़ने लगी हैं। दूसरी तरफ समाज को भी उनके प्रति संवेदनशील बनाना होगा। एकतरफा हल होनेवाला सवाल ये नहीं है। इस वजह से इन कामों में शक्ति, उत्साह और गति होनी चाहिए। तभी समाज का हिजड़ों की तरफ नजरिया बदल सकता है; और हम नजरें नीचे किये बिना समाज की नजरों से नजरें मिला पाएँगे।

❑❑